CARLOS CASTANEDA

•

EL ARTE DE
ENSOÑAR

CARLOS CASTANEDA
•
EL ARTE DE ENSOÑAR

TRADUCIDO DE LAS NOTAS ORIGINALES
DEL AUTOR POR NAYELY TYCHO THAL

HarperLibros
Una rama de HarperPerennial
Una división de HarperCollinsPublishers

Se les agradece a las siguientes publicaciones por el permiso de usar material en este libro:

"I Have Longed to Move Away," por Dylan Thomas, de *Poems of Dylan Thomas* © 1939, New Directions Publishing Corporation. Reimpreso con el permiso de New Directions Publishing Corporation.

Este libro fue impreso originalmente en Argentina por Emecé Editores en el año 1994.

Libros de HarperCollins pueden ser adquiridos para uso educacional, comercial, o promocional. Para recibir más información, diríjase a: Special Markets Department, HarperCollins Publishers, Inc., 10 East 53rd Street, New York, NY 10022.

Primera edición HarperLibros, 1995

Library of Congress Cataloguing-in-Publication Data

Castaneda, Carlos
  [Art of dreaming. Spanish]
  El arte de ensoñar/Carlos Castaneda; traducido por Nayely Tycho Thal, de las notas originales del autor.—1. ed HarperLibros.
    p. cm.
  Previously published: Buenos Aires: Emecé Editores, 1994.
  ISBN 0-06-095155-9
  1. Dreams. 2. Juan, Don   I. Title
[BF1091.C3418 1993]
135'.3—dc20   95-31332

95 96 97 98 99 RRD 10 9 8 7 6 5 4 3 2

NOTA DEL AUTOR

En un período de más de veinte años, he escrito una serie de libros acerca de mi aprendizaje con un brujo: don Juan Matus, un indio yaqui. Expliqué en esos libros que él me enseñó brujería, pero no como nosotros la entendemos en el contexto de nuestro mundo cotidiano: el uso de poderes sobrenaturales sobre otros, o la convocación de espíritus a través de hechizos, encantamientos y ritos a fin de producir efectos sobrenaturales. Para don Juan, la brujería era el acto de corporizar ciertas premisas especializadas, tanto teóricas como prácticas, acerca de la naturaleza de la percepción y el papel que ésta juega en moldear el universo que nos rodea.

Siguiendo la sugerencia de don Juan, me he abstenido de utilizar una categoría propia de la antropología: el chamanismo, para clasificar su conocimiento. Siempre lo he llamado como él lo llamaba: brujería o hechicería. Sin embargo, al examinar este concepto me he dado cuenta de que llamarlo brujería oscurece aún más el ya en sí oscuro fenómeno que me presentó en sus enseñanzas.

En trabajos antropológicos, el chamanismo es descrito como un sistema de creencias de algunos grupos nativos del norte de Asia; un sistema prevaleciente también entre ciertas tribus de indios de Norteamérica, el cual sostiene que un mundo ancestral e invisible de fuerzas espirituales, benignas y malignas, predomina alrededor nuestro; fuerzas espirituales que pueden ser convocadas o controladas por practicantes, quienes son los intermediarios entre el reino natural y el sobrenatural.

Don Juan era ciertamente un intermediario entre el mundo natural de la vida diaria y un mundo invisible, al cual él no llamaba lo sobrenatural, sino la segunda atención. Su tarea de maestro fue hacer accesible a mí esta configuración. En mis trabajos previos, he descrito los métodos de enseñanza que usó con este propósito, al igual que las prácticas que me hizo ejercitar, la más importante de las cuales fue, sin lugar a duda, el arte de ensoñar.

Don Juan sostenía que nuestro mundo, que creemos ser único y absoluto, es sólo un mundo dentro de un grupo de mundos consecutivos, los cuales están ordenados como las capas de una cebolla. Él aseveraba que aunque hemos sido condicionados para percibir únicamente nuestro mundo, efectivamente tenemos la capacidad de entrar en otros, que son tan reales, únicos, absolutos y absorbentes como lo es el nuestro.

Don Juan me explicó que para poder percibir esos otros reinos, no sólo hay que desear percibirlos, sino también poseer la suficiente energía para entrar en ellos. Su existencia es constante e independiente de nuestra conciencia, pero su inaccesibilidad es totalmente una consecuencia de nuestro condicionamiento energético. En otras palabras, simple y llanamente a raíz de este condicionamiento estamos compelidos a asumir que el mundo de la vida cotidiana es el único mundo posible.

Seguros de que sólo nuestro condicionamiento energético es nuestro impedimento para entrar en esos otros reinos, los brujos de la antigüedad desarrollaron una serie de prácticas designadas a reacondicionar nuestras capacidades energéticas de percepción. Llamaron a esta serie de prácticas, el arte de ensoñar.

Con la perspectiva que el tiempo me da, ahora me doy cuenta de que la descripción más apropiada que don Juan le dio al ensueño fue llamarlo "la entrada al infinito". Cuando lo dijo, comenté que su metáfora no tenía ningún significado para mí.

—Descartemos las metáforas —concedió—. Digamos que ensoñar es la manera práctica en que los brujos ponen en uso los sueños comunes y corrientes.

—¿Pero cómo pueden los sueños ser puestos en uso? —pregunté.

—Siempre caemos en la trampa del lenguaje —dijo—. En mi propio caso, mi maestro trató de describirme el ensueño como la manera en que los brujos le dicen hasta mañana al mundo. Por supuesto que él ajustaba su descripción a mi mentalidad. Yo estoy haciendo lo mismo contigo.

En otra ocasión, don Juan me dijo: —El ensueño únicamente puede ser experimentado. Ensoñar no es tener sueños, ni tampoco es soñar despierto, ni desear, ni imaginarse nada. A través del ensueño podemos percibir otros mundos, los cuales podemos ciertamente describir, pero no podemos describir lo que nos hace percibirlos. Sin embargo podemos sentir cómo el ensueño abre esos otros reinos. Ensoñar parece ser una sensación, un proceso en nuestros cuerpos, una conciencia de ser en nuestras mentes.

En el transcurso de sus enseñanzas, don Juan me explicó detalladamente los principios, las razones y las prácticas del arte de ensoñar. Su instrucción fue dividida en dos partes. Una era la enseñanza de los procedimientos del ensueño, y la otra, las explicaciones puramente abstractas de estos procedimientos. Su método implicaba la combinación activa de aguijonear mi curiosidad intelectual con los principios abstractos del ensueño, y de guiarme a buscar soluciones prácticas en los procedimientos.

Ya he descrito todo esto tan detalladamente como me fue posible. También he descrito el medio ambiente en el que don Juan me situó para poder enseñarme sus artes. Mi interacción en este ambiente de brujos fue de especial interés para mí ya que tuvo lugar exclusivamente en la segunda atención. Ahí interactué con diez mujeres y cinco hombres que eran los brujos compañeros de don Juan; y con los ocho jóvenes, cuatro hombres y cuatro mujeres, que eran sus aprendices.

Don Juan los reunió inmediatamente después de que yo llegué a su mundo. Me explicó que ellos formaban un grupo tradicional de brujos; una copia estructural de su propia agrupación, y que se suponía que yo los habría de guiar. Sin embargo, al tratar más conmigo, descubrió que yo no era como él esperaba. Explicó la diferencia en términos de una configuración energética vista únicamente por los brujos: en lugar de tener cuatro compartimientos de energía, como él, yo tenía solamente tres. Tal configuración, la que erróneamente él había esperado fuera un defecto corregible, no me permitía de ningún modo guiar a esos ocho aprendices, o aun interactuar con ellos. La presión que esto creó fue tan intensa que don Juan se vio obligado a reunir otro grupo que fuera más semejante a mi estructura energética.

He escrito extensamente sobre esos eventos, pero nunca mencioné al segundo grupo de aprendices; don Juan no me lo permitió. Argüía que aquellas personas pertenecían exclusivamente a mi campo de acción, y que el acuerdo que tenía con él era escribir sobre las acciones y la gente de su campo, no del mío.

El segundo grupo de aprendices era extremadamente compacto. Consistía únicamente de tres miembros: una ensoñadora, Florinda Donner; una acechadora, Taisha Abelar; y la mujer nagual, Carol Tiggs.

Estas tres personas interactuaban entre ellas y conmigo exclusivamente en la segunda atención. En el mundo de la vida cotidiana no teníamos ni la menor idea los unos de los otros. Por otro lado, en términos de nuestra relación con don Juan, no había vaguedad. Él interactuó con nosotros en los dos estados de conciencia y su esfuerzo para entrenarnos fue igual en intensidad y minuciosidad. Hacia el final, cuando don Juan estaba a punto de dejar el mundo, la presión psicológica de su partida empezó a menoscabar, en nosotros cuatro, los rígidos parámetros de la segunda atención. El resultado fue que nuestra interacción irrumpió en el mundo de los asuntos cotidianos y todos nos conocimos, aparentemente, por primera vez.

Ninguno de nosotros estaba consciente de nuestra profunda y ardua interacción en la segunda atención. Puesto que los cuatro estábamos involucrados en estudios académicos, terminamos más que conmocionados al descubrir que ya nos habíamos conocido antes. Por supuesto que esto era, y todavía es, intelectualmente inadmisible para nosotros. Sin embargo sabemos que fue totalmente parte de nuestra experiencia. Al final, nos quedamos con la inquietante certeza de que la psique humana es infinitamente más compleja de lo que nuestro razonamiento académico o mundano nos lo ha hecho creer.

Una vez le preguntamos a don Juan al unísono que nos sacara de dudas. Dijo que tenía dos posibilidades explicativas. Una era aplacar a nuestra malherida racionalidad diciendo que la segunda atención es un estado de conciencia tan ilusorio como elefantes volando en el cielo, y que todo lo que creíamos haber experimentado en ese estado era simplemente un producto de sugestiones hipnóticas. La otra posibilidad era no explicar pero sí describir la segunda atención de la manera como se les presenta a los brujos ensoñadores: como una incomprensible configuración energética de la conciencia.

Mientras llevaba a cabo mis tareas de ensueño, la barrera de la segunda atención no sufrió cambio alguno en ningún momento. Cada vez que entraba en el ensueño, entraba también en la segunda atención, y despertarme del ensueño no significaba, de ninguna manera, que había salido de la segunda atención. Por años enteros, podía recordar únicamente fragmentos de mis experiencias de ensueño. La masa total de aquellas experiencias permaneció fuera de mi alcance. Reunir suficiente energía para poner todo eso en un orden lineal, en mi mente, me costó quince años de trabajo ininterrumpido, de 1973 a 1988. Recordé entonces una sucesión de eventos

11

de ensueño, y fui capaz, al fin, de llenar los que parecían ser lapsos de mi memoria. De esta manera, pude capturar la intrínseca continuidad de las lecciones de don Juan sobre el arte de ensoñar; una continuidad al parecer inexistente debido a que al enseñarme don Juan me hacía fluctuar entre mi conciencia de ser en mi vida cotidiana y mi conciencia de ser en la segunda atención. Este trabajo es el resultado de haber puesto todo eso en un orden lineal.

Puesto que no hay más fragmentos disociados en las lecciones de don Juan sobre el arte de ensoñar, me gustaría explicar, en trabajos futuros, la posición actual y el interés de sus cuatro últimos estudiantes: Florinda Donner, Taisha Abelar, Carol Tiggs y yo. Pero antes de que pueda describir y explicar el resultado de la tutela y la influencia que don Juan ejerció sobre nosotros, debo revisar, de acuerdo con lo que sé ahora, los fragmentos de las lecciones de don Juan en el arte de ensoñar, a los cuales no tenía yo acceso antes.

Todo esto es lo que tengo en mente como justificación para escribir este libro; la razón definitiva de este trabajo, sin embargo, la dio Carol Tiggs. Ella cree que explicar el mundo que don Juan nos hizo heredar es la expresión final de nuestra gratitud a él, y de nuestro propósito de continuar buscando lo que él buscaba: la libertad.

1

LOS BRUJOS DE LA ANTIGÜEDAD

Don Juan solía decirme, muy a menudo, que todo lo que hacía y todo lo que me estaba enseñando fue previsto y resuelto por los brujos de la antigüedad. Siempre puso muy en claro que existía una profunda distinción entre esos brujos y los brujos modernos. Categorizó a los brujos de la antigüedad como hombres que existieron en México quizás miles de años antes de la conquista española; hombres cuya obra fue construir la estructura de la brujería, enfatizando lo práctico y lo concreto. Los presentó como hombres brillantes pero carentes de cordura. Por otro lado, don Juan describió a los brujos de ahora como hombres renombrados por su sobriedad y su capacidad de rectificar o readaptar el curso de la brujería, si así lo juzgaban necesario.

Don Juan me explicó que las premisas pertinentes al ensueño fueron, naturalmente, contempladas y desarrolladas por los brujos de la antigüedad. Ya que esas premisas son de importancia clave para explicar y entender el ensueño, me veo en la necesidad de discutirlas una vez más. La mayor parte de este libro es, por lo tanto, una reintroducción y una ampliación de lo que en mis trabajos previos ya he presentado.

Durante una de nuestras conversaciones, don Juan expuso que a fin de poder apreciar la posición de los ensoñadores y el ensueño, uno tiene que comprender el empeño de los brujos de ahora por cambiar el curso establecido de la brujería y llevarla de lo concreto a lo abstracto.

—¿A qué llama usted lo concreto, don Juan? —le pregunté.

—A la parte práctica de la brujería —me dijo—. A la insistencia obsesiva en prácticas y técnicas; a la injustificada influencia sobre la gente. Todo lo cual era el quehacer de los brujos del pasado.

—¿Y a qué llama usted lo abstracto?

—A la búsqueda de la libertad; libertad para percibir, sin obsesiones, todo aquello que es humanamente posible. Yo digo que los brujos de ahora están en busca de lo abstracto, porque buscan la libertad y no tienen ningún interés en ganancias concretas; ni tampoco en funciones sociales, como los brujos del pasado. De modo que nunca los encontrarás actuando como videntes oficiales, o como brujos con título.

—¿Quiere usted decir, don Juan, que el pasado no tiene valor alguno para los brujos de ahora?

—Por cierto que tiene valor. El sabor de ese pasado es lo que no nos gusta. Yo personalmente detesto la oscuridad y la morbidez de la mente. Me gusta la inmensidad del pensamiento. Sin embargo, a pesar de mis gustos y disgustos, les tengo que dar crédito a los brujos de la antigüedad; ellos fueron los primeros en descubrir y hacer todo lo que nosotros sabemos y hacemos ahora.

Don Juan me explicó que el mayor logro de los brujos de antaño, fue percibir la esencia energética de las cosas. Fue un logro de tal magnitud que lo convirtieron en la premisa básica de la brujería. Hoy en día, con mucha disciplina y entrenamiento, los brujos adquieren la capacidad de percibir la naturaleza intrínseca de las cosas; una capacidad a la que llaman *ver*.

—¿Qué es lo que significaría para mí el percibir la esencia energética de las cosas? —le pregunté una vez a don Juan.

14

—Significaría percibir energía directamente —me contestó—. Separando la parte social de la percepción, percibirías la naturaleza intrínseca de todo. Lo que percibimos es energía, pero como no podemos percibir energía directamente, procesamos nuestra percepción para ajustarla a un molde. Este molde es la parte social de la percepción, y lo que se tiene que separar.

—¿Por qué hay que separarlo?

—Porque reduce el alcance de lo que se puede percibir y porque nos hace creer que el molde al cual ajustamos nuestra percepción es todo lo que existe. Estoy convencido de que el hombre, para sobrevivir en esta época, tiene que cambiar la base social de su percepción.

—¿Cuál es la base social de la percepción, don Juan?

—La certeza física de que el mundo está compuesto de objetos concretos. Llamo a esto la base social de la percepción, porque todos nosotros estamos involucrados en un serio y feroz esfuerzo a percibir el mundo en términos de objetos.

—¿Cómo deberíamos entonces percibir el mundo?

—Como energía. El universo entero es energía. La base social de la percepción debería de ser entonces la certeza física de que todo lo que hay es energía. Deberíamos empeñarnos en un poderoso esfuerzo social a fin de guiarnos a percibir energía como energía. Tendríamos de este modo ambas alternativas al alcance de nuestras manos.

—¿Es posible entrenar gente de tal manera? —pregunté.

Don Juan respondió que sí era posible. Y que esto era precisamente lo que estaba haciendo conmigo y con sus otros aprendices. Estaba enseñándonos una nueva forma de percibir; primeramente, forzándonos a darnos cuenta de que procesamos nuestra percepción hasta hacerla encajar en un molde y, luego, guiándonos con mano dura a percibir energía directamente. Me aseguró que su método era muy parecido al que se usa normalmente para enseñarnos a percibir el mundo cotidiano; y también me aseguró que él confiaba plenamente que al procesar nuestra percepción, para hacerla encajar en un molde social, ésta pierde su poder cuando nos damos cuenta de que hemos aceptado ese molde como herencia de nuestros antecesores, sin tomarnos la molestia de examinarlo.

—Percibir un mundo de objetos sólidos, que tuvieran ya sea un valor positivo o negativo, debe de haber sido absolutamente indispensable para la sobrevivencia de nuestros antepasados —dijo don Juan—. Después de milenios de percibir de esta manera, sus herederos, nosotros, estamos hoy día forzados a creer que el mundo está compuesto de objetos.

—No puedo concebir el mundo de ninguna otra manera, don Juan —me quejé—. Es, sin lugar a dudas, un mundo de objetos. Para probarlo, todo lo que tenemos que hacer es estrellarnos contra ellos.

—Por supuesto que es un mundo de objetos; no estamos discutiendo eso.

—¿Qué es lo que estamos discutiendo entonces?

—Lo que estoy discutiendo es que, primero, este es un mundo de energía, y después, un mundo de objetos. Si no empezamos con la premisa de que es un mundo de energía, nunca seremos capaces de percibir energía directamente. Siempre nos detendrá la certeza física de lo que tú acabas de señalar: la solidez de los objetos.

Su argumento me dejó perplejo. En aquellos días, mi mente simplemente rehusaba considerar que hubiera otra alternativa de percibir el mundo, excepto aquella con la cual estamos todos nosotros familiarizados. Las afirmaciones de don Juan y los puntos que se esforzaba en plantearme eran proposiciones estrafalarias que yo no podía aceptar, pero que tampoco podía rehusar.

—Nuestra manera de percibir es la manera en que un predador percibe —me dijo don Juan en una ocasión—. Una manera muy eficiente de evaluar y clasificar la comida y el peligro. Pero esa no es la única manera que somos capaces de percibir. Hay otro modo; el que te estoy enseñando: el acto de percibir la energía misma, directamente.

"Percibir la esencia de todo nos hace comprender, clasificar y describir al mundo, en términos completamente nuevos; en términos mucho más incitantes y sofisticados.

Esto era lo que don Juan afirmaba. Y los términos más sofisticados, a los que se refería, eran aquellos que le enseñaron sus predecesores. Términos que corresponden exclusivamente a premisas básicas de la brujería; premisas que no tienen fundamento racional, ni relación alguna con las verdades de nuestro mundo de todos los días, pero que sí son realidades evidentes para aquellos brujos que perciben energía directamente y *ven* la esencia de todo.

Para tales brujos, el acto más significativo de la brujería es el *ver* la esencia del universo. De acuerdo con don Juan, los brujos de la antigüedad, los primeros en *verla*, la describieron de la mejor manera posible. Dijeron que se asemeja a hilos incandescentes que se extienden en el infinito, en todas las direcciones concebibles; filamentos luminosos que están conscientes de sí mismos, en formas imposibles de comprender.

De *ver* la esencia del universo, los brujos de la antigüedad pasaron a *ver* la esencia de los seres humanos. La describieron como una configuración blanquecina y brillante, parecida a un huevo gigantesco. Y por ello llamaron a esa configuración el huevo luminoso.

—Cuando los brujos *ven* seres humanos —dijo don Juan—, ellos *ven* una gigantesca forma luminosa que flota, y que al moverse va haciendo un profundo surco en la energía de la tierra; como si tuviera una profunda raíz que va arrastrándola.

La idea de don Juan era que nuestra forma energética continúa cambiando a medida que pasa el tiempo. Dijo que todos los videntes que él conocía, incluso él mismo, *veían* que los seres humanos son más como bolas, o aun como lápidas sepulcrales, que huevos; pero que de

17

vez en cuando, debido a razones desconocidas, los brujos *ven* una persona cuya energía tiene la forma de un huevo luminoso. Lo que don Juan sugirió fue que quizás las personas que hoy en día tienen la forma de un huevo luminoso son más semejantes a la gente de tiempos antiguos.

En el curso de sus enseñanzas, don Juan discutió y explicó repetidamente lo que él consideraba el hallazgo decisivo de los brujos de la antigüedad. Lo describió como la característica crucial de los seres humanos como globos luminosos: un punto redondo de intensa luminosidad, del tamaño de una pelota de tenis, alojado permanentemente dentro del globo luminoso, al ras de su superficie, aproximadamente sesenta centímetros detrás de la cresta del omóplato derecho.

Ya que yo tenía mucha dificultad en visualizar esto, don Juan me explicó que la bola luminosa es mucho más grande que el cuerpo humano; que el punto de intensa brillantez es parte de esta bola de energía; y que está colocado en un lugar a la altura del omóplato derecho, a un brazo de distancia de la espalda de una persona. Dijo que después de *ver* lo que este punto hace, los brujos antiguos lo llamaron el punto de encaje.

—¿Qué es lo que hace el punto de encaje? —le pregunté.

—Nos hace percibir —contestó—. Los brujos de la antigüedad *vieron* que en los seres humanos ese es el punto donde la percepción tiene lugar. *Viendo* que todos los seres vivientes tienen tal punto de brillantez, los brujos de la antigüedad llegaron a la conclusión de que la percepción en general ocurre en ese punto.

—¿Qué fue lo que los brujos de la antigüedad *vieron* para llegar a la conclusión de que la percepción ocurre en el punto de encaje? —pregunté.

Respondió que, primero, *vieron* que de los millones de filamentos de energía del universo que pasan a través de la bola luminosa, sólo un pequeño número de éstos pasa directamente por el punto de encaje, como es de es-

18

perarse, ya que es pequeño en comparación con la totalidad de la bola.

Después *vieron* que un resplandor esférico, ligeramente más grande que el punto de encaje, siempre lo rodea, y que este resplandor intensifica enormemente la luminosidad de los filamentos que pasan directamente a través del punto de encaje.

Y finalmente, *vieron* dos cosas; la primera, que el punto de encaje de los seres humanos se puede desalojar del lugar donde usualmente se localiza. Y la segunda, que cuando el punto de encaje está en su posición habitual, a juzgar por el normal comportamiento de los sujetos observados, la percepción y la conciencia de ser son usuales. Pero cuando el punto de encaje y la esfera de resplandor que lo rodea están en una posición diferente a la habitual, el insólito comportamiento de los sujetos observados es prueba de que su conciencia de ser es diferente y de que están percibiendo de una manera que no les es familiar.

La conclusión que los brujos de la antigüedad sacaron de todo esto fue que cuanto mayor es el desplazamiento del punto de encaje, más insólito es el consecuente comportamiento, y la consiguiente percepción del mundo y la conciencia de ser.

—Date cuenta de que cuando hablo de ver, siempre te digo que lo que *veo* tiene la apariencia de algo conocido, o es como esto o lo otro —don Juan me previno—. Todo lo que uno *ve* es algo tan único, que no hay manera de hablar de ello, excepto comparándolo con algo que nos es natural.

Dijo que un ejemplo adecuado era la forma en que los brujos tratan el punto de encaje y el resplandor que lo rodea. Los describen como una brillantez, y sin embargo no puede ser una brillantez ya que los videntes los *ven* sin sus ojos. Como de una u otra manera tienen que traducir su experiencia a términos visuales, dicen que el punto de encaje es una mancha de luz, y que alrededor de ella hay una especie de halo, un resplandor. Don Juan señaló que somos de tal modo visuales, y que estamos de tal modo regidos por nuestra percepción de predadores, que todo lo que *vemos* tiene que ser integrado a lo que el ojo de predador normalmente ve.

Después de *ver* lo que el punto de encaje y el resplandor que lo rodea parecen hacer, los brujos de la antigüedad ofrecieron una explicación. Propusieron que en los seres humanos, la esfera resplandeciente que rodea al punto de encaje se enfoca en los millones de filamentos energéticos del universo que pasan directamente a través de él, y al hacerlo, automáticamente y sin premeditación alguna, junta a esos filamentos de energía, unos con los otros, los aglutina, creando la percepción estable de un mundo.

—¿Cómo es que esos filamentos, de los que usted habla, se juntan unos con otros y crean la percepción estable de un mundo? —pregunté.

—No hay quien pueda saber eso —contestó enfáticamente—. Los brujos *ven* el movimiento de la energía, pero *verlo* no quiere decir que puedan saber cómo o por qué la energía se mueve.

Don Juan expuso que, *viendo* cómo ese resplandor que rodea al punto de encaje es en extremo tenue en personas que están inconscientes o a punto de morir, y que está totalmente ausente en los cadáveres, los brujos de la antigüedad se convencieron de que ese resplandor es la conciencia de ser.

—¿Y qué pasa con el punto de encaje, don Juan? ¿Está ausente en los cadáveres? —le pregunté.

Contestó que el punto de encaje y el resplandor que lo rodea son la marca de la vida y la conciencia, y que no hay rastro alguno de ellos en los seres muertos. La inevitable conclusión a la que llegaron los brujos de la antigüedad, al observar aquello, fue que la conciencia, la vida y la percepción van juntas, y que están inextricablemente ligadas al punto de encaje y al resplandor que lo rodea.

—¿Hay alguna posibilidad de que esos brujos se hayan equivocado respecto a lo que *veían*? —pregunté.

—No te puedo explicar cómo, pero no hay manera de que los brujos se puedan equivocar en lo que *ven* — dijo don Juan en un tono que no admitía argumento—. Ahora bien, las conclusiones a las que llegan como resultado de *ver* pueden ser erróneas, quizás debido a que son ingenuos, no instruidos. A fin de evitar este desastre, los brujos tienen que cultivar su mente, de la manera más formal que puedan.

En seguida suavizó su tono, y comentó que realmente sería preferible que los brujos se atuvieran únicamente a describir lo que *ven*, pero que la tentación de sacarlo en limpio y explicarlo, aunque sólo sea a sí mismos, es tan intensa que es irresistible.

Los efectos del desplazamiento del punto de encaje fueron otra configuración energética que los brujos de la antigüedad pudieron *ver* y estudiar. Don Juan decía que cuando el punto de encaje se desplaza a otra posición, un nuevo conglomerado de millones de filamentos energéticos entran en juego en esa nueva posición. Los brujos de la antigüedad, al *ver* esto, concluyeron que ya que el resplandor de la conciencia está siempre presente en cualquier lugar donde el punto de encaje se encuentre, automáticamente la percepción se realiza en esa ubicación. Por supuesto que el mundo resultante no puede ser nuestro mundo de eventos cotidianos, sino que tiene que ser otro.

Don Juan explicó que los brujos de la antigüedad distinguieron dos tipos de desplazamiento del punto de encaje. Uno, era el desplazamiento a cualquier posición en la superficie o en el interior de la bola luminosa; un desplazamiento al cual llamaron *cambio* del punto de encaje. El otro era el desplazamiento a posiciones fuera de la bola luminosa; al cual llamaron *movimiento* del punto de encaje. Descubrieron que la diferencia entre un cambio y un movimiento estaba en la clase de percepción que cada uno de ellos permite.

Puesto que los cambios del punto de encaje son desplazamientos dentro de la bola luminosa, los mundos engendrados por ellos, por raros, maravillosos o increíbles que fueran, son mundos aún dentro del reino de lo humano. El reino de lo humano está compuesto, naturalmente, de todos los billones de filamentos energéticos que pasan a través de toda la bola luminosa. Por otro lado, los movimientos del punto de encaje, desde el momento en que son desplazamientos a posiciones fuera de la bola luminosa, ponen en juego a filamentos energéticos que están fuera del reino de lo humano. Percibir tales filamentos engendra mundos que sobrepasan toda comprensión; mundos inconcebibles que no tienen huella alguna de antecedentes humanos.

En esos días, el problema de la verificación desempeñaba un rol muy importante para mí.

—Discúlpeme, don Juan —le dije en una ocasión—, pero este asunto del punto de encaje es una idea tan rebuscada, tan inadmisible que no sé cómo tomarla o qué pensar de ella.

—Hay algo que puedes hacer —replicó—. ¡*Ve* el punto de encaje! No es tan difícil *verlo*. La dificultad está en romper el paredón que mantiene fija en nuestra mente la idea de que no podemos hacerlo. Para romperlo necesitamos energía. Una vez que la tenemos, *ver* sucede de por sí. El truco está en abandonar el fortín dentro del cual nos resguardamos: la falsa seguridad del sentido común.

—Es obvio, don Juan, que se requiere de mucho conocimiento para poder *ver*. No es sólo cuestión de tener energía.

—Créeme que es sólo cuestión de energía. Tener energía facilita poder convencerse a uno mismo que sí se puede hacer, pero para ello se necesita confiar en el nagual. Lo maravilloso de la brujería es que cada brujo tiene que verificar todo por experiencia propia. Te hablo acerca de los principios de la brujería, no con la esperanza de que los memorices sino con la esperanza de que los practiques.

Por cierto que don Juan estaba en lo correcto acerca de la necesidad de tener fe, y de confiar en el nagual. En las primeras etapas de los trece años de mi aprendizaje con don Juan, me dio mucho trabajo afiliarme a su mundo y su persona. Tal afiliación requería confiar implícitamente en él como el nagual y aceptarlo sin dudas ni recriminaciones.

El papel que desempeñaba don Juan en el mundo de los brujos se sintetizaba en el nombre titular que sus congéneres le otorgaban; lo llamaban el nagual. Me explicaron que se puede otorgar el nombre titular de nagual a cualquier persona, hombre o mujer, dentro del mundo de los brujos, que posea una específica configuración energética, semejante a una doble bola luminosa. Los brujos creen que cuando una de tales personas entra en el mundo de la brujería, la carga extra de energía se convierte en capacidad para guiar. De esta manera, el nagual se convierte en la persona más apropiada para dirigir, para ser el líder.

Al principio, sentir tal fe y confianza en don Juan era para mí algo no solamente inaudito sino aun molesto. Cuando discutí esto con él, me aseguró que confiar de tal forma en su maestro le había resultado igualmente difícil.

—Le dije a mi maestro lo mismo que tú me estás diciendo ahora —don Juan explicó—. Mi maestro me contestó que sin esa fe y confianza en el nagual no hay posibilidad de alivio y, por consiguiente, no hay posibilidad de limpiar los escombros de nuestras vidas a fin de ser libres.

Don Juan reiteró cuán en lo cierto estaba su maestro. Y yo reiteré mi profundo desacuerdo. Le conté que yo había crecido en un ambiente religioso rígido y coercitivo que todavía me perseguía en mi vida actual. Las declaraciones de su maestro y su propia aquiescencia a su maestro me recordaban el dogma de obediencia que tuve que aprender de niño, el cual yo aborrecía sobre todo lo demás.

—Cuando habla usted acerca del nagual, me suena como si estuviera usted expresando una creencia religiosa —le dije.

—Puedes creer lo que se te dé la gana —contestó don Juan—. El hecho es que sin el nagual no hay partida. Yo sé y te lo digo. Así mismo lo dijeron todos los naguales anteriores a mí. Pero no lo dijeron como asunto de importancia personal; ni yo tampoco. Decir que sin el nagual no se puede encontrar el camino, se refiere por completo al hecho de que el nagual es un nagual porque puede reflejar lo abstracto, el espíritu, mejor que los demás. Pero eso es todo. Nuestro vínculo es con el espíritu mismo y sólo incidentalmente con el hombre que nos trae su mensaje.

Aprendí a confiar implícitamente en don Juan como el nagual, y esto, tal como me lo había dicho, me trajo un profundo alivio y mayor capacidad para aceptar lo que él se esforzaba por enseñarme.

En sus enseñanzas, puso un gran énfasis en continuar sus explicaciones acerca del punto de encaje. Una vez le pregunté si el punto de encaje tenía que ver con el cuerpo físico.

—No tiene nada que ver con lo que normalmente percibimos como el cuerpo —dijo—. Es parte del huevo luminoso, el cual es nuestro ser energético.

—¿Cómo se desplaza? —pregunté.

—A través de corrientes energéticas, que son como empellones de energía que se sienten afuera o adentro, no del cuerpo sino del huevo luminoso. Generalmente, son corrientes impredecibles que ocurren de por sí. Con los brujos, sin embargo, son corrientes predecibles, controladas por el intento de ellos.

—¿Puede usted sentir esas corrientes, don Juan?

—Todo brujo las siente. Y lo que es más, todo ser humano las siente. Lo malo es que la gente común y corriente está muy ocupada con sus problemas y no le presta atención alguna a este tipo de sensaciones.

—¿Qué siente uno al recibir una de esas corrientes?

24

—Como una leve molestia; una sensación vaga de tristeza seguida inmediatamente por una desmedida euforia. Ya que esa clase de tristeza o de euforia no tienen fundamento real, nunca los consideramos como verdaderos asaltos de lo desconocido, sino como inexplicables arranques de mal o de buen humor.

—¿Qué pasa cuando el punto de encaje se mueve afuera del huevo luminoso? ¿Se queda colgando afuera o está atado a él?

—Empuja el contorno de la formación luminosa hacia afuera, sin romper sus límites energéticos.

Don Juan me explicó que el resultado de un movimiento del punto de encaje es un cambio total en la estructura energética de los seres humanos. De ser una bola o un huevo luminoso, se convierte en algo parecido a una pipa de fumar. El pitillo de la pipa es el punto de encaje, y el cuenco es lo que queda de la bola luminosa. Si el punto de encaje continúa moviéndose, llega un momento en que la pipa luminosa se convierte en una delgada línea de energía.

Don Juan prosiguió explicando que los brujos de la antigüedad fueron los únicos que lograron esta proeza de transformar la estructura energética del huevo luminoso a línea. Y yo le pregunté que si con esa nueva estructura esos brujos seguían siendo seres humanos.

—Por supuesto que seguían siendo seres humanos —dijo—. Pero creo que lo que tú quieres saber es si eran hombres de razón, personas dignas de confianza, ¿verdad? Pues no lo eran del todo.

—¿De qué manera eran diferentes?

—En sus intereses y expectativas. Los esfuerzos y preocupaciones humanas no tenían para ellos ningún significado. Además hasta tenían un diferente porte físico.

—¿Quiere usted decir que no parecían seres humanos?

—Ya te dije que eran hombres como todos nosotros. ¿Qué otra cosa podrían ser? Pero no eran del todo como tú o yo esperaríamos que fueran. Si me pongo a decirte de qué manera eran diferentes, me metería en camisa de once varas.

—¿Conoció usted alguna vez a alguno de esos hombres, don Juan?

—Sí, conocí a uno.

—¿Cómo era?

—En cuanto a apariencias, era como una persona común y corriente. Lo que era insólito era su comportamiento.

—¿De qué modo era insólito?

—Todo lo que te puedo decir es que el comportamiento del brujo que conocí es algo que sale de lo imaginable. Pero convertirlo en un asunto sólo de comportamiento es engañoso. Ese brujo es alguien a quien realmente uno debe ver para poder apreciar.

—¿Eran todos esos brujos antiguos como el que usted conoció?

—No sé cómo eran los otros, excepto por las historias y cuentos que los brujos han guardado por generaciones. En esas historias, esos brujos aparecen como seres bastante extravagantes.

—¿Quiere usted decir monstruosos?

—En cierto modo. Dicen que eran muy simpáticos, pero que a la vez causaban pavor. En realidad eran criaturas desconocidas. Lo que hace homogénea a la humanidad es el hecho de que todos somos como huevos o bolas luminosas. Y esos brujos ya no eran así. Eran líneas de energía tratando inútilmente de doblarse para formar un círculo.

—¿Qué es lo que finalmente les sucedió, don Juan? ¿Se murieron?

—Las historias de los brujos dicen que al alargar su forma energética, también lograron alargar la duración de su conciencia; de manera que están vivos y conscientes de ser hasta hoy día. Las historias también cuentan que reaparecen periódicamente en la Tierra.

—¿Qué piensa acerca de todo esto, don Juan?

—Para mí, todo esto es demasiado extravagante. Yo quiero la libertad. Libertad de mantener mi conciencia de ser y sin embargo desaparecer en la vastedad. En mi opinión, los brujos de la antigüedad eran hombres tenebrosos, obsesivos, caprichosos y hasta apostaría que debido a ello se quedaron atrapados en sus propias maniobras.

"Pero no dejes que mis opiniones y sentimientos personales te nublen el panorama. El logro de los brujos de la antigüedad es inigualable. Por lo menos, nos probaron que los potenciales del hombre no son cualquier cosa.

Otro tema de las explicaciones de don Juan fue lo indispensable que son la cohesión y la uniformidad energética para el acto de percibir. Su punto de vista era que la humanidad entera percibe el mundo que conocemos, en los términos en que lo hacemos, solamente porque compartimos cohesión y uniformidad energética. Dijo que adquirimos estas dos condiciones automáticamente en el transcurso de nuestra crianza; y que las tomamos a tal punto por dadas que no nos damos cuenta de su importancia vital sino al momento de enfrentarnos con mundos distintos al mundo habitual. En esos momentos se hace evidente que, para poder percibir de una manera coherente y total, necesitamos una nueva, apropiada cohesión y uniformidad energética.

Le pregunté qué eran la cohesión y la uniformidad. Me explicó que la forma energética del hombre tiene uniformidad puesto que todos los seres humanos son como una bola o un huevo luminoso. El hecho de que la energía del hombre se mantiene en un haz, como bola o como huevo, es prueba de que tiene cohesión. Don Juan dio como ejemplo de una nueva uniformidad y cohesión el caso de los brujos de la antigüedad. Cuando convirtieron su forma energética en una línea, todos ellos, uniformemente, mantuvieron su cohesión lineal. Uniformidad y cohesión, a ese nivel lineal, les permitieron percibir un mundo nuevo y homogéneo.

—¿Cómo se adquiere una nueva uniformidad y cohesión? —le pregunté.

—La clave es la posición del punto de encaje, o más bien, la fijación del punto de encaje —dijo.

En esa ocasión no quiso explicar más sobre el asunto. Pero yo insistí en preguntarle si esos brujos habrían podido retroceder de la forma lineal a su antigua forma de huevo luminoso. Me contestó que en un momento dado habrían podido hacerlo, pero no lo hicieron. Luego, la cohesión lineal se fijó en ellos, haciéndoles imposible el regreso. Don Juan creía que lo que realmente los cristalizó y les previno volver a su forma inicial, fue una cuestión de avaricia. El alcance perceptivo de esos brujos, como líneas de energía, era infinitamente más grande de lo que un hombre o un brujo común y corriente pueden alcanzar.

Explicó que el dominio humano, como masas energéticas, incluye todos aquellos filamentos que pasan a través de la bola luminosa. Normalmente, no percibimos todo el potencial humano sino quizás solamente una milésima parte de éste. Si tomamos esto en consideración, se puede apreciar la enormidad de lo que los brujos de la antigüedad hicieron. Se extendieron en una línea de energía mil veces más larga que un huevo luminoso, y percibieron todos los filamentos que pasaban a través de esa línea.

A resultas de su insistencia, hice esfuerzos gigantescos por entender el modelo de configuración energética que me estaba delineando. Finalmente, después de mucho trabajo pude imaginarme filamentos dentro y afuera de una bola luminosa. Sin embargo, si me imaginaba una multitud de bolas luminosas, el modelo dejaba de ser aplicable. Razonaba yo que en una multitud de bolas luminosas, los filamentos que están afuera de una por fuerza estarían dentro de otra adyacente. Por lo tanto, en una multitud no podrían existir filamentos energéticos que estuvieran afuera de ninguna bola luminosa.

—Entender eso no es ciertamente un ejercicio para la razón —contestó, después de haber escuchado atentamente mis argumentos—. No hay manera de explicar lo que los brujos quieren decir cuando se refieren a filamentos adentro o afuera de la bola o huevo luminoso. Cuando los videntes *ven*, ellos *ven* una sola bola o huevo de energía. Si hay otra bola al lado, la ven de nuevo como una sola y aislada bola de energía. La idea de una multitud de bolas luminosas te viene de las muchedumbres humanas. En el universo de la energía, existen únicamente individuos solos, rodeados por el infinito.

”¡Pero todo esto, tienes que verlo tú mismo!

Argüí que era inútil decirme que lo *viera* yo mismo, puesto que él sabía muy bien que yo no podía. Me propuso entonces que tomara prestada su energía y la usara para *ver*.

—¿Cómo puedo hacer eso? Tomar prestada su energía.

—Muy simple. Con mi energía puedo hacer que tu punto de encaje se desplace a otra posición más adecuada para percibir energía directamente.

Tal como me acuerdo, esta fue la primera vez que él me habló intencionalmente acerca de algo que hacía conmigo desde el principio de mi aprendizaje: hacerme entrar en un incomprensible estado de conciencia que ponía en tela de juicio mi idea del mundo y de mí mismo; un estado al cual él llamaba la segunda atención. Para lograr que mi punto de encaje se desplazara a una posición más adecuada para percibir energía directamente, don Juan solía darme, con la palma de su mano, un golpe en la espalda, entre los omóplatos, con tal fuerza que me hacía perder el aliento. En la ocasión de la que estoy hablando, su golpe pareció causarme un desmayo o quizás me durmió. De repente vi o soñé que veía algo literalmente más allá de las palabras. Brillantes filamentos de luz salían disparados por todos lados; filamentos luminosos indescriptibles. Decir que eran filamentos de luz es un eufemismo disparatado para determinar algo que, de no ser por don Juan, jamás hubiese entrado en mis pensamientos.

Cuando recuperé el aliento, o me desperté, don Juan me preguntó en un tono de gran expectativa: —¿Qué fue lo que viste?

Y cuando le contesté sinceramente: —Su golpe me hizo ver estrellas, se dobló de risa.

Recalcó que yo no estaba todavía listo para comprender percepciones fuera de lo usual. —Hice que tu punto de encaje cambiara —prosiguió—. Y por un instante ensoñaste los filamentos del universo. Pero aún no tienes la disciplina o la energía para arreglar tu uniformidad y cohesión. Los brujos antiguos eran los maestros consumados de ese arreglo. Así fue como *vieron* todo lo que puede ser *visto* por el hombre.

—¿Qué significa, don Juan, arreglar la uniformidad y la cohesión?

—Significa que uno entra en la segunda atención debido al acto de retener el punto de encaje en una nueva posición, previniendo de este modo que se deslice de regreso a su sitio original.

Don Juan me dio allí una definición tradicional de la segunda atención. Dijo que los brujos antiguos llamaban al resultado de fijar el punto de encaje en nuevas posiciones, la segunda atención. Y que trataban a la segunda atención como a un área de total actividad, de la misma manera que la atención del mundo cotidiano es un área que incluye total actividad. Recalcó que los brujos tienen realmente dos áreas absolutas para realizar sus acciones. Una muy pequeña, llamada la primera atención o la conciencia de nuestro mundo cotidiano, o la fijación del punto de encaje en su posición habitual. Y otra área mucho más grande, la segunda atención o la conciencia de otros mundos, o el acto de mantener el punto de encaje fijo en cada una de las innumerables nuevas posiciones que puede adoptar.

Don Juan me ayudó a experimentar cosas inexplicables en la segunda atención. Me hacía entrar en ella por medio de lo que él llamaba su maniobra de brujo: el fuerte golpe en la espalda a la altura de los omóplatos. Desde mi posición subjetiva, tales desplazamientos de mi punto de encaje significaban que mi conciencia entraba en un inquietante estado de inigualable claridad; un estado de superconciencia que duraba cortos períodos de tiempo, y en el que yo podía entender cualquier cosa con mínimos preámbulos. No era un estado del todo placentero; en la mayoría de los casos, era como un sueño tan extraño e intenso, que en comparación, la conciencia normal palidecía.

Don Juan justificaba su maniobra de brujo diciendo que era tradicional e indispensable que los aprendices recibieran conceptos y procedimientos básicos, en estados de conciencia normal, y que se les dieran explicaciones abstractas y detalladas, en la segunda atención.

Normalmente, los aprendices no recuerdan esas explicaciones en su vida diaria, pero de alguna forma, las guardan intactas y fielmente en lo que los brujos llaman el aparato de perceptividad. Los brujos han utilizado esta aparente peculiaridad de la percepción, y han convertido el acto de recordar todo lo que se les enseñó en la segunda atención en una de las tareas tradicionales más difíciles y complejas de la brujería.

Los brujos explican que cada vez que uno entra en la segunda atención, el punto de encaje se encuentra en una posición diferente. Recordar, para ellos, significa situar de nuevo el punto de encaje en la posición exacta en la que se encontraba en los momentos en que ocurrieron las entradas a la segunda atención. Don Juan me aseguró que los brujos no solamente recuerdan sino que reviven todas sus experiencias en la segunda atención, por medio del acto de volver a situar su punto de encaje en cada una de las posiciones donde estuvo.

Don Juan me dio explicaciones muy detalladas de la brujería mientras yo me hallaba en la segunda atención, sabiendo que la fidelidad y precisión de tal instrucción permanecería fielmente intacta conmigo por el resto de mi vida.

Acerca de esta calidad de fidelidad, dijo. —Aprender algo en la segunda atención es como lo que aprendemos de niños; permanece con nosotros toda la vida. Decimos "es muy natural" cuando hablamos de algo aprendido muy temprano en la infancia.

Juzgando todo esto desde mi punto de vista actual, me doy cuenta de que don Juan me hizo entrar en la segunda atención tantas veces como pudo. Quería, según él, forzarme a sostener, por largos períodos de tiempo, nuevas posiciones de mi punto de encaje y percibir coherentemente en ellas; en otras palabras, su propósito era forzarme a arreglar mi uniformidad y mi cohesión.

Innumerables veces llegué a percibir, en la segunda atención, de una manera tan precisa como percibo el mundo de todos los días. Mi falla era mi incapacidad de crear un puente entre mis acciones en la segunda atención y mi conciencia del mundo cotidiano. Comprender qué es la segunda atención me tomó un largo tiempo y un gran esfuerzo. No tanto por lo intrincado y lo complejo de ella sino porque una vez que regresaba a mi conciencia normal me era imposible recordar que había entrado en la segunda atención, o que ese estado siquiera existía.

Otro descubrimiento monumental que los brujos antiguos hicieron que don Juan me explicó cuidadosamente, fue el darse cuenta de que el punto de encaje se desplaza muy fácilmente durante el sueño. Esta realización dio lugar a otra: que los sueños están totalmente asociados con ese desplazamiento. Los brujos antiguos *vieron* que cuanto mayor era el desplazamiento, más inusitado era el sueño, o viceversa: cuanto más inusitado era el sueño, mayor era el desplazamiento. Don Juan dijo que esta observación los llevó a idear técnicas extravagantes para forzar el desplazamiento del punto de encaje, tales como la ingestión de plantas alucinogénicas; o el someterse a estados de hambre, fatiga, tensión; o el control de los sueños. De esta manera, y quizás sin siquiera saberlo, crearon el arte del ensueño.

Un día, cuando nos paseábamos en la plaza de la ciudad de Oaxaca, don Juan me dio la más coherente definición del arte del ensueño, desde el punto de vista de un brujo.

—Los brujos consideran el ensoñar como un arte extremadamente sofisticado —dijo—. Lo llaman también el arte de desplazar el punto de encaje de su posición habitual, a voluntad, a fin de expandir y acrecentar la gama de lo que se puede percibir.

Dijo que los brujos antiguos construyeron el arte del ensueño basándolo en cinco condiciones que *vieron* en el flujo energético de los seres humanos.

Uno, *vieron* que sólo los filamentos energéticos que pasan directamente a través del punto de encaje pueden ser transformados en percepción coherente.

Dos, *vieron* que si el punto de encaje se desplaza a cualquier otra posición, sin importar cuán grande o diminuto sea el desplazamiento, otros filamentos energéticos que no son habituales comienzan a pasar a través de éste. Ello hace entrar en juego al fulgor de la conciencia, lo cual fuerza a estos filamentos energéticos a transformarse en percepción coherente y estable.

Tres, *vieron* que en el transcurso de sueños normales, el punto de encaje se desplaza fácilmente y por sí solo a otras posiciones en la superficie o en el interior del huevo luminoso.

Cuatro, *vieron* que por medio de la disciplina es posible cultivar y ejecutar, en el transcurso de los sueños normales, un sistemático desplazamiento del punto de encaje.

Y cinco, *vieron* que se puede hacer que el punto de encaje se desplace a posiciones fuera del huevo luminoso y entre al reino de los filamentos energéticos del universo fuera de lo humano.

2

LA PRIMERA COMPUERTA
DEL ENSUEÑO

A manera de preámbulo a su primera lección en el arte de ensoñar, don Juan describió la segunda atención como un proceso que empieza con una idea; una idea que es más rareza que posibilidad real; la idea se convierte luego en algo como una sensación, y finalmente evoluciona y se transforma en un estado de ser, o en un campo de acciones prácticas, o en una preeminente fuerza que nos abre mundos más allá de toda fantasía.

Los brujos tienen dos opciones para explicar su mundo de dimensiones mágicas. Una es con la ayuda de metáforas, y la otra por medio de términos abstractos, propios de la brujería. Yo siempre he preferido la segunda, aunque la mente racional de un hombre occidental jamás encontraría satisfacción en ninguna de las dos.

Don Juan me hizo entender que describir la segunda atención como un proceso era una metáfora de brujos, y que la segunda atención se podía definir como el producto de un desplazamiento del punto de encaje. Un desplazamiento que debe ser intentado, empezando por intentarlo como una idea, y acabando por intentarlo como un estado de conciencia fijo y controlado, donde uno se da cabal cuenta del desplazamiento del punto de encaje.

—Te voy a enseñar el primer paso hacia el poder —

dijo don Juan al empezar su instrucción en el arte del ensueño—. Te voy a enseñar cómo preparar el ensueño.

—¿Qué quiere decir preparar el ensueño, don Juan?

—Preparar el ensueño quiere decir tener un comando práctico y preciso de los sueños; no dejar que se esfumen o cambien. Por ejemplo, puede que sueñes que estás en un salón de clases. Preparar el ensueño significa no dejar que ese sueño se transforme en otro. Eso es decir que controlas la visión del salón de clases y no la dejas ir hasta que tú quieras.

—¿Pero es posible hacer eso?

—Por supuesto que es posible. Ese control no es tan diferente al control que uno tiene en la vida diaria. Los brujos están acostumbrados a él y lo ejercen cada vez que lo necesitan. Para llegar a tenerlo debes comenzar por hacer algo muy simple. Esta noche debes mirarte las manos en tus sueños.

No recuerdo que me dijera nada más acerca de esto. Sin embargo, al hacer el recuento de mis experiencias en la segunda atención, salió a la vista que habíamos tenido un intercambio mucho más extenso. Expresé mis sentimientos acerca de lo absurdo de esta tarea, y don Juan me sugirió que debería enfrentarla como un entretenimiento, en vez de algo solemne o mórbido.

—Ponte tan serio como se te dé la gana cuando hablemos del ensueño —dijo—. Las explicaciones siempre requieren de profunda reflexión. Pero cuando ensueñes, sé tan liviano como una pluma. El ensueño tiene que llevarse a cabo con integridad y cordura, pero con risa y con la confianza de quien no tiene preocupación alguna. Solamente bajo estas condiciones pueden nuestros pinches sueños convertirse en ensueño.

Don Juan puso en claro que él había seleccionado arbitrariamente mis manos como algo que yo podía buscar en mis sueños, y que buscar cualquier otra cosa era igualmente válido. El propósito de este ejercicio no era encontrar una cosa específica sino emplear la atención de ensueño.

Don Juan describió la atención de ensueño como el control de los sueños; control que uno adquiere al fijar el punto de encaje en cualquier nueva posición a la cual se haya desplazado durante los sueños normales. En términos más generales, llamó a la atención de ensueño una faceta incomprensible de la conciencia, que parece estar esperando el momento en que la convoquemos y le demos propósito; la llamó también una facultad velada que todos tenemos en reserva, pero que nunca nos atrevemos a usar.

Mis primeros intentos de verme las manos en mis sueños fueron un desastre. Después de meses de vanos esfuerzos, me di por vencido y le eché en cara a don Juan lo absurdo de tal tarea.

—Hay siete compuertas —dijo a manera de respuesta—. Y los ensoñadores tienen que abrirlas todas, de una en una. Te has dado un soberano chingadazo contra la primera compuerta, la cual debes abrir si es que vas a ensoñar.

—¿Por qué no me dijo usted esto antes, don Juan?

—Hubiera sido inútil hablarte de las compuertas del ensueño antes de que toparas con la primera. Ahora ya sabes que es un obstáculo, y que tienes que vencerlo.

Don Juan explicó que en el flujo energético general del universo hay entradas y salidas, que funcionan a manera de compuertas; y que en el específico caso del ensueño hay siete entradas; siete obstáculos que los brujos llaman las siete compuertas del ensueño.

—Llegamos a la primera al darnos cuenta de una sensación muy particular que se nos viene encima antes de quedarnos profundamente dormidos —dijo—. Una placentera oscuridad y pesadez que nos mantiene suspendidos y no nos permite abrir los ojos.

—¿Cómo puede darse uno cuenta de estar quedándose dormido? ¿Cuáles son los pasos que hay que seguir?

—No hay pasos que seguir. Uno solamente intenta estar consciente del acto de quedarse dormido.

—¿Pero cómo puede uno intentar eso?

—El intento o el acto de intentar es algo muy difícil de explicar. Yo, o cualquier otro brujo, pareceríamos un par de idiotas si tratáramos de explicarlo. Ten esto en cuenta cuando oigas lo que te voy a decir a continuación: los brujos intentan cualquier cosa que se proponen intentar, simplemente intentándolo.

—Eso no me dice nada, don Juan.

—Pon mucha atención. Algún día te tocará a ti explicarlo. Lo que te dije parece una idiotez, porque no lo has puesto en el contexto apropiado. Como cualquier otro hombre racional, tú crees que entender es exclusivamente el dominio de nuestra razón, de nuestra mente.

"Lo que te dije está en el campo del intento y el acto de intentar. Para los brujos comprender eso pertenece al campo de la energía. Ellos creen que si esa explicación fuera oída por el cuerpo energético, éste la entendería en términos enteramente diferentes a los de la mente. El truco está en llegar al cuerpo energético. Para eso uno necesita muchísima energía.

—¿En qué términos la entendería, don Juan?

—En términos de una sensación física muy difícil de describir. Eso es algo que tú debes experimentar personalmente; de otro modo no hay cómo saber lo que te estoy diciendo.

Yo hubiera querido una explicación más precisa, pero don Juan me dio un golpe en la espalda, con la palma de su mano, y me hizo entrar en la segunda atención. En ese entonces, lo que hizo era un absoluto misterio para mí. Podría haber jurado que con su golpe me hipnotizó. Creí que me puso instantáneamente a dormir, y que me soñé caminando con él en una ancha avenida bordeada de árboles en una ciudad desconocida. Fue un sueño tan vívido, y yo estaba tan consciente de todo, que traté al instante de orientarme, leyendo letreros y observando a la gente. Decididamente no era una ciudad de habla inglesa o española, pero era, no obstante, una ciudad occidental. La gente parecía ser del norte de Europa, quizás lituanos. Me esforcé por leer los anuncios de comercio y los nombres de las calles.

Don Juan me dio un ligero codazo. —No te molestes con eso —dijo—. No estamos en ningún lugar identificable. Te acabo de prestar mi energía, y con ella llegaste a tu cuerpo energético. Tu cuerpo energético acaba de cruzar a otro mundo. Esto no va a durar mucho, así que usa tu tiempo con mucha mesura.

"Mira a todo, pero sin andar con la boca abierta. No dejes que nadie te note.

Caminamos en silencio. Fue una caminata de una cuadra que tuvo un tremendo efecto en mí. Mientras más caminábamos, mayor era mi ansiedad y mi curiosidad. Tuve la clarísima sensación de que no me encontraba en este mundo. Cuando llegamos a un cruce de calles y nos detuvimos, vi que los árboles a lo largo de la calle habían sido cuidadosamente podados en forma de bolas. Eran árboles no muy grandes con hojas al parecer duras y rizadas. Cada árbol tenía un buen espacio cuadrado para ser regado. No había ni yerbas ni basura en esos espacios, como hay alrededor de los árboles de una ciudad, sino tierra suelta de color negro carbón.

En el momento en que enfoqué mis ojos en el cordón de la acera, antes de cruzar la calle, me di cuenta de que no había coches. Traté desesperadamente de observar a la gente que se arremolinaba alrededor nuestro; quería descubrir algo en ellos que explicara mi ansiedad. Los miré fijamente y ellos también me miraron fijamente. En un instante, un círculo de ojos duros, ojos azules y de color café, se había formado en torno nuestro.

Tuve entonces la aterradora certeza de que esto no era en absoluto un sueño; nos encontrábamos en una realidad más allá de lo que mi mente reconocía como algo real. Giré la cabeza a ver a don Juan. En ese instante estaba a punto de descubrir qué era lo diferente en esa gente, pero un extraño viento seco me entró directamente en las fosas nasales. Sentí como un golpe en la cara, mi vista se puso borrosa y olvidé lo que le quería decir a don Juan. En el siguiente instante, estaba yo de vuelta donde había empezado: la casa de don Juan; estaba echado en un petate, acurrucado de lado.

—Te presté mi energía y llegaste a tu cuerpo energético —don Juan dijo como si nada hubiera ocurrido.

Lo oí hablar, pero estaba entumecido. Una extraña comezón en mi plexo solar hacía mi respiración corta y dolorosa. Sabía que había estado a punto de descubrir algo transcendental acerca del ensueño y de la gente que vi, pero me era imposible enfocar esa casi revelación. Cada vez que trataba de hacerlo, el recuerdo del sueño mismo se oscurecía.

—¿Dónde estuvimos, don Juan? —le pregunté—. ¿Fue todo eso un sueño? ¿Un estado hipnótico?

—No fue un sueño —contestó—. Fue un ensueño. Te ayudé a entrar en la segunda atención, para que así pudieras comprender lo que significa intentar, no como un tópico para tu razón, sino para tu cuerpo energético.

"A estas alturas, no puedes todavía comprender la importancia de todo esto, no solamente porque no tienes la suficiente energía sino porque además no estás intentando lo que yo intenté por ti. Si lo estuvieras, tu cuerpo energético inmediatamente comprendería que la única forma de intentar es enfocando tu intento en lo que quieras intentar. Esta vez yo lo enfoqué por ti, y lo enfoqué en el acto de llegar a tu cuerpo energético.

—¿Es la meta del ensueño intentar el cuerpo energético? —pregunté, repentinamente imbuido de una extraña claridad de pensamiento.

—Se puede decir que esa es la meta total —dijo—. En el caso particular de la primera compuerta del ensueño, la meta es intentar que tu cuerpo energético se dé cuenta de que te estás quedando dormido. No trates de forzarte para darte cuenta de que te estás durmiendo. Deja que tu cuerpo energético lo haga. Intentar es desear sin desear, hacer sin hacer.

"Acepta el reto de intentar —prosiguió—. Pon una determinación que no admita palabras o aun pensamientos para convencerte a ti mismo de que has llegado a tu cuerpo energético y que eres un ensoñador. Hacer esto te pondrá automáticamente en la posición de darte cuenta de que te estás durmiendo.

—¿Cómo puedo convencerme de que soy un ensoñador cuando no lo soy?

—Oír que debes convencerte a ti mismo te vuelve automáticamente más racional. ¿Cómo te puedes convencer de que eres un ensoñador, cuando sabes que no lo eres? Intentar abarca dos cosas: el acto de convencerte a ti mismo de que verdaderamente eres un ensoñador, aunque nunca hayas ensoñado, y el acto de estar convencido.

—¿Quiere usted decir, don Juan, que debo decirme a mí mismo que soy un ensoñador, y hacer todos los esfuerzos imaginables para creerlo? ¿Es eso lo que usted quiere?

—No, no es eso. Intentar es mucho más simple, y al mismo tiempo, infinitamente más complejo. Requiere imaginación, disciplina y propósito. En tu caso, intentar significa que adquieres la indiscutible certeza corporal de que eres un ensoñador. Sientes con todas las células de tu cuerpo que eres un ensoñador.

Don Juan añadió, en tono de broma, que él carecía de suficiente energía para hacerme otro préstamo, y que yo debía llegar a mi cuerpo energético por mi cuenta. Me aseguró que intentar la primera compuerta del ensueño era uno de los medios descubiertos por los brujos de la antigüedad para llegar al cuerpo energético y entrar en la segunda atención.

Después de decir esto, prácticamente me ordenó que me marchara y no regresara hasta que hubiera intentado la primera compuerta del ensueño.

Regresé a casa, y cada noche, por meses, me iba a dormir intentando con todo mi esfuerzo darme cuenta de estar quedándome dormido y ver mis manos en mis sueños. La otra parte de la tarea: convencerme a mí mismo de que era un ensoñador y de que había llegado a mi cuerpo energético me fue totalmente imposible.

Una tarde, mientras tomaba una siesta, soñé que estaba mirando mis manos. El impacto fue suficiente para despertarme. Este sueño resultó único. No pude repetirlo. Tuve centenares de otros sueños en los que me fue imposible verme las manos y mucho menos darme cuenta de que me estaba quedando dormido. Sin embargo, empecé a tener una vaga conciencia, en mis sueños, de que debería estar haciendo algo, pero no podía acordarme lo que era. Esta sensación cobró tal fuerza, que me hacía despertar a todas horas de la noche.

Le conté a don Juan acerca de mis vanas tentativas de cruzar la primera compuerta del ensueño. —Decirle a un ensoñador que encuentre en sus sueños un objeto determinado es un subterfugio —dijo—. El asunto es darse cuenta de que uno se está quedando dormido. Y hacer esto no es posible, simplemente ordenándose a uno mismo hacerlo, sino sosteniendo la vista de cualquier cosa que uno esté mirando en su sueño.

Me dijo que los ensoñadores echan fugaces vistazos a todo lo que está presente en un sueño. Si enfocan su atención de ensueño en algo específico, usan ese enfoque como punto de partida. Luego la enfocan en otros objetos del sueño, regresando al punto de partida cuantas veces les sea necesario.

Después de un inmenso esfuerzo encontré manos en mis sueños, pero nunca eran las mías. Eran manos que solamente parecían pertenecerme; manos que cambiaban de forma, volviéndose a veces espeluznantes. El resto del contenido de mis sueños era por lo regular estable y placentero; y podía sostener la vista de cualquier cosa en la cual enfocara mi atención de ensueño.

Seguí así por meses, hasta un día en el cual mi capacidad de ensoñar cambió, aparentemente, por sí sola. No hice nada en especial, aparte de mi constante determinación de estar consciente del acto de quedarme dormido y de encontrarme las manos.

Soñé en esa ocasión que estaba de visita en mi ciudad natal. No era que la ciudad de mis sueños se pareciera a mi ciudad natal, pero de alguna manera, yo tenía la convicción de que sí lo era.

Todo empezó como un sueño común y corriente, aunque muy vívido. Luego, la luz aumentó. Las imágenes se volvieron más nítidas. La calle por la cual caminaba de repente era más real de lo que era un momento antes. Me empezaron a doler los pies. Para entonces podía yo sentir que los objetos del sueño eran absurdamente duros. Por ejemplo, al tropezar con la rodilla en una puerta, no solamente experimenté dolor en la rodilla sino que también mi torpeza me enfureció.

De un modo muy real, caminé en esa ciudad hasta quedar completamente exhausto. Vi todo lo que pudiera haber visto si hubiese sido un turista caminando por las calles de cualquier ciudad. Y no hubo absolutamente ninguna diferencia entre esa caminata de ensueño y cualquier otra de las tantas que verdaderamente efectué por las calles de ciudades reales que visité por primera vez.

—Creo que te saliste un poco del marco —dijo don Juan, después de escuchar mi relato—. Todo lo que se requería era tomar conciencia de que te estabas quedando dormido. Lo que hiciste equivale a tirar la pared al suelo para aplastar un mosquito.

—¿Quiere usted decir que eché a perder todo?

—No. Pero aparentemente estás tratando de repetir algo que ya hiciste antes. Cuando hice que tu punto de encaje cambiara de posición y fuimos a parar a esa misteriosa ciudad, tú no estabas dormido. Estabas ensoñando, pero no dormido. Esto quiere decir que tu punto de encaje no llegó a esa posición a través de un sueño normal. Yo lo forcé a cambiar.

"Por cierto que puedes llegar a esa misma posición por medio del ensueño, pero a estas alturas, yo no te lo recomendaría.

—¿Es peligroso, don Juan?

—¡Y cómo! El ensueño es un asunto muy serio.

Uno no puede darse el lujo de pasos en falso. Ensoñar es un proceso de despertar, de adquirir control. Nuestra atención de ensueño debe ser sistemáticamente ejercitada, puesto que es la puerta a la segunda atención.

—¿Cuál es la diferencia entre la atención de ensueño y la segunda atención?

—La segunda atención es como un océano, y la atención de ensueño es como un río que desemboca en él. La segunda atención es el estado de estar consciente de mundos completos, completos como el nuestro es completo; mientras que la atención de ensueño es el estado de estar consciente de los objetos de nuestros sueños.

Durante sus enseñanzas don Juan puso un gran énfasis en el hecho de que la atención de ensueño es la llave que abre todas las puertas en el mundo de los brujos. Dijo que entre la multitud de objetos en nuestros sueños, existen verdaderas interferencias energéticas; cosas que son colocadas ahí por fuerzas ajenas a la nuestra. Ser capaz de encontrarlas y seguirlas es el logro de la atención de ensueño.

Fue tanto el énfasis puesto en la idea de interferencias energéticas que me vi obligado un día a pedirle que lo explicara. Titubeó por un momento antes de contestar.

—Los sueños, si no son una puerta, son una compuerta a otros mundos —comenzó—. Como tal, los sueños son un pasadizo con tráfico de doble sentido. Nuestra conciencia cruza esa compuerta y entra en otros reinos; y esos otros reinos mandan exploradores que entran a nuestros sueños.

—¿Qué son esos exploradores?

—Cargas energéticas que se mezclan con los objetos de nuestros sueños normales. Son estallidos de energía ajena que vienen a nuestros sueños, y nosotros los interpretamos como objetos conocidos o desconocidos.

—Lo siento mucho, don Juan, pero no le encuentro ni ton ni son a su explicación.

—Eso es porque insistes en tomar a los sueños como algo conocido: lo que nos ocurre cuando dormimos. Y yo insisto en darte otra versión: una compuerta a otros reinos de la percepción. A través de esta compuerta, se filtran corrientes de energía desconocida. Luego la mente, o el cerebro, o lo que sea, se apodera de esas corrientes de energía y las transforma en parte de nuestros sueños.

—¿Para qué hay que aislarlas, don Juan?

—Para usarlas. Vienen de otros reinos. Si las seguimos a su fuente de origen, nos sirven como guías en áreas de tal misterio que los brujos se estremecen con la sola mención de tal posibilidad.

—¿Cómo las aíslan los brujos de los objetos normales de su sueño?

—Por medio del ejercicio y control de la atención de ensueño. En un momento dado, nuestra atención de ensueño las descubre entre los objetos de un sueño, se enfoca en ellas y entonces el sueño entero se disuelve, dejando únicamente la energía ajena.

Don Juan se rehusó a continuar explicando el tema y volvió a la discusión de mi experiencia de ensueño. Dijo que haciendo una suma total, él podía decir que mi sueño había sido un ensueño genuino, y que eso significaba el haber llegado a la primera compuerta del ensueño.

En una ocasión diferente, mientras conversábamos de otros temas, don Juan empezó a hablar de mi práctica de ensoñación. Dijo: voy a repetir lo que debes hacer en tus sueños para cruzar la primera compuerta del ensueño. Primero, enfoca tu atención de ensueño en cualquier cosa, como punto de partida. Luego, pon tu atención en cuantos objetos puedas. Recuerda que si sólo echas vistazos breves, las imágenes no cambian. Después de ver cada objeto regresa al primero que viste.

—¿Qué quiere decir cruzar la primera compuerta del ensueño?

—Llegamos a la primera compuerta del ensueño, al

darnos cuenta de que nos estamos quedando dormidos, o como tú lo hiciste, al tener un sueño inmensamente real. En cuanto llegamos a esa compuerta, la cruzamos al ser capaces de sostener la vista en cualquier objeto en nuestros sueños.

—Ya casi puedo sostener la vista de los objetos de mis sueños, aunque se disipan demasiado rápido.

—Eso es precisamente lo que estoy tratando de decirte. A fin de compensar la evanescencia de los sueños, los brujos idearon el uso de un objeto como punto de partida. Cada vez que se le aísla y se le mira, uno recibe una carga de energía. Al principio, no se deben enfocar demasiadas cosas en los sueños. Cuatro objetos son suficientes. Más tarde, uno puede agrandar el campo de acción hasta abarcar todo lo deseable. Pero tan pronto como las imágenes comienzan a cambiar, y uno siente que se está perdiendo el control, se debe regresar al punto de partida, y empezar otra vez.

—¿Cree usted, don Juan, que verdaderamente llegué a la primera compuerta del ensueño?

—Llegaste, y eso ya es mucho. A medida que continúes vas a estar consciente de cuán fácil te va a ser ahora ensoñar.

Pensé que don Juan estaba o exagerando o dándome aliento. Pero él me aseguró que no.

—Lo más asombroso que les ocurre a los ensoñadores —dijo— es que al llegar a la primera compuerta, también llegan al cuerpo energético.

—¿Qué es exactamente el cuerpo energético?

—Es la contraparte del cuerpo físico; una configuración fantasmal hecha de pura energía.

—¿Pero no está también el cuerpo físico hecho de pura energía?

—Claro que lo está. La diferencia es que el cuerpo energético tiene únicamente apariencia, pero no masa. Ya que es pura energía, puede llevar a cabo actos que van más allá de las posibilidades del cuerpo físico.

—¿Como qué por ejemplo, don Juan?

—Como transportarse en un instante a los confines del universo. Ensoñar es el arte de templar el cuerpo energético, de hacerlo coherente y flexible, ejercitándolo gradualmente.

"Por medio del ensueño, condensamos el cuerpo energético, hasta llegar a hacerlo una unidad capaz de percibir. A pesar de que la manera normal de percibir el mundo afecta al cuerpo energético, su modo de percibir es independiente. Tiene su propia esfera.

—¿Cuál es esa esfera, don Juan?

—Esa esfera es energía. El cuerpo energético trata con la energía en términos de energía. Hay tres formas en las que trata. Puede percibir energía a medida que esta fluye; puede usarla como un cohete para propulsarse dentro de áreas insondables; o puede percibir como percibimos normalmente el mundo.

—¿Qué quiere decir percibir energía a medida que fluye?

—Quiere decir *ver*. Quiere decir que el cuerpo energético *ve* energía directamente como una luz, o como una especie de corriente vibratoria, o como un disturbio borroso. O la siente directamente como una sacudida o una sensación que hasta puede ser dolorosa.

—¿Y qué pasa con la otra forma de la que usted habló, don Juan? Aquella donde el cuerpo energético usa a la energía como un impulso.

—Puesto que su esfera es la energía, el cuerpo energético no tiene ningún problema en usar corrientes de energía que existen en el universo para propulsarse a sí mismo. Todo lo que tiene que hacer es aislarlas y, al instante, se lo llevan.

Dejó de hablar, parecía estar indeciso, como si quisiera añadir algo y se arrepintiera de hacerlo. Me sonrió, y justo en el momento de hacerle una pregunta, continuó su explicación. —Ya te he planteado que los brujos aíslan en sus sueños a exploradores de otros mundos —dijo—. Sus cuerpos energéticos hacen esto. Reconocen energía y van tras de ella. Pero no es recomendable que los ensoñadores se den a la búsqueda de exploradores. De muy mala gana te hablé de todo esto, porque algunos de nosotros tenemos mucha facilidad para desviarnos en esa búsqueda.

Don Juan pasó rápidamente a otro tema. Me delineó muy cuidadosamente un conglomerado entero de ideas y prácticas. En ese entonces, todo lo que me decía me era incomprensible en cierto nivel; sin embargo, en otro, todo me parecía perfectamente lógico y comprensible. Reiteró que llegar a la primera compuerta del ensueño, de una manera calculada y con control, es llegar al cuerpo energético. Pero mantener ese cálculo y control es básicamente un asunto de tener energía. Los brujos obtienen esa energía organizando, de una manera ingeniosa, la energía natural que poseen y usan para percibir el mundo cotidiano.

Cuando insistí que explicara más claramente todo esto, añadió que todos tenemos una cantidad determinada de energía básica. Esa cantidad es nuestro total acervo energético y lo usamos todo para percibir y tratar con nuestro absorbente mundo. Para enfatizar, repitió varias veces que no hay más energía disponible para nosotros en ningún sitio, y como la energía de la cual disponemos está ya siendo usada en su totalidad, no nos queda ni un ápice para percepciones extraordinarias, como el ensueño.

—¿Y qué es lo que nos queda por hacer, don Juan? —le pregunté.

—Nos queda la tarea de rebuscar energía por donde se pueda —contestó.

Don Juan explicó que para rebuscar energía, los brujos reorganizan ingeniosamente la distribución de su energía básica, descartando cualquier cosa que consideren superflua en sus vidas. Llaman a este método "el camino de los brujos" o "el camino del guerrero". Como don Juan lo expuso, el camino de los brujos es, esencialmente, una cadena de conducta alternativa que se puede usar para tratar con el mundo diario; una conducta mucho más directa y eficiente que la conducta usual. Don Juan aseveraba que era más eficiente porque estaba expresamente diseñada para renovar nuestra energía, alterando nuestras reacciones básicas al hecho de estar vivos.

—¿Cuáles son esas reacciones básicas? —le pregunté.

—Hay dos maneras de encarar el hecho de estar vivos —dijo—. Una es rindiéndose a él, ya sea resignándose a sus demandas o peleando contra ellas. La otra es moldeando lo particular de nuestra situación vital, a fin de hacerla encajar en nuestras propias configuraciones.

—¿Podemos realmente moldear lo particular de nuestra situación vital, don Juan?

—Cada uno de nosotros puede moldearla a la medida de nuestras especificaciones —insistió don Juan—. Eso hacen los ensoñadores. ¿Una aseveración estrafalaria? Realmente, no, si tomas en consideración lo poco que sabemos acerca de nosotros.

Dijo que su interés, como maestro, era involucrarme completamente en el tema de la vida y el tema de estar vivo; es decir, la vida como consecuencia de fuerzas biológicas, y el acto de estar vivo, como una cuestión de cognición.

—Cuando los brujos hablan de moldear lo particular de la situación vital de uno —explicó don Juan—, quieren decir moldear la conciencia de estar vivo. Al moldear esta conciencia, podemos obtener suficiente energía para llegar al cuerpo energético y sostenerlo. Con el cuerpo energético, sin lugar a dudas, podemos moldear la dirección y consecuencias totales de nuestras vidas.

Don Juan terminó nuestra conversación pidiéndome que no solamente pensara acerca de lo que me estaba diciendo sino que convirtiera sus conceptos, por medio de un proceso de repetición, en una forma factible de vida.

Reiteró lo que me había dicho incontables veces:

que todo lo nuevo en nuestras vidas, tal como los conceptos de la brujería en la mía, debe ser repetido hasta el agotamiento si se quiere incorporarlo a nuestra cognición del mundo. Señaló que la manera en que nuestros progenitores nos socializaron para funcionar en el mundo cotidiano fue a través de la repetición.

A medida que continué mis prácticas de ensueño, llegué a estar totalmente consciente de que me estaba quedando dormido y de que podía detenerme a examinar, a voluntad, cualquier cosa que fuera parte del contenido de mis sueños. Experimentar esto fue, para mí, no menos que un acto milagroso.

Don Juan tenía razón al decir que la atención de ensueño entra en juego cuando se la llama, cuando se le da un propósito. Pero este acto de entrar en juego no ocurre de la manera en que uno normalmente entiende un proceso: un sistema de operaciones en curso, o una serie de acciones o funciones que llevan a un resultado final; más bien es un despertar. Algo que estaba inactivo se convierte de repente en algo funcional.

3

LA SEGUNDA COMPUERTA
DEL ENSUEÑO

Mis prácticas de ensueño me llevaron a entender que un maestro del arte de ensoñar debe crear una maniobra didáctica a fin de enfatizar un determinado punto. En esencia, lo que don Juan buscaba con la primera tarea era ejercitar mi atención de ensueño, a medida que yo aprendía a enfocarla en los objetos de mis sueños. Para lograrlo, usó la idea de que yo debería estar consciente de quedarme dormido. Su subterfugio era decir que la única manera de estar conscientes de que nos estamos quedando dormidos es examinando los elementos de nuestros sueños.

Con la práctica me di cuenta de que ejercitar la atención de ensueño es el punto esencial del arte de ensoñar. Sin embargo, a la mente le parece imposible que uno pueda entrenarse a sí mismo a estar consciente, al nivel de los sueños. Don Juan decía que el elemento activo de tal entrenamiento es la persistencia, y que la mente, con todas sus defensas racionales, no puede defenderse de la persistencia. Tarde o temprano, las barreras de la mente caen bajo su impacto, y la atención de ensueño florece.

A medida que practicaba enfocar y mantener mi atención de ensueño en los objetos de mis sueños, empecé a sentir una peculiar confianza en mí mismo; era una confianza tan notable que le pedí a don Juan sus comentarios al respecto.

—Entrar en la segunda atención es lo que te da ese sentido de seguridad en ti mismo —dijo—. Llegar a este nivel requiere aún más cordura de tu parte. Muévete despacio, pero no te detengas; y sobre todo, cállate la boca y actúa.

Le conté a continuación que en mi práctica había corroborado lo que él me había dicho, que si uno da breves vistazos a los objetos de un sueño, las imágenes no se disuelven. Comenté que la parte difícil es romper la barrera inicial que nos impide creer que los sueños son parte de nuestro ser consciente. Le pedí a don Juan que me diera su opinión sobre este asunto. Yo pensaba seriamente que esta es una barrera psicológica creada por nuestra socialización; la cual demanda hacer caso omiso de los sueños.

—Esa barrera es más que socialización —contestó—. Es la primera compuerta del ensueño. Ahora que la has superado, te parece arbitrario que no podamos detenernos, a voluntad, para prestar atención a los objetos de nuestros sueños. Esta dificultad no es arbitraria. La primera compuerta del ensueño tiene que ver con el flujo de energía en el universo. Es un obstáculo natural.

Don Juan me hizo luego acceder a que hablaríamos del ensueño únicamente en la segunda atención y cuando él lo considerara apropiado. Me alentó a que siguiera practicando mientras tanto, y me prometió no interferir en mis prácticas, en lo absoluto.

A medida que fui adquiriendo destreza en la preparación del ensueño, experimenté repetidamente sensaciones que personalmente consideré ser de gran importancia; tal como la sensación de rodar en una zanja, justo en el momento de quedarme dormido. Don Juan nunca me dio a saber que esas eran sensaciones absurdas, y hasta me dejó que las describiera en mis notas. Es sólo ahora que me doy cuenta de cuán absurdo le he de haber parecido. Hoy en día, si yo fuera maestro del arte de ensoñar, desaprobaría absolutamente tal comportamiento. Don Juan no desaprobó nada, solamente se burlaba de mí, llamándome un guerrero fraudulento que profesaba luchar contra la importancia personal, pero que sin embargo escribía un diario muy meticuloso y tremendamente personal, llamado: "Mis sueños".

Cada vez que tenía la oportunidad, don Juan recalcaba que la energía necesaria para liberar nuestra atención de ensueño de la prisión de la socialización se obtiene reorganizando nuestra energía existente. Nada podría haber sido más cierto. El surgimiento de nuestra atención de ensueño es el resultado directo de reformar nuestras vidas. Como don Juan dijo, ya que no tenemos manera alguna de hacer uso de una fuente externa para incrementar nuestra energía, debemos reorganizar la existente mediante cualquier recurso disponible.

Don Juan insistía en que el camino del guerrero es el mejor recurso que existe para engrasar las ruedas de esa reorganización de energía, y que de todas las premisas del camino del guerrero, la más efectiva es "perder la importancia personal". Estaba totalmente convencido de que perder la importancia personal es indispensable para todo lo que hacen los brujos; y por esta razón, puso una enorme presión en guiar a sus estudiantes a cumplir con este requisito. Su opinión era que la importancia personal no es sólo el enemigo acérrimo de los brujos sino también de la humanidad entera.

Don Juan argüía que empleamos la mayor parte de nuestra fuerza en sostener nuestra importancia, y que nuestro desgaste más pernicioso es la compulsiva presentación y defensa del yo; la preocupación acerca de ser o no admirados, queridos, o aceptados. Él mantenía que si fuera posible perder algo de esa importancia, dos cosas extraordinarias nos ocurrirían. Una, liberaríamos nuestra energía de tener que fomentar y sustentar la ilusoria idea de nuestra grandeza; y dos, nos proveeríamos de suficiente energía para entrar en la segunda atención y vislumbrar la verídica grandeza del universo.

Necesité más de dos años de práctica para poder enfocar mi atención de ensueño en cualquier objeto de mis sueños. Me adiestré tanto en ello que me parecía haberlo hecho toda mi vida. Lo más extraordinario era que yo no podía ni tan sólo imaginar el hecho de no haber tenido esa habilidad. Pero al mismo tiempo podía recordar lo difícil que me había sido siquiera tomarlo en serio. Se me ocurrió que la aptitud de examinar el contenido de nuestros sueños debe ser el producto de una configuración natural de nuestro ser, quizá similar a nuestra aptitud de caminar. Estamos físicamente condicionados para caminar bípedamente, pero aun así tenemos que hacer esfuerzos monumentales para aprender a caminar.

Esta nueva capacidad de ver los objetos de mis sueños, a breves vistazos, estaba unida a una irritante insistencia de mi propia parte en recordarme a mí mismo que tenía que hacerlo. Estuve siempre muy consciente de la tendencia compulsiva de mi carácter, pero en mis sueños esa compulsividad se convirtió en algo agraviante. Al escuchar mi engorrosa insistencia en mirar a los objetos de mis sueños, a breves vistazos, comencé a preguntarme si esto era realmente mi compulsividad, o era algo más. Hasta creí que estaba perdiendo la razón.

Le conté a don Juan acerca de esto. Yo había respetado fielmente nuestro acuerdo de que hablaríamos del ensueño únicamente cuando él hiciera mención del tema. Pero esta era una emergencia.

—Cuando te oyes a ti mismo, insistiendo en todo eso, es como si no fueras tú, ¿verdad? —me preguntó.

—Ahora que lo pienso, sí. En esos momentos no parece que fuera yo.

—Entonces no eres tú. Aún no es tiempo de explicarlo, pero digamos que no estamos solos en el mundo. Digamos que para los ensoñadores, hay otros mundos disponibles; mundos completos. Algunas veces, entidades energéticas de esos otros mundos completos, vienen a nosotros. La próxima vez que oigas durante tus sueños esa molesta insistencia, ponte enojadísimo y grítale que pare.

Como resultado de esta conversación, entré en un nuevo terreno: acordarme de enojarme y gritar en mis sueños. Creo que quizás debido al enorme fastidio que experimentaba, lo hice. La molesta insistencia cesó de inmediato y nunca más se repitió.

—¿Tienen todos los ensoñadores esta experiencia? —le pregunté a don Juan cuando lo volví a ver.

—Algunos la tienen —contestó indiferentemente.

Empecé a hablarle de cuán extraño era para mí que todo eso se acabara tan repentinamente. Él me interrumpió. —Ya estás listo para llegar a la segunda compuerta del ensueño —dijo secamente.

Aproveché la oportunidad para hacer preguntas que no había podido hacerle antes. Lo más vívido que tenía en mente era lo que experimenté la primera vez que me hizo ensoñar. Le dije que había observado, a mi regalado gusto los elementos de mis sueños, pero que en mis observaciones no había encontrado, ni de una manera vagamente similar, tal claridad y detalle como aquella vez.

—Mientras más pienso en ello —le dije—, más intrigante se vuelve. Mirando a la gente de ese ensueño, experimenté un miedo y una repugnancia para mí imposibles de olvidar. ¿Qué fue esa sensación, don Juan?

—En mi opinión, tu cuerpo energético se agarró de la energía de ese lugar y le fue muy bien. Naturalmente, sentiste miedo y asco, porque estabas examinando energía forastera por primera vez en tu vida.

"Tienes una propensión a comportarte como los brujos de la antigüedad. A la menor oportunidad, dejas que tu punto de encaje se desplace como le dé la gana. En aquella ocasión tu punto de encaje se desplazó considerablemente. El resultado fue que, como los brujos antiguos, viajaste más allá del mundo que conocemos. Un viaje sumamente real y sumamente peligroso.

Pasé por alto el significado de sus palabras y me enfoqué solamente en lo que a mí me interesaba. —¿Estaba esa ciudad en otro planeta? —le pregunté.

—Ensoñar no se puede explicar relacionándolo a cosas que uno sabe o cree saber —dijo—. Todo lo que te puedo decir es que la ciudad que visitaste no estaba en este mundo.

—¿Entonces, dónde estaba?

—Fuera de este mundo, por supuesto. No eres tan estúpido. Eso fue lo primero que notaste. Lo que te confunde es que no puedes imaginar nada que esté fuera de este mundo.

—¿Qué es entonces fuera de este mundo, don Juan?

—Creéme, el aspecto más extravagante de la brujería es esa configuración llamada fuera de este mundo. Por ejemplo, tú asumiste que los dos vimos las mismas cosas. La prueba es que nunca me has preguntado qué fue lo que vi. Tú solito viste una ciudad y gente en esa ciudad. Yo no vi nada por el estilo. Yo *vi* energía. Así que, fuera de este mundo fue en esa ocasión, y únicamente para ti, una ciudad con gente.

—Pero si ese es el caso, don Juan, no era una ciudad real. Únicamente existió para mí, en mi mente.

—No. Ese no es el caso. Ahora quieres tú reducir algo trascendental a algo mundano. No puedes hacer eso. Ese viaje fue real. Tú lo experimentaste como estar andando en una ciudad. Yo lo *vi* como energía. Ninguno de los dos está en lo cierto, pero tampoco está errado.

—Mi confusión es tremenda cuando usted habla del ensueño en términos de cosas reales. Usted me dijo que estábamos en un lugar real. Pero si era real, ¿cómo es que podemos tener dos versiones de ello?

—Es muy simple. Tenemos dos versiones porque en ese momento teníamos dos porcentajes diferentes de uniformidad y cohesión. Como ya te expliqué, esos dos atributos son la clave de la percepción.

—¿Cree usted que yo puedo regresar a esa misma ciudad algún día?

—Ahora sí me agarraste. No lo sé. O quizás sí lo sé,

pero no puedo explicarlo. O quizás lo puedo explicar pero no quiero hacerlo. Vas a tener que esperar, y deducir por ti mismo cuál es el caso.

Ahí don Juan cambió el tema de la conversación y por más que traté de sonsacarle, no hubo modo de continuar la discusión.

—Sigamos hablando de nuestros asuntos —dijo—. Se llega a la segunda compuerta del ensueño cuando uno se despierta de un sueño en otro sueño. Puede uno tener tantos sueños como se quiera, o tantos como uno sea capaz de tenerlos, pero se debe ejercitar un control adecuado y no despertar en el mundo que conocemos.

Tuve un momento de pánico. —¿Quiere usted decir que no se debe despertar nunca en este mundo? —pregunté.

—No, no quise decir eso. Pero ahora que lo mencionas, debo hacerte una confesión. Los brujos de la antigüedad solían hacer eso: no se despertaban en el mundo que conocemos. Algunos de los brujos de mi línea también lo hicieron, pero yo no lo recomiendo. Lo que quiero es que te despiertes con toda naturalidad cuando hayas terminado de ensoñar; pero mientras estés ensoñando, quiero que sueñes que te despiertas en otro sueño.

Me oí yo mismo haciendo la nerviosa pregunta que le había hecho la primera vez que me habló de preparar el ensueño. —¿Pero es posible hacer eso?

Obviamente don Juan estaba al tanto de mi nerviosidad; riéndose me repitió la misma respuesta que me dio en aquella otra ocasión. —Por supuesto que es posible. Ese control no es tan diferente al control que uno tiene en la vida diaria.

La vergüenza de hacerle una pregunta tan estúpida no me duró mucho. Al instante estaba listo para hacer más preguntas nerviosas, pero don Juan empezó a explicarme aspectos de la segunda compuerta del ensueño; una explicación que me puso todavía más inquieto.

—Hay un problema con la segunda compuerta —dijo—. Es un problema que puede ser serio, de acuerdo con el carácter de uno. Si tenemos la tendencia de aferrarnos de las cosas o de las situaciones, estamos fritos.

—¿En qué forma, don Juan?

—Considera esto por un instante. Has experimentado ya el exótico placer de examinar el contenido de tus sueños. Imagínate la dicha que será ir de sueño en sueño, observando todo, examinando cada detalle. Es muy fácil transformar eso en un vicio y hundirse en profundidades mortales. Especialmente si uno tiene la tendencia de darse a los vicios.

—¿Pero, no será que el cuerpo o el cerebro concluye todo aquello de una manera natural?

—Si fuera una situación de sueño normal, sí. Pero esta no es una situación normal. Esto es ensoñar. Un ensoñador llega a su cuerpo energético al cruzar la primera compuerta. De ahí en adelante, ya no es algo conocido lo que atraviesa la segunda compuerta. Es el cuerpo energético quien va saltando de sueño en sueño.

—¿Qué es lo que implica todo esto, don Juan?

—Implica que al cruzar la segunda compuerta se debe intentar un mayor y más serio control de la atención de ensueño: la única válvula de seguridad para los ensoñadores.

—¿Cuál es esta válvula de seguridad?

—Ya averiguarás por cuenta propia que el verdadero propósito del ensueño es perfeccionar el cuerpo energético. Entre otras cosas, un perfecto cuerpo energético controla tan buenamente la atención de ensueño que la hace parar cuando es necesario. Esta es la válvula de escape de los ensoñadores. No importa cuán tarados sean, en un momento dado, su atención de ensueño los hace salir.

Comencé luego la nueva tarea de ensueño. Esta vez la meta me parecía más escurridiza que la primera y la dificultad de alcanzarla, aún mayor. Exactamente como me ocurrió con la primera tarea, yo no tenía ni la menor idea de cómo llevarla a cabo. Hasta tuve la sospecha de que mi experiencia no me iba a ser de mucha ayuda esta vez. Después de incontables fracasos, me di por vencido y me conformé con la idea de continuar simplemente con mi práctica diaria de fijar mi atención de ensueño en todos y cada uno de los objetos de mis sueños. Aceptar mis limitaciones pareció darme un empujón energético y me volví aún más adepto a sostener la visión de cualquier objeto en mis sueños.

Pasó un año sin que nada extraordinario ocurriera, pero un buen día algo cambió. Miraba yo por una ventana, durante un sueño, tratando de descubrir si podía vislumbrar el paisaje afuera del cuarto, cuando una fuerza, que sentí como un viento que zumbaba en mis oídos, me jaló hacia afuera. Al instante del jalón, mi atención de ensueño había sido atrapada por una extraña estructura a lo lejos, muy semejante a un tractor. Cuando recobré mi atención de ensueño, estaba yo parado junto a la estructura, examinándola.

Estaba perfectamente consciente de que yo estaba ensoñando. Miré a mi alrededor para ver desde cuál ventana había estado mirando hacia afuera. El panorama era el de una granja. No había edificios a la vista. Quise seriamente tomar este detalle en cuenta, pero la cantidad de máquinas que estaban por allí esparcidas, como si estuvieran abandonadas, se llevó toda mi atención. Examiné máquinas segadoras, tractores, cosechadoras de grano, arados de discos y trilladores. Había tantas máquinas agrícolas que me olvidé de mi sueño original. Lo que en esos momentos quería era orientarme, observando el panorama inmediato. Había algo en la distancia, como un cartel de anuncios y algunos postes de teléfono a su alrededor. Al instante de enfocar mi atención en ese cartel, me encontré junto a él. Su estructura de acero me asustó. La sentí como algo amenazador. El cartel mostraba la fotografía de un edificio y un anuncio comercial. Leí el texto: era un anuncio de un motel. Tuve la peculiar certeza de encontrarme en Oregón o en el norte de California.

Busqué otros aspectos del medio ambiente de mi sueño. Vi unos cerros azules muy a lo lejos, y unas colinas verdes y redondeadas más cercanas. En esas colinas había grupos de árboles que parecían ser robles californianos. Quería que las colinas me atrajeran, pero lo que me atrajo fueron los cerros distantes. Estaba convencido de que eran las sierras.

Toda mi atención de ensueño se agotó en esos cerros. Pero antes de que se agotara, fue atrapada por cada uno de los aspectos peculiares de esas serranías. Mi sueño dejó de ser un sueño. Yo creí estar verdaderamente en las montañas, flotando velozmente de barrancos a enormes formaciones rocosas, a árboles y a cuevas. Fui de los precipicios a la punta de los picos, hasta que se me acabó el impulso, y no pude ya enfocar mi atención de ensueño en nada. Sentí que estaba perdiendo el control. Finalmente, ya no hubo más paisaje, y quedaron únicamente las tinieblas.

—Has llegado a la segunda compuerta del ensueño —dijo don Juan cuando le conté mi sueño—. Lo que ahora te queda por hacer es cruzarla. Y eso es un asunto muy serio; requiere gran esfuerzo y disciplina.

Yo no estaba seguro de haber cumplido con la tarea, ya que realmente no me había despertado en otro sueño. Le pregunté a don Juan acerca de esta irregularidad.

—El error fue mío —dijo—. Te dije que uno se tiene que despertar en otro sueño, pero lo que quise decir es que uno tiene que cambiar de sueños de una manera ordenada y precisa: exactamente como lo hiciste.

"En la primera compuerta, perdiste mucho tiempo buscando exclusivamente tus manos. Esta vez, te fuiste directamente a la solución, sin molestarte en seguir, al pie de la letra, la orden dada: despertar en otro sueño.

Don Juan me explicó que hay propiamente dos maneras de cruzar la segunda compuerta del ensueño. Una es despertarse en otro sueño; es decir, soñar que uno está soñando y luego soñar que uno se despierta de ese sueño. La otra alternativa es usar los objetos de un sueño para provocar otro sueño, como yo lo hice.

Don Juan me dejó practicar, sin ninguna interferencia de su parte, como lo había estado haciendo desde el principio. Y corroboré las dos alternativas: o soñaba que tenía un sueño del cual soñaba que me despertaba o pasaba rápidamente de un objeto definido, accesible a mi atención de ensueño inmediata, a otro no tan accesible. O entraba en una ligera variación de la segunda: mantenía la atención de ensueño fija en cualquier objeto de un sueño, hasta que el objeto cambiaba de forma, y al cambiar me jalaba a otro sueño a través de un vórtice zumbante. Sin embargo nunca fui capaz de decidir de antemano cuál de las tres alternativas iba a seguir. La manera como mis prácticas siempre terminaban era al extinguirse mi atención de ensueño, lo cual finalmente me hacía despertar, o me hacía caer en un oscuro y profundo sopor.

Lo único que me molestaba en mis prácticas era una peculiar interferencia, un sobresalto de inquietud o miedo que había empezado a experimentar con una creciente frecuencia. El modo como yo lo descartaba era creyendo que se debía a mis terribles hábitos de alimentación, o al hecho de que, en ese entonces, don Juan me hacía ingerir plantas alucinógenas como parte de mi entrenamiento. Con el tiempo, esos sobresaltos se volvieron tan prominentes que le tuve que pedir a don Juan su consejo.

—Has entrado ahora en el aspecto más peligroso del conocimiento de los brujos —comenzó—. Un verdadero espanto, una real pesadilla. Podría hacerlo pasar por broma y decir que no te mencioné esta posibilidad porque quería proteger tu mimada racionalidad, pero no puedo. Todos los brujos tienen que enfrentarse con esto. Mucho me temo que aquí es donde, probablemente, tú creas que te estás volviendo loco.

Don Juan me explicó muy solemnemente que la vida y la conciencia, siendo exclusivamente una cuestión de energía, no son propiedad exclusiva de los organismos. Dijo que los brujos han *visto* dos tipos de seres conscientes en la Tierra: los seres orgánicos y los seres inorgánicos; y que comparando unos con otros, han *visto* que ambos son masas luminosas, traspasadas desde todo ángulo imaginable por millones de filamentos energéticos del universo. La diferencia entre una clase y la otra es en su forma y en su grado de luminosidad. Los seres inorgánicos son largos, parecidos a una vela, pero opacos, mientras que los seres orgánicos son redondos y sin duda los más luminosos. Otra notable diferencia es que la vida y la conciencia de los seres orgánicos es corta, ya que están hechos para efectuar movimientos rápidos y estar siempre deprisa; mientras que la vida de los seres inorgánicos es infinitamente más larga, y su conciencia infinitamente más calma y profunda.

—Los brujos no tienen ningún problema en interactuar con ellos —continuó don Juan—. Los seres inorgánicos poseen el ingrediente crucial para esta interacción: conciencia de ser.

—¿Pero existen realmente esos seres inorgánicos, como usted y yo existimos? —pregunté.

—Por supuesto que existen —contestó—. Créeme, los brujos son gente muy inteligente; bajo ninguna circunstancia tomarían las aberraciones de la mente como algo verdadero.

—¿Por qué dice usted, don Juan, que están vivos?

—Para los brujos, el tener vida quiere decir tener conciencia de ser. Quiere decir tener un punto de encaje, con su resplandor de conciencia; esta es una condición indicadora para los brujos de que el ser que los enfrenta, ya sea orgánico o inorgánico, es totalmente capaz de percibir. Los brujos toman la percepción como clave de estar vivo.

—Entonces los seres inorgánicos también mueren. ¿No es cierto, don Juan?

—Naturalmente. Pierden su conciencia de ser, al igual que nosotros, excepto que la duración de su conciencia de ser es asombrosa.

—¿Se les aparecen estos seres inorgánicos a los brujos?

—Es muy difícil decir qué es lo que sucede con ellos. Digamos que esos seres son atraídos por nosotros, o mejor aún, digamos que están obligados a interactuar con nosotros.

Don Juan me escudriñó asiduamente. —No estás escuchando absolutamente nada de esto —dijo con un tono, no de reproche, pero sí de sorpresa.

—Me es casi imposible pensar acerca de esto racionalmente —le dije.

—Te advertí que este tema iba a abrumar tu razón. Lo más indicado es suspender todo juicio y dejar que las cosas tomen su curso; esto quiere decir que los seres inorgánicos se acercarán a ti.

—¿Está usted hablando en serio, don Juan?

—Por supuesto que estoy hablando en serio. La dificultad con los seres inorgánicos es que su conciencia de ser es muy lenta en comparación con la nuestra. Les toma años reconocer a un brujo. De allí que es aconsejable tener paciencia y saber esperar. Tarde o temprano se nos presentan. Pero no como tú o yo lo haríamos. Tienen una manera muy peculiar de hacerse notar.

—¿Qué hacen los brujos para que los seres inorgánicos muestren su presencia? ¿Tienen un rito?

—Bueno, ciertamente no se paran a media calle, al dar la medianoche, y los llaman con trémulas voces, si eso es a lo que te refieres.

—¿Entonces, qué es lo que hacen?

—Los atraen en el ensueño. Te dije que los brujos hacen algo más que atraerlos; con el acto de ensoñar, los brujos obligan a esos seres a interactuar con ellos.

—¿Y cómo los obligan?

—Ensoñar es sostener la posición a la que el punto de encaje se desplazó durante los sueños. Este acto crea una carga de energía muy especial, la cual los atrae y atrapa su atención. Es como poner cebo en un anzuelo; los peces se van tras él. Al llegar a las dos primeras compuertas del ensueño y al cruzarlas, los brujos les tiran el anzuelo a esos seres, y los obligan a presentarse.

"Al cruzar la segunda compuerta, les hiciste saber que estás en subasta. Ahora debes esperar a que te den una señal de su parte.

—¿Qué clase de señal, don Juan?

—Posiblemente la aparición de uno de ellos, aunque me parece demasiado pronto para eso. Soy de la opinión que su señal va a ser simplemente una interferencia en tus sueños. Creo que los sobresaltos de miedo que estás experimentando últimamente no son indigestión, sino sacudidas de energía que te producen los seres inorgánicos.

—¿Qué debo hacer, don Juan?

—Debes calibrar tus expectativas.

No entendí lo que me quería decir. Me explicó cuidadosamente que nuestra expectativa normal, cuando interactuamos con nuestros semejantes o con otros seres orgánicos, es obtener una respuesta inmediata a nuestro deseo de interacción. Con los seres inorgánicos esa expectativa nuestra debe ser recalibrada, puesto que están separados de nosotros por una formidable barrera: energía que se mueve a una velocidad diferente. Los brujos deben considerar esta diferencia y alargar la duración de su deseo de interactuar con ellos y sostenerlo durante todo el tiempo que sea necesario.

—Los brujos llaman a esto recalibrar sus expectativas —añadió—. Y el ensueño es el medio ideal para lograrlo.

—¿Quiere usted decir, don Juan, que en la práctica del ensueño debe ser incluido el deseo de interactuar con ellos?

—La práctica del ensueño es el único modo de interactuar con ellos. Para lograr un perfecto resultado, a la práctica se debe agregar el intento de alcanzar a esos seres inorgánicos, pero alcanzarlos con una sensación de poder y confianza, con una sensación de fuerza, de desapego. Se deben evitar a toda costa sensaciones de miedo o morbosidad. Son bastante mórbidos de por sí; aumentar su morbosidad con la nuestra es una imbecilidad.

64

—Estoy un poco confundido, don Juan, acerca de cómo se les aparecen a los brujos. ¿Cuál es esa manera particular de manifestarse que usted mencionó?

—Se materializan, a veces, en el mundo diario, delante de nosotros. La mayoría de las veces, su presencia es invisible y se caracteriza por una sacudida del cuerpo entero, una especie de estremecimiento que sale desde el tuétano.

—¿Pasa lo mismo durante el ensueño?

—Durante el ensueño ocurre lo opuesto. Algunas veces los sentimos de la forma en que tú los estás sintiendo, como un sobresalto de miedo. La mayoría de las veces se materializan delante de nosotros. Puesto que normalmente no tenemos ninguna experiencia con ellos, en las primeras etapas del ensueño nos pueden saturar con un miedo más allá de toda medida; un verdadero peligro para nosotros. Pueden usar ese miedo para seguirnos hasta aquí, con resultados desastrosos para nosotros.

—¿Desastrosos en qué forma, don Juan?

—El miedo se nos puede pegar tan profundamente que tendríamos que ser muy abusados para salirnos de él. Los seres inorgánicos pueden ser peor que la peste. Con el miedo que nos hacen sentir, pueden fácilmente volvernos locos de remate.

—¿Qué es lo que los brujos hacen con los seres inorgánicos?

—En los tiempos actuales, nada. En los tiempos antiguos se asociaban con ellos. Los convertían en aliados. Formaban alianzas y creaban extraordinarias amistades. Yo le llamo a eso absurdas empresas, en las que la percepción desempeñaba un papel predominante. Somos seres sociales. Inevitablemente buscamos la compañía de seres conscientes.

"El secreto es no temer a los seres inorgánicos, y esto se debe hacer desde el principio. El intento con el cual se los debe encarar es de poder y de abandono. En ese intento se debe codificar el siguiente mensaje: 'No te temo. Ven a verme. Si lo haces, te daré la bienvenida. Si no quieres venir, te voy a extrañar'. Con un mensaje como éste les entra tanta curiosidad que no pueden dejar de venir.

—¿Por qué habría yo de buscarlos, don Juan?, o ¿por qué razón habrían ellos de venir a mí?

—Les guste o no les guste, los ensoñadores buscan alianzas con otros seres durante su ensueño. Puede que esto te sorprenda, pero los ensoñadores automáticamente buscan grupos de seres; en este caso núcleos de seres inorgánicos. Los ensoñadores van ávidamente al encuentro de esos seres.

—Toda esta contradicción de buscarlos y no buscarlos es muy extraña para mí, don Juan. Si son tan indeseables, ¿por qué se toman los ensoñadores la molestia de tratar con ellos?

—Porque para nosotros, los seres inorgánicos son una novedad. Y para ellos, la novedad es que uno de los nuestros cruce los límites de su reino. Toparse con ellos es algo inevitable. Lo único que uno puede hacer es tener siempre en cuenta que, con su espléndida conciencia de ser, los seres inorgánicos ejercen una tremenda atracción sobre los ensoñadores y pueden transportarlos fácilmente a mundos indescriptibles.

"Los brujos de la antigüedad fueron los que les dieron el nombre de aliados. Sus aliados les enseñaron a mover el punto de encaje fuera de los límites del huevo luminoso, a un universo no humano. Cuando transportan a un brujo, lo transportan a mundos más allá de lo humano. Esa es la atracción de su inevitable presencia.

El escucharlo hablar así me llenó de extraños miedos y dudas, los cuales él inmediatamente captó.

—Eres religioso hasta más no poder —dijo riéndose—. Ya sientes que el demonio te tiene agarrado del fundillo, ¿verdad? El contraveneno para esa clase de miedo es tomar al ensueño en estos otros términos: ensoñar es percibir más de lo que creemos posible. En mis horas de vigilia, me preocupaba la posibilidad de que realmente existieran seres inorgánicos conscientes de ser. Sin embargo, cuando ensoñaba, mis preocupaciones conscientes se esfumaban. Por otro lado, las sacudidas de miedo que sentía continuaron. Cuando ocurrían, una extraña calma siempre venía en seguida; una apaciguadora calma que me hacía sentir como si el miedo no existiera en absoluto.

En mis prácticas de ensueño, en ese entonces, cada adelanto que experimentaba ocurría repentinamente, sin previo aviso. La presencia de seres inorgánicos en mis sueños no fue una excepción. Ocurrió una vez que estaba soñando con el circo de mi niñez. La escena era la de un pueblo en unas montañas que parecían ser las de Arizona. Empecé a observar a la gente, con la vaga esperanza de ver otra vez a aquellos que vi la primera vez que don Juan me hizo entrar en la segunda atención.

Al quedarme observándolos, sentí de repente una gran sacudida nerviosa, como un puñetazo en la boca del estómago. El golpe me distrajo y perdí de vista a la gente, al circo y al pueblo en las montañas de Arizona. En su lugar, había dos figuras de aspecto extraño. Eran delgadas, de menos de treinta centímetros de ancho, pero largas, quizás de dos metros de alto. Estaban flotando amenazadoramente por encima de mí, como dos gigantescas lombrices.

Yo sabía que estaba soñando, pero también sabía que estaba *viendo*. Don Juan me había explicado, en mi estado normal de conciencia, al igual que en la segunda atención, todo lo referente a *ver*. A pesar de que yo era aún incapaz de *ver*, comprendía, sin embargo, la idea de percibir energía directamente. En ese ensueño, viendo a esas dos extrañas apariciones, llegué a la conclusión de que estaba *viendo* la esencia energética de algo increíble.

Me mantuve en calma. No me moví. Lo que me parecía muy notable era que las apariciones no se disolvieran o se transformaran en alguna otra cosa. Lo que tenía frente a mí eran dos seres poseedores de la cohesión necesaria para retener su forma de vela. Algo en ellos forzaba a algo en mí a mantener mi atención de ensueño enfocada en esas formas. Yo sabía eso porque definitivamente sentía que si yo no me movía, ellos tampoco se moverían.

Al momento de despertarme, de súbito, me sentí inmediatamente acosado por el miedo. Una profunda preocupación me invadió por completo. No era una preocupación psicológica sino más bien una sensación corporal de angustia, una tristeza sin aparente razón.

A partir de esa ocasión, las dos extrañas figuras aparecieron en todas mis sesiones de ensueño. Llegó un momento en el que parecía como si yo únicamente ensoñara para encontrarlas. Jamás intentaron acercarse a mí, o interferir conmigo en absoluto. Simplemente se mantenían erguidas e inmóviles frente a mí, a veces por todo el tiempo que mi sueño durara. Su presencia era tan intensa que nunca hice un esfuerzo para cambiar de sueño, y llegué al punto de hasta olvidarme del propósito original de mi práctica de ensueño.

Cuando finalmente discutí con don Juan lo que me estaba ocurriendo, había yo pasado meses contemplando exclusivamente a las dos figuras.

—Estás en medio de una peligrosa encrucijada —dijo don Juan—. No vale la pena que ahuyentes a esos seres, pero tampoco es dable dejarlos que se queden. Ahorita, su presencia es un obstáculo para ensoñar.

—¿Qué puedo hacer, don Juan?

—Encararlos, hoy mismo, aquí en el mundo, y decirles que regresen luego, cuando tengas más atención de ensueño.

—¿Cómo se los encara?

—No es fácil, pero se puede hacer. Lo que se requiere es tener suficientes agallas, y por supuesto que las tienes.

Sin esperar a que le dijera que yo no tenía agallas en lo mínimo me llevó a unas montañas muy cerca de su casa. En ese entonces, él vivía en el norte de México, y me había dado la total impresión de ser un brujo solitario; un viejo completamente fuera de la corriente de eventos mundanos diarios, y a quien todos habían olvidado. No obstante, yo había llegado a la velada conclusión de que él poseía una inteligencia privilegiada. Y sólo por ello, yo estaba dispuesto, aunque siempre bajo protesta, a cumplir con lo que creía eran sus meras excentricidades.

La habilidad de los brujos, cultivada a través de siglos de práctica, era la marca distintiva de don Juan. Hacía modos de que yo entendiera todo lo que pudiera, en mi estado de conciencia normal y, al mismo tiempo, se aseguraba de que yo entrara en la segunda atención, donde entendía o por lo menos escuchaba apasionadamente todo lo que él me enseñaba. De esta manera, me dividió en dos. En mi estado de conciencia normal, no podía entender por qué o cómo estaba yo dispuesto a tomar sus excentricidades en serio. En la segunda atención, todo me era perfectamente natural, aunque no del todo comprensible.

Respecto a la segunda atención, su punto de vista era que ésta es asequible a todos nosotros, pero que al aferrarnos testarudamente a nuestros defectuosos razonamientos, algunos de nosotros más ferozmente que otros, mantenemos la segunda atención a distancia. Al enseñar rompemos las barreras que la rodean y la aíslan, y la transformamos en algo alcanzable.

El día que me llevó a las montañas en el desierto de Sonora a encontrarme con los seres inorgánicos, yo estaba en mi estado de conciencia normal. Sin embargo, sabía que iba a hacer algo que sin duda sería increíble.

Había lloviznado en el desierto. La tierra roja estaba todavía mojada; al caminar, se pegaba a la suela de goma de mis zapatos y tenía que pisar en rocas filudas para librarme de ella. Caminamos hacia el este, trepando en dirección a la cima de unos cerros. Cuando llegamos a una estrecha hondonada, entre dos cerros, don Juan se detuvo.

—Este es, sin duda alguna, el mejor lugar para que

convoques a tus amigos —dijo.

—¿Por qué los llama usted mis amigos?

—Te han elegido ellos mismos. Cuando hacen eso quiere decir que buscan una alianza. Te he mencionado que los brujos forman lazos de amistad con ellos. Tu caso parece ser un ejemplo. Y ni siquiera tuviste que pedir nada.

—¿En qué consiste una amistad de esa índole, don Juan?

—Consiste en un intercambio mutuo de energía. Los seres inorgánicos proporcionan su conciencia superior, y los brujos proporcionan su gran energía. El resultado positivo es un intercambio parejo de energía. El negativo es una dependencia de las dos partes.

"Los brujos antiguos amaban a sus aliados. De hecho, amaban más a sus aliados que a los seres de su propia especie. Yo puedo presagiar terribles peligros en eso.

—¿Qué me recomienda hacer, don Juan?

—Convócalos, valorízalos y luego decide tú mismo qué hacer.

—¿Qué debo hacer para convocarlos?

—Mantén en tu mente la visión de ensueño que tienes de ellos. La razón por la cual te han saturado con su presencia en tus sueños es porque quieren crear una imagen de su forma en tu mente. Este es el momento de usar la memoria de esa imagen.

Don Juan me ordenó enérgicamente que cerrara los ojos y los mantuviera cerrados. Luego me guió a ciegas a que me sentara en unas rocas. Sentí la frialdad y la dureza de las rocas. Las piedras estaban en declive y me era difícil mantener el equilibrio.

—Siéntate aquí y visualiza esa imagen hasta que sea exactamente igual a como es en tus sueños —me dijo don Juan al oído—. Hazme saber cuando la tengas enfocada.

No requirió nada de tiempo ni esfuerzo tener una imagen completa de los seres inorgánicos de mis sueños. No me sorprendió en absoluto que pudiera hacerlo. Lo extravagante era que yo estaba despierto; podía escuchar todo, pero a pesar de que traté desesperadamente de hacerle saber a don Juan que ya tenía la imagen en mi mente, no pude ni abrir los ojos, ni decir palabra alguna.

Escuché a don Juan decir: "ya puedes abrir los ojos". Los abrí sin ninguna dificultad. Estaba sentado con las piernas cruzadas en unas rocas que no eran las mismas en las cuales me senté. Don Juan estaba detrás de mí, a mi derecha. Traté de girar la cabeza para verlo de frente, pero me detuvo. Ante mí, vi dos figuras oscuras, como dos troncos delgados de árbol.

Me les quedé viendo con la boca abierta, no eran tan altos como en mis sueños. Se habían encogido a la mitad de su tamaño. En lugar de ser formas de luminosidad opaca, ahora eran dos palos amenazadores, condensados y oscuros, casi negros.

—Párate y agarra a uno de ellos —me ordenó don Juan—, y no lo sueltes, aunque parezca que te está matando a sacudidas.

Yo no quería de ninguna manera hacer nada de eso, pero un extraño impulso me hizo ponerme de pie, contra mi voluntad. En ese momento tuve la certeza de que terminaría haciendo lo que él me ordenara, sin tener la menor intención consciente de hacerlo.

Avancé mecánicamente hacia las dos figuras; el corazón me palpitaba tan fuerte que parecía salírseme del pecho. Agarré a la figura que estaba a mi derecha. Sentí una descarga eléctrica de tal fuerza que casi me hizo soltarla.

Escuché la voz de don Juan, como si me hubiera gritado desde una larga distancia: "si lo sueltas te lleva la chingada", me dijo.

Me aferré a la figura, la cual se enroscaba y se sacudía. No como un animal pesado lo haría sino como algo esponjoso y ligero, pero tremendamente eléctrico. Rodamos y dimos vueltas en la arena del barranco por un largo rato. Recibí sacudida tras sacudida de una corriente eléctrica nauseabunda. La creí nauseabunda porque la suponía diferente a la energía del mundo diario. Cuando me llegaba al cuerpo, me daba un cosquilleo que me hacía gritar y gruñir como un animal, no de angustia sino de un extraño furor sin enojo.

Finalmente, el ser inorgánico se tornó en algo inmóvil y casi sólido debajo de mí. Le pregunté a don Juan si estaba muerto, puesto que yacía inerte, pero no escuché mi voz.

—No hay cómo esté muerto —dijo alguien riéndose, alguien que no era don Juan—. Simplemente agotaste su carga energética. Pero no te levantes todavía. Quédate ahí un ratito más.

Miré a don Juan con ojos de interrogación. Me estaba examinando con gran curiosidad. Me ayudó a levantarme. La forma oscura se quedó en el suelo. Le quería preguntar a don Juan si el ser inorgánico estaba bien. Pero como me fue físicamente imposible dar voz a mi pregunta, hice algo inusitado. Tomé todo aquello como un hecho real. Hasta ese momento mi mente se salvaguardó tras la idea de que todo se trataba de un sueño inducido por las maquinaciones de don Juan.

Me dirigí a la forma que yacía en el suelo y la traté de levantar. No tenía masa, no la pude agarrar. Esto me desorientó. La voz que no era la de don Juan me dijo que me acostara encima del ser inorgánico. Lo hice, y ambos nos levantamos de un solo golpe; el ser inorgánico estaba pegado a mí como una sombra. Se separó lentamente de mí y desapareció, dejándome con una extremadamente placentera sensación de plenitud.

Volvimos a la casa de don Juan en total silencio. Una vez allí, me quedé como adormecido. El adormecimiento me duró más de veinticuatro horas. Me pasé la mayoría del tiempo semidormido. De vez en cuando don Juan me inspeccionaba y me hacía la misma pregunta:

—¿La energía del ser inorgánico era como agua o como fuego?

Traté inútilmente de hablar. Mi garganta parecía estar socarrada, y no le podía decir que había sentido sacudidas de energía como chorros de agua electrificada. No estoy seguro si es posible producirlos o sentirlos, pero esa era la imagen que me venía a la mente cada vez que don Juan me hacía su pregunta clave.

Don Juan aún estaba dormido cuando finalmente supe que había recuperado el total control de mis facultades. Sabiendo que su pregunta era de gran importancia, lo desperté y le conté toda mi experiencia subjetiva.

—No vas a tener, entre los seres inorgánicos, amistades que te ayuden, más bien, vas a tener relaciones de fastidiosa dependencia —afirmó—. Sé en extremo cuidadoso. Los seres inorgánicos aguados son más dados a los excesos. Los brujos antiguos creían que esos eran afectuosos, capaces de imitar, o quizás hasta de tener emociones. Lo opuesto a los fogosos, a quienes los creían serios, contenidos, pero también más rimbombantes que los otros.

—¿Cuál es el significado de todo esto para mí, don Juan?

—El significado es demasiado extenso para discutirlo en este momento. Te recomiendo que te deshagas del miedo, tanto en tu vida común y corriente como en tus ensueños, para poder salvaguardar así tu unidad psíquica. El ser inorgánico, al cual agotaste su energía y recargaste de nuevo, estaba tan excitado que casi se le rompe su forma de vela. Va a volver a buscarte para ver si le das más.

—¿Por qué no me hizo usted parar, don Juan?

—No me diste tiempo. Además, ni siquiera me oíste gritándote que lo dejaras en el suelo.

—Me debería usted haber hablado, de antemano, sobre todas las posibilidades, como lo hace siempre.

—Yo no sabía cuáles eran todas las posibilidades. En lo que concierne a los seres inorgánicos, soy casi un novicio. Repudié esa parte del conocimiento de los brujos por ser demasiado caprichosa y difícil de manejar. No quiero estar a merced de ninguna entidad, ya sea orgánica o inorgánica.

Ese fue el final de nuestra conversación. Su reacción, la cual sentí definitivamente negativa, debería haberme preocupado, pero no lo hizo. De algún modo me encontraba seguro de que estaba bien todo lo que hice. De allí en adelante continué mis prácticas de ensueño sin ninguna interferencia de los seres inorgánicos.

4

LA FIJACIÓN DEL PUNTO DE ENCAJE

Ya que nuestro acuerdo era discutir acerca del ensueño únicamente cuando don Juan lo considerara necesario, yo raramente lo interrogaba al respecto, y si lo hacía nunca insistí en continuar con mis preguntas después de cierto punto. Cada vez que él decidía hablar del tema, yo estaba, sin embargo, siempre preparado, aunque sus discusiones invariablemente iban aunadas a otros tópicos de sus enseñanzas, y siempre eran presentadas rápida y abruptamente.

Una vez, en su casa, durante una conversación no relacionada con el ensueño, don Juan comentó que los brujos antiguos mediante sus contactos con los seres inorgánicos adquirieron una enorme experiencia en el manejo del punto de encaje; un tema que clasificó como inmenso y nefasto.

Inmediatamente aproveché la oportunidad y le pregunté en qué época él calculaba que vivieron los brujos antiguos. En varias oportunidades anteriores, ya le había hecho la misma pregunta, pero nunca me dio una respuesta satisfactoria. Esta vez, ya que era él quien había abierto la discusión, yo confiaba que se vería obligado a contestarme.

—Ese es un tema muy difícil —dijo. Su tono de voz me hizo pensar que estaba descartando mi pregunta. Me quedé muy sorprendido cuando continuó hablando. —Es un tema tan abrumador para la razón como el de los seres inorgánicos. Por cierto, ¿qué es lo que piensas de ellos ahora?

--He dejado mis opiniones totalmente de lado —le dije—. No me puedo dar el lujo de pensar en ellos ni de un modo ni de otro.

Mi respuesta lo deleitó. Se rió y comentó acerca de sus propios miedos y aversiones a los seres inorgánicos.

—Nunca han sido santos de mi devoción —dijo—. Por supuesto que la razón principal fue el miedo que les tenía. No fui capaz de vencerlo cuando lo debería haber hecho, ahora es muy tarde.

—¿Todavía les tiene miedo, hoy en día, don Juan?

—Lo que siento no es exactamente miedo, es más bien repugnancia. No quiero tener nada que ver con ellos.

—¿Hay alguna razón, en particular, para que sienta usted esa repugnancia?

—La mejor razón del mundo: somos antitéticos. A ellos les encanta la esclavitud y a mí la libertad. A ellos les encanta comprar pero yo no vendo.

Me puse inexplicablemente agitado, y le dije bruscamente que nuestra conversación me parecía tan estrafalaria que yo no podía tomarla en serio.

Me miró fijamente y dijo sonriendo: —Lo mejor que uno puede hacer con los seres inorgánicos es lo que tú haces: negar su existencia y al mismo tiempo visitarlos, regularmente, sosteniendo que uno está ensoñando, y que en los ensueños todo es posible. De esta forma uno no se compromete.

Me sentí culpable y me vi obligado a preguntar: —¿A qué se refiere usted, don Juan?

—A tus visitas a los seres inorgánicos —me contestó secamente.

—Está usted bromeando, ¿no? ¿Cuáles visitas?

—Aún no quería discutir esto, pero creo que es hora de que te lo diga; la voz que oías en tus ensueños, urgiéndote a que fijaras tu atención de ensueño en los objetos de tus sueños, era la voz de un ser inorgánico.

No cabía duda de que don Juan estaba diciendo disparates. Me sentí tan irritado con él que hasta le grité. Se rió de mí como si hubiese sido yo el disparatado y me pidió que le contara todo acerca de lo que llamó mis "sesiones irregulares". Su pedido me asombró sobremanera porque no le había contado a nadie que a veces mis ensueños se tornaban insólitos. La sesión irregular comenzaba cuando mi atención de ensueño era poderosamente atraída por cualquier objeto de mis ensueños, pero eso en lugar de hacerme cambiar de ensueño, como debería, me empujaba a una dimensión totalmente desconocida. Una dimensión en la cual remontaba yo el vuelo, dirigido por una fuerza invisible que me hacía dar vuelta tras vuelta. Siempre al despertarme de uno de esos ensueños, yo seguía retorciéndome en la cama, por un largo rato, antes de estar completamente consciente.

—Esos son auténticos encuentros con tus amigos, los seres inorgánicos —comentó don Juan.

Sus aseveraciones me provocaron tal malestar que hasta olvidé mi pregunta acerca de los brujos antiguos. Don Juan, por su cuenta, volvió a ella.

—Mi idea es que los brujos antiguos existieron hace quizá diez mil años —dijo sonriendo y observando mi reacción.

Basándome en datos arqueológicos actuales sobre la emigración de las tribus nómadas asiáticas a las Américas, le dije que diez mil años era una fecha irrazonable.

—Tú tienes tu conocimiento, y yo tengo el mío —dijo—. El mío es que los brujos antiguos rigieron por cuatro mil años. Hace tres mil años, se fueron a pique. Y desde entonces, los nuevos brujos han estado reagrupando y reconstruyendo lo que quedó de los antiguos.

—¿Cómo puede usted estar tan seguro de sus fechas? —pregunté.

—¿Cómo puedes tú estar tan seguro de las tuyas? —replicó.

Le dije que los arqueólogos tienen métodos infalibles para establecer las edades de las culturas del pasado. Y él me aseguró una vez más que los brujos también tenían sus propios métodos infalibles.

—No estoy tratando ni de llevarte la contraria ni de pelearme contigo —continuó—, pero muy pronto vas a tener la oportunidad de preguntarle esto mismo a alguien que lo sabe con absoluta certeza.

—Nadie puede saber esto con absoluta certeza, don Juan.

—Sí se puede, y eso es otra de esas cosas de brujos que son imposibles de creer. Hay alguien que puede verificar todo esto. Algún día conocerás a esa persona.

—Vamos, don Juan, usted tiene que estar bromeando. ¿Quién podría verificar lo que sucedió hace tantos miles de años?

—Muy sencillo, uno de los brujos antiguos de los cuales hemos estado hablando. El mismo que yo conocí. Él es quien me dijo todo lo que sé acerca de los brujos de la antigüedad. Espero que siempre recuerdes lo que te voy a contar acerca de ese hombre. Él es alguien a quien estás obligado a conocer, porque es la clave de muchos de nuestros asuntos.

Don Juan me escudriñó por largo rato, y luego me acusó de no haberle creído una sola palabra de lo que me había dicho acerca de los brujos antiguos. Admití que en mi estado cotidiano de conciencia, naturalmente, no le había creído una sola palabra. Sus historias me parecían historias descabelladas. En la segunda atención, tampoco le creí, aunque ahí debería haber tenido una reacción diferente.

—Se vuelven historias descabelladas, únicamente cuando te pones a examinarlas como si fueran eventos del mundo diario —remarcó—. Si no involucraras tu sentido común, todo esto sería estrictamente una cuestión de energía.

—¿Por qué dijo usted, don Juan, que estoy obligado a conocer a uno de esos brujos antiguos?

—Porque es imperativo; es vital que lo conozcas algún día. Por ahora, simplemente déjame que te cuente otra historia traída de los cabellos acerca de uno de los naguales de mi línea, el nagual Sebastián.

Don Juan dijo que a principios del siglo dieciocho el nagual Sebastián era el sacristán en una iglesia del sur de México. Recalcó cómo los brujos, del pasado o del presente, han buscado y han encontrado refugio en instituciones establecidas, tal como la Iglesia. Explicó que el soberbio sentido de disciplina que los brujos poseen los convierte en empleados dignos de confianza, codiciados por instituciones que constantemente tienen extrema necesidad de tales personas; y siempre y cuando nadie se entere de que son brujos, sus prácticas mismas los hacen aparecer como trabajadores modelo.

Una tarde mientras Sebastián estaba cumpliendo con sus tareas de sacristán, un indio de aspecto raro entró en la iglesia; era viejo y parecía estar enfermo. Con voz débil, le pidió ayuda a Sebastián. El nagual pensó que el hombre debería hablar con el cura de la parroquia. Haciendo un gran esfuerzo, el hombre se dirigió al nagual y en un tono áspero y directo le dijo que sabía que Sebastián era no solamente un brujo, sino un nagual.

Sebastián, bastante alarmado por el repentino giro de los acontecimientos, llevó al indio hacia un lado, más privado, y lo recriminó por su osadía. El hombre le contestó que estaba ahí para obtener ayuda, no para dar o pedir disculpas. Necesitaba la energía del nagual para mantener su vida, la cual, le aseguró a Sebastián, había durado miles de años, pero en ese momento se desvanecía.

Sebastián, quien era un hombre muy inteligente, no se encontraba dispuesto a escuchar tales disparates; instigó al viejo indio a que se dejara de tonterías. El indio se enojó y lo amenazó con delatarlo a él y a su grupo a las autoridades eclesiásticas, a menos que accediera a su pedido.

Don Juan me recordó que en esos tiempos las autoridades eclesiásticas erradicaban brutal y sistemáticamente las prácticas religiosas autóctonas de los indios del Nuevo Mundo. La amenaza del indio no era algo que Sebastián pudiera tomar a la ligera; el nagual y su grupo realmente se hallaban en peligro mortal. Sebastián le preguntó al indio cómo podría darle energía. El hombre explicó que los naguales almacenan en sus cuerpos una peculiar energía producto de su disciplina, y que él era capaz de sacarla a través de un centro energético que todos nosotros tenemos en la región umbilical. Le aseguró a Sebastián que no sentiría dolor alguno y que, a cambio de su energía, podría no sólo continuar sano y salvo con sus actividades, sino que también obtendría un regalo de poder.

Al nagual Sebastián no le cayó nada bien el haber entrado en tratos con ese indio, pero el hombre fue inflexible y no le dejó otra salida más que cumplir con sus deseos. Don Juan comentó que el indio no estaba en lo absoluto exagerando acerca de lo que afirmó. Verdaderamente era uno de los brujos de la antigüedad, conocidos como *los desafiantes de la muerte*. Aparentemente, había sobrevivido hasta el presente, por medio de maniobras que sólo él podía realizar.

Lo que aconteció entre Sebastián y aquel hombre se convirtió en la base de un acuerdo que ligó a los seis naguales que siguieron a Sebastián. El desafiante de la muerte mantuvo su palabra: a cambio de la energía que obtuvo de cada uno de esos hombres, les hizo a cada uno de ellos una donación, un regalo de poder. Sebastián fue el primero en recibirlo aunque con desagrado. Todos los demás naguales, por el contrario, aceptaron gustosamente sus regalos.

Don Juan concluyó su historia diciendo que los naguales de su línea cumplieron con ese convenio por más de doscientos años, creando así una relación simbiótica que cambió el curso y el objetivo final de su linaje, y que, con el transcurso del tiempo, el desafiante de la muerte llegó a ser conocido como el *inquilino*.

Don Juan no explicó nada más acerca de esta historia, pero me quedé con una extraña sensación de veracidad que me molestó más de lo que yo pudiera haber imaginado.

—¿Cómo pudo ese hombre sobrevivir por tanto tiempo? —le pregunté.

—Nadie lo sabe —contestó—. Todo lo que sabemos de él, por generaciones, es lo que él nos dice. El desafiante de la muerte es a quien le pregunté sobre los brujos de la antigüedad, y es él quien me dijo que llegaron a su final hace tres mil años.

—¿Está usted seguro de que le estaba diciendo la verdad? —le pregunté.

Don Juan me miró con ojos de asombro. —Cuando uno está allí frente a ese inconcebible desconocido —dijo, señalando a su alrededor—, uno no se sale con mentiras pinches. Esas mentiras son para la gente que no sabe lo que está allá esperándonos.

—¿Qué es lo que nos está esperando, don Juan?

Su respuesta, al parecer una frase inofensiva, se me hizo más aterrorizante que una descripción de algo horrendo.

—Lo enteramente impersonal —dijo.

Se debe de haber dado cuenta de mi estado de ánimo y me hizo cambiar de niveles de conciencia, para que mi miedo se desvaneciera.

Unos meses más tarde, mi práctica de ensueño tomó un giro inusitado. En mis ensueños, empecé a obtener respuestas a preguntas que estaba planeando hacerle a don Juan. Lo más raro de esta extraña situación fue que en un santiamén me empezó a ocurrir lo mismo cuando estaba despierto. Un día recibí respuesta a una pregunta acerca de la realidad de los seres inorgánicos. Los había ensoñado tantas veces que empecé a creer que realmente existían. Tenía muy en cuenta el haber tocado a uno de ellos, en ese estado de conciencia seminormal, en el desierto de Sonora. Además, en mis ensueños periódicamente entraba en mundos que yo seriamente dudaba fueran producto de mi imaginación. Por ello, quería hacerle a don Juan una pregunta concisa. La formulé en mi mente: ¿si los seres inorgánicos son reales, en qué parte del universo está el reino donde ellos existen?

Después de repetir la pregunta en mi mente, escuché una risa extraña, igual a la que había escuchado el día que forcejeé con el ser inorgánico. Luego, una voz de hombre me contestó: —Ese reino existe en una posición particular del punto de encaje. De la misma forma en que tu mundo existe en la posición habitual del punto de encaje.

Lo que menos quería era entablar un diálogo con una voz incorpórea. Me levanté de un salto de donde estaba sentado y salí corriendo fuera de la casa. Pensé que me estaba volviendo loco. Una preocupación más que añadir a mi colección de preocupaciones.

La voz fue tan clara y autoritaria, que no solamente me intrigó sino que me aterrorizó. Esperé con nerviosismo total el próximo asalto de esa voz, pero eso nunca se repitió. En la primera oportunidad que tuve, consulté con don Juan.

No quedó en lo más mínimo impresionado. —Debes entender, de una vez por todas, que cosas como ésta son muy normales en la vida de un brujo —dijo—. No estás enloqueciendo; simplemente oíste la voz del emisario del ensueño. Al cruzar la primera o la segunda compuerta del ensueño, los ensoñadores llegan a una fuente universal de energía y empiezan a ver cosas o a escuchar voces. Realmente no son voces, es una sola voz. Los brujos la llaman la voz del emisario de ensueño.

—¿Qué es el emisario de ensueño?

—Una carga de energía diferente a la nuestra. Es una energía forastera que pretende ayudar a los ensoñadores diciéndoles cosas. El problema con el emisario de ensueños es que únicamente puede decirles a los brujos lo que ellos ya saben o deberían saber, si realmente fueran brujos que valen la pena.

—El que me diga usted que es una carga de energía

no me ayuda en absoluto, don Juan. ¿Qué clase de energía? ¿Benigna, maligna, o qué?

—Es simplemente lo que te dije, una energía diferente de la nuestra. Una fuerza impersonal, que nosotros convertimos en algo muy personal, por el hecho de que tiene voz. Algunos brujos juran que les aconseja. Hasta la ven. O, como tú, simplemente la oyen como una voz de hombre o de mujer. Una voz que les describe situaciones del momento. La mayoría de las veces los brujos toman estas descripciones erróneamente como consejos sagrados.

—¿Por qué se llega a oír a esa energía como una voz?

—Los ensoñadores oyen o ven al emisario, cuando tienen suficiente energía para mantener sus puntos de encaje fijos en una nueva posición específica; mientras más intensa es esta fijación, más intensa la experiencia del emisario. ¡Ten cuidado! A lo mejor un día lo ves o lo sientes como una mujer desnuda.

Don Juan se rió de su propio comentario, pero yo estaba demasiado asustado para frivolidades.

—¿Es esta fuerza capaz de materializarse? —pregunté.

—Por supuesto —contestó—. Y todo depende de cuán fijo esté el punto de encaje. Sin embargo, si se mantiene cierto grado de desapego, nada sucede. El emisario permanece como lo que es: una fuerza impersonal que actúa con nosotros debido a la fijación de nuestros puntos de encaje.

—¿Es el consejo del emisario algo que se puede tomar en serio?

—Nada de lo que dice es consejo. Únicamente describe lo que está frente a uno. Las conclusiones son nuestras propias deducciones.

Le dije a don Juan lo que la voz me había dicho.

—Ya ves, es exactamente lo que te dije —recalcó—. El emisario no te dijo nada nuevo. Sus aseveraciones fueron correctas, pero únicamente parecía que te estaba revelando algo nuevo. Lo que el emisario hizo fue meramente repetirte lo que tú ya sabías.

—Lo siento mucho, don Juan, pero no puedo decir que yo sabía todo eso.

—Sí, puedes decirlo. Tú sabes ahora infinitamente más de lo que racionalmente sospechas acerca del misterio del universo. Pero esa es la dolencia del género humano: saber más de lo que sospechamos acerca del misterio del universo.

A pesar de todo lo que dijo don Juan, el haber experimentado el increíble fenómeno de la voz del emisario, por mi propia cuenta, me causó una tremenda euforia. Durante otra discusión sobre el ensueño, aproveché la oportunidad y le pregunté a don Juan si él también lo oía como una voz. Con una amplia sonrisa dijo:

—Sí, sí, el emisario me habla. En mi juventud lo veía como un fraile con capuchón negro que me hacía medio morir de miedo cada vez que me hablaba. Cuando mi miedo disminuyó, se convirtió en una voz incorpórea, la cual me habla hasta hoy en día.

—¿Qué le dice a usted, don Juan?

—Me habla de las cosas en que enfoco mi atención; cosas que no me tomo la molestia de averiguar por mí mismo. Como por ejemplo, detalles sobre el comportamiento de mis aprendices. Lo que hacen cuando yo no estoy con ellos. Me dice cosas de ti, en particular. El emisario me dice todo lo que haces.

En ese momento, realmente perdí el interés de continuar nuestra conversación. Busqué frenéticamente en mi mente preguntas sobre otros temas, mientras que él se reía a carcajadas.

—¿Es el emisario de ensueños un ser inorgánico? —le pregunté.

—Digamos que el emisario de ensueños es una fuerza que viene del reino de los seres inorgánicos. Esa es la razón por la cual los ensoñadores siempre la encuentran. Todos la oyen, son muy pocos los que la ven o la sienten.

—¿Tiene usted alguna explicación para esto?

—No. Además, realmente no tengo ningún interés en el emisario. En un determinado momento de mi vida tuve que decidir entre concentrarme en los seres inorgánicos y seguir los pasos de los brujos antiguos, o renunciar a todo eso. Mi maestro, el nagual Julián, me ayudó a rechazar todo eso. Nunca me he arrepentido de esa decisión.

—¿Cree usted que yo también debería rechazar todo esto, don Juan?

En lugar de contestarme, me explicó que el reino entero de los seres inorgánicos está siempre dispuesto a enseñar. Dijo que quizá debido a que los seres inorgánicos tienen una conciencia de ser más profunda que la nuestra se sienten obligados a tomarnos bajo su tutela.

—Yo no encontré ninguna razón para convertirme en su alumno —añadió—. El precio de su instrucción es demasiado caro.

—¿Cuál es su precio?

—Nuestras vidas, nuestra energía. Demandan total devoción hacia ellos. En otras palabras, nos roban la libertad.

—¿Pero, qué es lo que ellos enseñan?

—Cosas que atañen a su mundo. Del mismo modo que nosotros les enseñaríamos, si fuéramos capaces de enseñarles, cosas que atañen a nuestro mundo. Su método es tomar nuestro ser básico como medida de lo que necesitamos, y de acuerdo con eso enseñarnos. ¡Un método sumamente peligroso!

—No veo por qué pueda ser peligroso.

—Si alguien va a tomar a tu ser básico como medida, con todos tus vicios, tus miedos y avaricia y envidias, y toda tu porquería, y va a enseñarte lo que satisfaga a ese desastroso estado de ser, ¿cuál crees que sea el resultado?

No tuve nada que responder. Pensé que había comprendido perfectamente bien.

—El problema de los brujos de la antigüedad es que

aprendieron cosas maravillosas, pero sobre las bases de una conciencia de ser sin enmendar —prosiguió don Juan—. Los seres inorgánicos realizaban las acciones prácticas necesarias para lograr una u otra cosa y así con ejemplos guiaban a los brujos antiguos paso a paso a copiar esas acciones, sin que cambiaran en absoluto nada de su naturaleza básica.

—¿Todavía existe esta clase de relaciones con los seres inorgánicos hoy en día?

—No te puedo contestar eso con certeza. Lo único que me cabe decir es que yo no puedo concebir una relación de ese tipo. Lo que hace es disminuir nuestro apego a la libertad, al consumir toda nuestra energía disponible. Para poder realmente seguir el ejemplo de sus aliados, los brujos de la antigüedad tuvieron que pasarse la vida entera en el reino de los seres inorgánicos. La cantidad de energía necesaria para lograr eso es asombrosa.

—¿Quiere usted decir, don Juan, que los brujos antiguos eran capaces de existir en esos reinos de la misma forma en que nosotros existimos aquí?

—No exactamente como nosotros existimos aquí, pero ciertamente vivían ahí, y retenían su conciencia y su individualidad. Para ellos el emisario de ensueño fue una entidad vital, porque es el puente perfecto; habla, y su tendencia es enseñar, guiar.

—¿Ha estado usted en ese reino, don Juan?

—Innumerables veces. Al igual que tú. Pero no tiene ningún caso hablar de esto ahora. Todavía no has recordado toda tu atención de ensueño. Ya hablaremos sobre ese reino uno de estos días.

—A mi parecer, don Juan, a usted ni le gusta ni aprueba al emisario.

—Ni lo apruebo ni me gusta. Pertenece a otra modalidad, la de los brujos antiguos. Además, en nuestro mundo, sus enseñanzas y su guía son disparates. Y por esos disparates, el emisario nos cobra enormidades en términos de energía. Algún día estarás de acuerdo conmigo. Ya lo verás.

En el tono de sus palabras pude captar la velada implicación de que yo no coincidía con él en lo que al emisario se refería. Estaba a punto de argüir que eso era un error de su parte, cuando escuché la voz del emisario en mis oídos. —Él tiene razón —dijo la voz—. Yo te caigo bien porque no encuentras nada malo en el hecho de explorar todas las posibilidades. Tú estás en pos de conocimiento; el conocimiento es poder. Tú no quieres meramente la seguridad de tus rutinas y las creencias de tu mundo.

El emisario dijo todo esto en inglés, con un marcado acento de la costa del Pacífico. Después cambió a español. Noté un tenue acento argentino. Nunca había escuchado hablar al emisario de esta manera. Me fascinó. El emisario me habló de logros, de sabiduría, de cuán lejos me encontraba de mi lugar natal; de mi ansia de aventura y de mi obsesión con nuevos horizontes. La voz hasta me habló en portugués, con una definida inflexión de las pampas del sur.

Escuchar a esa voz, llenándome de halagos, al final no solamente me asustó, me asqueó. Le dije a don Juan ahí mismo que tenía que dejar de ensoñar. Me miró sorprendido, pero cuando le repetí todo lo que había escuchado, accedió, aunque dándome la impresión de que únicamente lo hacía para apaciguarme.

Unas semanas más tarde, con más calma, me pareció que mi reacción fue un poco emocional y, por lo tanto, errónea mi decisión de parar mi entrenamiento. Regresé, por mi cuenta, a mis prácticas de ensueño. No le consulté a don Juan, pero estaba seguro de que de algún modo él estaba al tanto de mi vuelta.

Una de las veces que lo fui a visitar, muy inesperadamente empezó a hablar sobre los sueños. —El mero hecho de que no nos hayan enseñado a tomar a los sueños como un genuino campo de exploración, no quiere decir que no lo sean —comenzó—. Los sueños son analizados por su significado, o son considerados como indicaciones proféticas, pero nunca son valorados como un reino de eventos reales.

"De acuerdo a lo que sé, solamente los brujos antiguos hicieron eso —don Juan prosiguió—, pero al final lo echaron todo a perder. Su ambición los cegó y cuando llegaron a una encrucijada crucial, tomaron el camino equivocado. Se enfocaron en una sola maniobra: la fijación del punto de encaje en las miles de posiciones que puede adoptar.

Don Juan dijo que lo asombraba el hecho de que, de todas las cosas maravillosas que los brujos antiguos aprendieron explorando esos millares de posiciones, el arte del ensueño y el arte del acecho eran lo único que quedaba hoy en día. Reiteró que el arte del ensueño tiene que ver con el desplazamiento del punto de encaje; y definió al acecho como el arte de la fijación del punto de encaje en cualquier posición a la cual se haya desplazado.

—Fijar el punto de encaje en una de esas posiciones significa adquirir cohesión —dijo—. Eso es lo que has estado haciendo en tus prácticas de ensueño: adquirir cohesión.

—Yo creía que estaba perfeccionando mi cuerpo de ensueño —le dije, sorprendido por su cambio de énfasis.

—Estás adquiriendo cohesión —insistió—. El ensueño hace que eso ocurra al forzar a los ensoñadores a fijar el punto de encaje. La atención de ensueño, el cuerpo energético, la segunda atención, la relación con los seres inorgánicos y el emisario, son todos productos de la fijación del punto de encaje en diferentes posiciones de ensueño.

—¿Qué es una posición de ensueño, don Juan?

—Una nueva posición a la que el punto de encaje ha sido desplazado durante el sueño.

—¿Cómo es que fijamos el punto de encaje en una posición de ensueño?

—Sosteniendo la vista de cualquier objeto en los ensueños, o cambiando de ensueño a voluntad. Con tus prácticas de ensueño estás realmente ejercitando tu capacidad de cohesión; esto quiere decir que estás ejercitando tu capacidad de sostener una nueva forma energética, al mantener el punto de encaje fijo en la posición que adopta con el ensueño.

—¿Realmente mantengo otra forma energética, don Juan?

—No exactamente, y no porque no puedas, sino simplemente porque estás empezando por desplazar tu punto de encaje dentro del huevo luminoso, en lugar de moverlo fuera de él. Los cambios del punto de encaje causan pequeñas transformaciones, las cuales prácticamente no se notan. El reto de tales cambios es que son tan pequeños y tan numerosos que mantener cohesión en todos ellos es un verdadero triunfo.

—¿Cómo podemos saber que mantenemos la cohesión?

—Lo sabemos por la claridad de nuestra percepción. Cuanto más clara sea la visión de nuestros ensueños, mayor es nuestra cohesión.

Dijo que ya era hora de que yo aplicara en la práctica lo que había aprendido en mis ensueños. Sin darme tiempo a preguntar nada, me pidió que enfocara mi atención, como si estuviera ensoñando, en el follaje de un árbol del desierto que crecía cerca de ahí: un mezquite.

—¿Quiere usted que lo mire fijamente? —le pregunté.

—No quiero que lo mires fijamente; quiero que hagas algo muy especial con ese follaje —dijo—. Acuérdate de que en tus ensueños, una vez que eres capaz de sostener la vista en cualquier objeto, estás realmente sosteniendo una nueva posición de ensueño. Ahora, mira fijamente a esas hojas, como si estuvieras en un ensueño, con una muy significativa variación: vas a sostener tu atención de ensueño en las hojas de ese mezquite, en la conciencia de ser del mundo cotidiano.

Mi nerviosidad me hizo imposible seguir el hilo de sus instrucciones. Me explicó pacientemente que al mirar fijamente al follaje, se llevaría a cabo un diminuto desplazamiento de mi punto de encaje. Luego, al entrar en mi atención de ensueño, a consecuencia de mirar fijamente a cada hoja, lo que yo haría es fijar ese diminuto desplazamiento, y al hacerlo mi cohesión me haría percibir en términos de la segunda atención. Añadió, riéndose, que el proceso era ridículo de tan simple que era.

Don Juan tenía razón. Todo lo que necesité fue enfocar y mantener mi atención en las hojas, y en un instante, fui atraído por una sensación de vórtice, como en mis ensueños. El follaje del mezquite se convirtió en un universo de datos sensoriales; fue como si el follaje me hubiese engullido. Si tocaba las hojas, podía realmente sentirlas. También podía olerlas. Mi atención de ensueño era multisensorial, en lugar de ser únicamente visual, como en mis ensueños diarios.

Lo que empezó con fijar la vista en el follaje del mezquite se convirtió en un ensueño. Creí que me encontraba en un árbol irreal, como me había encontrado en árboles de incontables ensueños. Y, naturalmente, me comporté en ese árbol irreal como había aprendido a comportarme en mis ensueños; me moví de objeto en objeto, atraído por la fuerza de un vórtice que se formaba en cualquier parte del árbol en la cual enfocara mi multisensorial atención de ensueño. Estos vórtices se formaban no sólo al fijar mi vista, sino también al tocar cualquier cosa, con cualquier parte de mi cuerpo.

En un momento dado tuve un ataque de dudas racionales. Comencé a preguntarme si sería posible que me hallara físicamente subido al mezquite en un estado de confusión, abrazando las hojas y perdido en el follaje sin saber lo que hacía. O quizá me había quedado dormido, hipnotizado por el revoloteo de las hojas en el viento, y estaba ensoñando. Pero, al igual de lo que me ocurría en ensueños, mis preguntas fueron tan fugaces que duraron sólo un instante, y luego la fuerza de lo que estaba sucediendo las anuló por completo.

Un repentino movimiento a mi alrededor sacudió todo, y me hizo virtualmente emerger de la hojarasca como si me hubiera desprendido de la atracción magnética del árbol. Me encontré entonces mirando a un inmenso horizonte, desde un terreno elevado. Me rodeaban obscuras montañas y verde vegetación. Otro empellón de energía me depositó en otro lugar. Árboles enormes se asomaban por todos lados en forma amenazadora. Eran más grandes que los pinos de los estados de Oregon y Washington. Nunca jamás había yo visto un bosque como ése. El panorama era de tal contraste con la aridez del desierto de Sonora que no me quedó ninguna duda de que estaba ensoñando.

Me enfoqué en esa extraordinaria visión con temor de salir prematuramente de ella. Sabía que era en realidad un ensueño, y que una vez que agotara mi atención de ensueño, saldría de él. Pero las imágenes duraron, aun cuando calculé que ya había agotado mi atención de ensueño. Lo que dio lugar a que cruzara por mi mente un pensamiento aterrador: ¿y si éste no fuera un ensueño, ni tampoco el mundo cotidiano?

Asustado, de la misma forma que un animal debe de experimentar el susto, regresé a la hojarasca de la cual había emergido. El ímpetu de mi retroceso me empujó de un extremo al otro del follaje y me jaló fuera del árbol; en un abrir y cerrar de ojos estaba parado junto a don Juan, en la puerta de su casa, en el desierto de Sonora.

Inmediatamente tomé conciencia de que había entrado en un estado en el que podía pensar coherentemente, pero no podía hablar. Don Juan me instó a que no me preocupara; dijo que nuestra facultad del habla es extremadamente frágil, y que los ataques de mudez eran comunes entre los brujos que se aventuraban más allá de los límites de la percepción normal.

Mi primera impresión fue que don Juan sentía lástima por mí. Pero la voz del emisario de ensueño dijo claramente en ese instante que en unas horas, después de dormir, estaría yo perfectamente bien.

Al despertarme, y a petición de don Juan, le describí

lo que había visto y hecho. Me advirtió que no me fiara de mi racionalidad para comprender mi experiencia, no porque estuviera de ninguna forma perjudicada, sino porque lo sucedido era un fenómeno fuera de los límites de la razón.

Naturalmente, argüí, porque así lo creía, que no podía haber nada fuera de los límites de la razón; que puede haber cosas que no estén claras, pero que tarde o temprano la razón siempre encuentra una forma de aclararlas.

Con extrema paciencia don Juan señaló que la razón, el sentido común, el buen juicio, fuentes de gran orgullo para nosotros, porque las consideramos consecuencia directa de nuestro valor personal, son meramente el resultado de la fijación del punto de encaje en su posición habitual; cuanto más rígido y fijo, más grande nuestra confianza en nosotros mismos; más grande nuestra idea de que podemos explicar lo que fuera.

Añadió que el ensueño, al darnos fluidez para entrar en otros mundos, destruye nuestra idea del yo que sabe todo. Llamó al ensueño una empresa de dimensiones inimaginables que, después de hacernos percibir todo lo que puede ser percibido, hace que el punto de encaje dé un salto fuera del reino humano a fin de hacernos percibir lo inconcebible.

—Nos encontramos, de nuevo, frente al tema más importante del mundo de los brujos antiguos: la posición del punto de encaje —prosiguió—. El anatema de los brujos antiguos, al igual que la aflicción de la humanidad actual.

—¿Por qué dice usted eso, don Juan?

—Porque ambos, la humanidad actual y los brujos de la antigüedad, son las víctimas de la posición del punto de encaje. La humanidad, por no saber que el punto de encaje existe. Por no saberlo estamos obligados a considerar a los productos de su posición habitual como cosas finales e indiscutibles. Y los brujos antiguos, por saber que el punto de encaje existe y que se lo puede manejar con relativa facilidad.

"Debes evitar caer en esas dos trampas —continuó—. Sería realmente repugnante que te aunaras a la humanidad, como si no supieras acerca de la existencia del punto de encaje. Pero sería aún más odioso que te aunaras a los brujos antiguos, y manejaras al punto de encaje para tu ganancia personal.

—Todavía no entiendo, ¿cuál es la conexión de todo esto con la experiencia que tuve ayer?

—Ayer te encontrabas en otro mundo, diferente pero real. Si me preguntas dónde se encuentra ese mundo, yo te tendré que contestar que está en la posición del punto de encaje. Si mi respuesta no tiene ningún sentido para ti entrarás en un enredo diabólico.

El argumento de don Juan era que me quedaban dos alternativas si no entendía su proposición. Una era seguir la línea de la humanidad en general, lo que me llevaría a un caos: mi experiencia me diría que otros mundos existen, pero mi razón me diría que esos mundos no pueden existir. La otra alternativa era seguir la línea de los brujos antiguos, en cuyo caso, automáticamente aceptaría la existencia de otros mundos, y mi avaricia me haría sostener la posición del punto de encaje que crea esos mundos. El resultado sería otro tipo de caos: tener que moverme físicamente a mundos diferentes del nuestro, forzado por expectativas de poder y ganancia personal.

Yo estaba demasiado aturdido para poder seguir el hilo de su razonamiento, pero sí sentía que él estaba totalmente en lo cierto. Era un sentimiento, una certeza ancestral que yo parecía haber perdido y estar recobrando lentamente.

Regresar a mis prácticas de ensueño disipó todas estas tribulaciones, pero creó otras; por ejemplo, después de escucharla diariamente, por meses, la voz del emisario dejó de ser una molestia o un asombro y se convirtió en algo casi común y corriente para mí. Cometí tantos errores influenciado por lo que me decía, que comprendí la renuencia de don Juan a tomarlo en serio. Un psicoanalista se habría muerto de gusto interpretando esa voz de acuerdo con todas las posibles minucias de mi dinámica intrapersonal.

Don Juan mantenía inmutablemente que el emisario es una fuerza impersonal y constante, procedente del reino de los seres inorgánicos, por lo tanto, todos los ensoñadores lo experimentan, más o menos en los mismos términos. Y si eligen seguir lo que les dice, como si fuera un consejero, son unos tontos incurables.

Yo era definitivamente uno de ellos. No había manera de mantenerme impasible frente a un evento tan extraordinario: una voz que clara y concisamente me decía en tres idiomas datos ocultos sobre cosas o personas en las cuales enfocaba mi atención. La única desventaja, que no tenía grandes consecuencias para mí, era que la voz y yo no estábamos sincronizados. Generalmente, el emisario me daba información acerca de cosas, gente, o eventos, cuando ya había olvidado mi interés en ellos.

Le pregunté a don Juan acerca de esta falla; me dijo que tenía que ver con la rigidez de mi punto de encaje. Me explicó que, habiendo sido yo criado por abuelos, estaba saturado de opiniones e ideas de gente vieja, y que debido a ello yo era peligrosamente rígido. Dijo que su método de darme pociones de plantas alucinógenas no había sido otra cosa sino un esfuerzo para sacudir mi punto de encaje, y así permitir que tuviera un margen mínimo de fluidez.

—Si no desarrollas ese margen —continuó—, o te vuelves más rígido, o te conviertes en un brujo histérico, o haces las dos cosas. Mi interés en contarte anécdotas de los brujos antiguos no es para hablar mal de ellos sino para ponerte al tanto de lo que eran. Tarde o temprano, tu punto de encaje va a adquirir más fluidez, pero no lo suficiente como para contrarrestar tu tendencia a ser como ellos: rígido e histérico.

—¿Cómo puedo evitar eso, don Juan?

—Hay un modo. Los brujos lo llaman el puro entendimiento. Yo lo llamo el romance con el conocimiento.

Es el impulso que los brujos utilizan para saber, para descubrir, y para quedarse boquiabiertos de asombro y admiración con lo que descubren.

Don Juan cambió de tema, y pasó a explicar en mayor detalle la fijación del punto de encaje. Dijo que al *ver* el punto de encaje de los niños, oscilando constantemente y cambiando fácilmente de lugar como movido por un temblor, los brujos antiguos llegaron a la conclusión de que su posición habitual no es innata sino creada por los hábitos. *Viendo* también, que es solamente en los adultos que éste se fija en un lugar definido, supusieron que la ubicación específica del punto de encaje promueve una manera específica de percibir. A consecuencia del uso, esta manera específica de percibir se convierte en un sistema para la interpretación de datos sensoriales.

Don Juan señaló que para existir, dicho sistema precisa de una leva general; todos nosotros, los seres humanos, al nacer, somos reclutados en él. Y nos pasamos una vida entera ajustando imperiosamente nuestra percepción para que concuerde con las demandas de este sistema. Por ello, tenían razón los brujos antiguos al sostener que el acto de revocarlo y percibir energía directamente es lo que transforma a una persona en brujo.

Don Juan expresó su admiración, una y otra vez, por lo que llamó el mayor logro de nuestra socialización básica como seres humanos: inmovilizar nuestro punto de encaje en su posición habitual. Explicó que una vez que su posición es fija, nuestra percepción puede ser entrenada y dirigida a interpretar lo que percibimos. Nuestro proceso de socialización empieza entonces a guiarnos a percibir más en términos de nuestro sistema que en términos de nuestros sentidos. Don Juan aseguraba que la percepción humana es universalmente homogénea debido a que el punto de encaje de toda la raza humana está fijo en el mismo sitio.

Don Juan dijo que los brujos prueban todo esto al comprobar que lo que se percibe no tiene sentido alguno cuando el punto de encaje se ha desplazado fuera de cierto nivel y nuevos filamentos energéticos universales empiezan a ser percibidos. La razón de ello es que los nuevos filamentos traen nuevos datos sensoriales, que no son parte de dicho sistema.

—Percibir sin nuestro sistema es, por supuesto, algo caótico —don Juan continuó—. Pero por más extraño que parezca, cuando nos creemos realmente perdidos, nuestro sistema se recupera y viene a nuestro rescate, transformando nuestra nueva e incomprensible percepción en un mundo totalmente comprensible. Exactamente como te sucedió cuando fijaste tu mirada en las hojas del árbol de mezquite. Tu percepción fue caótica. Por un momento todo se te vino encima y tu sistema de interpretación no funcionó. Después, el caos se aclaró, y ahí estabas: frente a un mundo nuevo.

—Nos encontramos otra vez en el mismo atascadero de antes. ¿Existe realmente ese mundo? ¿O es una mera elaboración de mi mente?

—Ciertamente regresamos a lo mismo y la respuesta es aún la misma. Ese mundo realmente existe en la precisa posición en que se encontraba tu punto de encaje en ese momento. Para percibirlo claramente, necesitaste cohesión; necesitaste mantener tu punto de encaje fijo en esa nueva posición; lo cual hiciste. El resultado fue que por un rato fuiste capaz de percibir un mundo totalmente nuevo.

—¿Pero, podrían otros percibir ese mismo mundo?

—Sí, si tuvieran la uniformidad y cohesión que tenías tú en ese momento. Uniformidad es mantener al unísono la misma posición del punto de encaje. Acechar la percepción era como los brujos antiguos llamaban al acto de adquirir uniformidad y cohesión fuera del mundo normal.

"El arte del acecho —continuó—, como ya lo dije antes, tiene que ver con la fijación del punto de encaje. A través de la práctica, los brujos antiguos descubrieron que como es importante desplazar el punto de encaje, es aun de mayor importancia hacer que se quede fijo en su nueva posición, cualquiera que ésta fuere.

Explicó que si el punto de encaje no se logra estabilizar, no hay forma posible de que podamos percibir coherentemente. Lo que entonces percibiríamos sería un caleidoscopio de imágenes disociadas. Dijo que esta fue la razón por la cual los brujos antiguos pusieron tanto énfasis en el ensueño como en el acecho, y que un arte no puede existir sin el otro, especialmente en la clase de actividades en las cuales los brujos antiguos estaban envueltos.

—¿Cuáles eran esas actividades, don Juan? —pregunté.

Don Juan dijo que eran actividades complejísimas derivadas de los desplazamientos del punto de encaje. Los brujos antiguos al aprender a desplazar sus puntos de encaje a miles de posiciones en la superficie, o adentro de sus masas energéticas, también aprendieron a fijar su punto de encaje en esas posiciones, para así retener su cohesión indefinidamente.

—Los brujos antiguos llamaban a eso las marañas de la segunda atención, o la gran aventura de lo desconocido —añadió.

—¿Cuál era el beneficio de todo esto, don Juan?

—No podemos hablar aquí de beneficios. Aquí podemos únicamente hablar de resultados finales.

Dijo que la cohesión de los brujos antiguos era tal que les permitió llegar a ser, perceptual y físicamente, todo lo que sus puntos de encaje dictaban. Podían transformarse en cualquier cosa dentro del inventario específico que cada uno de ellos poseía. Don Juan llamaba un inventario a todos los detalles perceptibles necesarios para convertirse, por ejemplo, en jaguares, pájaros, insectos, etcétera, etcétera.

—Para mí es muy difícil creer que esa transformación pueda ser posible —le dije.

—Es posible —aseguró—. No tanto para ti o para mí, pero sí para ellos. Para ellos eso no era nada.

Dijo que los brujos antiguos tenían tan espléndida fluidez que todo lo que necesitaban era un ligero desplazamiento de su punto de encaje, una mínima señal en su ensueño para instantáneamente acechar su percepción; es decir, para arreglar su cohesión y hacerla encajar en su nuevo estado de conciencia, sea ésta la de un animal, otra persona, un pájaro, o lo que fuera.

—¿Pero, no es eso lo que los enfermos mentales hacen? ¿Crear su propia realidad? —pregunté.

—No, no es lo mismo —dijo—. Los dementes imaginan su propia realidad, porque no tienen, en lo absoluto, un propósito preconcebido. Los dementes añaden caos al caos. Los brujos, por el contrario, traen orden al caos. Su propósito preconcebido y trascendental es liberar su percepción. Los brujos no inventan los mundos que perciben; ellos perciben energía directamente y luego descubren que lo que están percibiendo es un mundo nuevo y desconocido; un mundo que se los puede tragar enteros, porque es tan real como cualquier cosa en nuestro mundo diario.

Don Juan me dio entonces una nueva versión de lo que me sucedió en el árbol de mezquite. Dijo que empecé por percibir directamente la energía del árbol. En mi nivel subjetivo, sin embargo, yo creí que estaba ensoñando ya que utilicé el ensueño para percibir energía. Aseveró que usar el ensueño en el mundo de la vida diaria es una de las estratagemas más efectivas de los brujos. Hace que el percibir energía directamente sea como un ensueño, en lugar de ser una experiencia totalmente caótica. Luego, cuando la percepción se arregla, los brujos se encuentran frente a un mundo nuevo. Exactamente lo que a mí me sucedió.

Le conté acerca del pensamiento que casi no me atrevía a pensar: que el panorama que vi no era un ensueño, ni tampoco nuestro mundo cotidiano.

—No lo era —dijo—. Te lo he dicho una y otra vez, pero tú crees que estoy senil y me repito sin ton ni son. Se cuán difícil es para la mente aceptar que todo esto no es una idiotez de locos. ¡Créeme, existen mundos nuevos! Están envueltos los unos en los otros, como las capas de una cebolla. El mundo en el cual existimos no es más que una de esas capas.

—¿Quiere usted decir, don Juan, que el propósito de sus enseñanzas es prepararme para ir a esos mundos?

—No. No quise decir eso. Vamos a esos mundos solamente como un ejercicio. Esos viajes son los antecedentes de los brujos de ahora. Hacemos el mismo tipo de ensueño que los brujos antiguos solían hacer, pero en cierto momento, nos desviamos a un nuevo terreno. Los brujos antiguos preferían los cambios del punto de encaje, por lo tanto siempre se encontraban en territorios más o menos conocidos o predecibles. Nosotros preferimos los movimientos del punto de encaje. Los brujos antiguos iban en pos de lo humanamente desconocido. Nosotros buscamos lo desconocido que está fuera de lo humano.

—No he llegado a eso todavía, ¿verdad?

—No, tú estás solamente empezando. Y al empezar todo ensoñador tiene que seguir los pasos de los brujos antiguos. Después de todo, ellos fueron quienes inventaron el arte del ensueño.

"A ti todavía te queda mucho pan por rebanar. Además, tengo que ser extremadamente cuidadoso contigo, porque tu carácter está totalmente ligado al de los brujos antiguos. Ya te he dicho esto muchas veces, pero siempre te las ingenias para descartarlo. A veces hasta pienso que una energía de otro mundo te guía y te aconseja, pero luego dejo a un lado esa idea, porque eso sí que es algo descabellado.

—¿De qué está usted hablando, don Juan?

—Inconscientemente has hecho dos cosas que me preocuparon sin medida. La primera vez que te presté mi energía para que ensoñaras viajaste con tu cuerpo energético a un lugar fuera de este mundo. ¡Y ahí caminaste! Y luego, volviste a viajar con tu cuerpo energético, a través del mezquite, a otro sitio fuera de este mundo; las dos veces, partiendo desde la conciencia del mundo diario.

—¿Por qué lo preocupa esto?

—Ensoñar es demasiado fácil para ti. Y si no tenemos cuidado, esa puede ser tu perdición. Ensoñar así conduce a lo desconocido que aún es cuestión humana. Como te dije, los brujos de hoy se esfuerzan por alcanzar lo desconocido que ya no es cuestión humana.

—¿Qué puede ser lo desconocido que no es cuestión humana?

—Mundos inconcebibles que están fuera de la banda del hombre, pero que aún podemos percibir. La predilección de los brujos de hoy en día es entrar en mundos fuera del dominio humano; mundos completamente inclusivos, no meramente entrar en el reino de los pájaros, o en el reino de los animales, o en el reino de los seres humanos, aunque éste fuese el reino del hombre desconocido. Te estoy hablando de mundos como en el que vivimos; mundos completos, con un sinfín de reinos.

—¿Dónde están esos mundos, don Juan? ¿En las diferentes posiciones del punto de encaje?

—Efectivamente, en las diferentes posiciones del punto de encaje. Digamos que los brujos llegan a esos mundos usando los movimientos del punto de encaje, no simplemente los cambios. Entrar en esos mundos requiere del tipo de ensueño que solamente los brujos de ahora practican. Los brujos antiguos se mantuvieron alejados de él, porque requiere un gran desapego y absoluta ausencia de importancia personal. Un precio que no estuvieron dispuestos a pagar.

"Para los brujos que ensueñan hoy en día, ensoñar es la libertad de percibir mundos más allá de todo lo imaginable.

—¿Pero cuál es el sentido de percibir todo eso?

—Ya me hiciste hoy la misma pregunta. Hablas como un verdadero mercachifle. ¿Me va a dar buen resultado? ¿Cuál es el riesgo o la ganancia de mi inversión? "No hay manera de responder a esas preguntas. La mente del mercachifle está hecha para el comercio. Pero la libertad no puede ser una inversión. La libertad es una aventura sin fin, en la cual arriesgamos nuestras vidas y mucho más, por unos momentos que no se pueden medir con palabras o pensamientos.

—No fue mi intención hablar como mercachifle al hacerle esa pregunta, don Juan. Lo que quiero saber es, ¿cuál podría ser la fuerza que impulse a un perfecto haragán como yo para que hiciera todo esto?

—La búsqueda de la libertad es la única fuerza que yo conozco. Libertad de volar en ese infinito. Libertad de disolverse, de elevarse, de ser como la llama de una vela, que aun al enfrentarse a la luz de un billón de estrellas permanece intacta, porque nunca pretendió ser más de lo que es: la llama de una vela.

5

EL MUNDO DE LOS
SERES INORGÁNICOS

A pesar de que don Juan parecía no sólo desinteresado en hablar sobre el tema del ensueño sino hasta molesto, yo aún solicitaba su consejo, pero únicamente en casos de extrema necesidad. Cada vez que hablábamos de mis prácticas de ensueño, él minimizaba la importancia de cualquier cosa que hubiese logrado. Yo consideré esa reacción suya como una confirmación de su perenne desaprobación.

En ese entonces, mi interés en los seres inorgánicos se había convertido en la parte crucial de mis prácticas de ensueño. Después de encontrar a seres inorgánicos en mis sueños y, especialmente, después de mi encuentro con ellos en el desierto, debería haber estado más predispuesto a tomar en serio su existencia. Pero esos eventos tuvieron más bien el efecto contrario. Mi objetivo se tornó en probar que no existían.

Entretuve entonces la idea de una investigación objetiva. El método de esta investigación iba a consistir en compilar una meticulosa crónica de todo lo que aconteciera durante mis sesiones de ensueño; y luego, usar esa crónica como base para averiguar si mi ensueño confirmaba o refutaba lo que don Juan decía de los seres inorgánicos. Escribí cientos de páginas de minuciosas anotaciones sobre detalles que yo consideraba importantes, cuando debería haberme sido claro que había obtenido la evidencia de su existencia casi desde el comienzo de mi investigación.

Después de unas cuantas sesiones, descubrí que lo que había creído ser una recomendación casual de don Juan: suspender todo juicio y dejar que los seres inorgánicos se manifestaran por su propia cuenta, era en realidad el procedimiento usado por los brujos antiguos para atraerlos. Don Juan estaba simplemente siguiendo su tradición al dejarme que lo descubriera por mí mismo. La advertencia que me hizo una y otra vez fue que es muy difícil hacer que el yo quite sus barreras, excepto bajo una disciplina implacable. Decía que ciertamente nuestra razón es la línea de defensa más fuerte del yo; y cuando se trata de la brujería, la más amenazada. Don Juan consideraba que la existencia de los seres inorgánicos es el más temible asaltante de nuestra racionalidad.

Algo más que quedó aclarado en el curso de mi investigación fue la rutina que me había impuesto don Juan. Al parecer, algo muy simple. Primero, observaba cada objeto de mis sueños, y luego, cambiaba de sueños. Puedo sinceramente decir que siguiendo tal rutina observé universos de detalles en sueño tras sueño. Inevitablemente, en un momento dado, mi atención de ensueño empezaba a disminuir y mis sesiones de ensueño terminaban ya fuera quedándome dormido y teniendo sueños normales en los que no tenía ninguna atención de ensueño, o quedándome despierto sin poder conciliar el sueño.

Sin embargo, de vez en cuando, tal como don Juan lo había descrito, una corriente de energía forastera, lo que él llamaba un explorador, se introducía a mis sueños. Saber de antemano que esto iba a suceder me ayudó a ajustar mi atención de ensueño y a estar alerta. La primera vez que noté energía extranjera, estaba yo soñando que andaba de compras en un gran almacén. Iba yo de mostrador en mostrador buscando objetos antiguos de arte. Finalmente encontré uno. La ridiculez de buscarlos en un almacén era tan obvia que me causó risa, pero encontrar lo que buscaba borró la incongruencia. La pieza era el puño de un bastón. El vendedor me aseguró que estaba hecho de iridio, y dijo que era una de las sustancias más duras en el mundo. Era una pieza tallada: la cabeza y el hombro de un simio. A mí me parecía como de jade. El vendedor se sintió insultado cuando le insinué que quizá era jade, y para probar mi error, arrojó el objeto contra el piso de cemento con gran fuerza. No se rompió, rebotó como una pelota y salió del almacén girando como si fuera un plato que volaba girando. Lo seguí. Desapareció detrás de unos árboles. Corrí a buscarlo, y lo encontré hundido en el suelo. Se había transformado en un bastón largo, extraordinariamente bello, de color verde profundo con negro.

Lo codicié al punto de aferrarlo con toda mi fuerza. Forcejeé para arrancarlo del suelo, antes de que alguien más viniese. Pero por más que hice, no pude sacarlo. Tenía miedo de romperlo si trataba de extraerlo moviéndolo para adelante y para atrás. Empecé a cavar a su alrededor con mis manos. A medida que continuaba cavando, el bastón comenzó a derretirse, hasta que quedó únicamente un charco de agua verdusca en su lugar. Me quedé mirando fijamente el agua, la cual, de repente, pareció explotar; se convirtió en una burbuja blanca y desapareció. Mi sueño continuó con otras imágenes y otros detalles que aunque eran cristalinamente claros, no eran sobresalientes.

Cuando le conté a don Juan este ensueño, me dijo:
—Aislaste a un explorador. Los exploradores son más numerosos en nuestros sueños comunes y corrientes. Los sueños de los ensoñadores están extrañamente libres de exploradores. Al momento que aparecen, son identificables por su extrañeza y la incongruencia de su presencia.

—¿Incongruencia, de qué manera, don Juan?

—Su presencia no tiene ningún sentido.

—En un sueño muy pocas cosas tienen sentido.

—Es únicamente en los sueños comunes y corrientes que las cosas no tienen sentido, yo diría que es así debido a que la gente común y corriente sufre asaltos mucho más intensos de lo desconocido. En sus sueños hay muchísimos exploradores.

—¿Y por qué es así, don Juan?

—En mi opinión, lo que ocurre es un equilibrio de fuerzas. La gente común y corriente tiene estupendas barreras para protegerse contra esos asaltos. Barreras tales como preocupaciones diarias. Mientras más fuerte es la barrera, más fuerte es el ataque.

"Por otro lado, los ensoñadores tienen menos barreras y menos exploradores en sus ensueños. Parece que en sus ensueños hay menos exploradores, quizá para asegurar que los ensoñadores se percaten rápidamente de su presencia.

Don Juan me aconsejó poner mucha atención y recordar todo detalle posible del ensueño que tuve. Hasta me hizo repetirle lo que ya le había contado.

—Me desconcierta usted —le dije—. Primero no quiere escuchar nada acerca de mis ensueños, y luego sí quiere. ¿Hay algún orden en rechazar y acceder?

—Por supuesto que hay orden detrás de todo esto —dijo—. Algunas cosas son de importancia clave, ya que están asociadas con el espíritu; otras no tienen absolutamente ninguna importancia, ya que están asociadas con nuestras pinches personalidades.

"El primer explorador que aislaste va a estar siempre presente de una forma o de otra, igual que los detalles de tu ensueño. Así que será un bastón, o un plato que vuela girando, o un vendedor, o iridio. Por cierto, ¿qué es iridio?

—Realmente no lo sé.

—¡Ahí lo tienes! ¿Y que dirías si resultara ser una de las sustancias más duras del mundo?

Los ojos de don Juan brillaban de deleite, mientras

yo me reía nerviosamente de tan absurda posibilidad, la cual resultó ser cierta.

Una vez que hube aceptado el esquema de don Juan de que energía foránea se filtra en los sueños, empecé a tomar en cuenta la presencia de objetos extraños en mis ensueños. Invariablemente, después de haberlos aislado, mi atención de ensueño se enfocaba en ellos con una intensidad que no me ocurría en ninguna otra oportunidad. Lo primero que noté fue el gran esfuerzo que mi mente hacía para transformarlos en objetos conocidos. La desventaja de mi mente era su incapacidad de llevar totalmente a cabo tal transformación; el resultado era un objeto espurio, casi desconocido. Después, la energía foránea se disipaba fácilmente, convirtiéndose en una burbuja de luz que era rápidamente absorbida por otros apremiantes detalles de mis ensueños.

—En el nivel de ensueño en que te encuentras ahora, los exploradores son rastreadores que vienen del reino de los seres inorgánicos —dijo don Juan, comentando acerca de lo que me sucedía—. Son muy rápidos, y esto quiere decir que no se quedan por mucho tiempo.

—¿Por qué dice usted que son rastreadores, don Juan?

—Porque siguen el rastro de la conciencia. Ellos tienen conciencia de ser y propósito, aunque eso sea incomprensible para nuestras mentes.

—¿Cuál es la diferencia entre un rastreador y un explorador?

—Los rastreadores van en pos de las huellas que deja la conciencia de ser a su paso. Los exploradores la exploran una vez que la encuentran. Como ya te lo he dicho, los exploradores vienen del mundo de los seres inorgánicos; su conciencia y propósito quizá sea comparable al propósito y la conciencia de los árboles.

Explicó que la conciencia de ser es como una velocidad interna y que la velocidad interna de los árboles y de los seres inorgánicos es infinitamente más lenta que la nuestra y, por lo tanto, incomprensible para nosotros.

—Ambos, los árboles y los seres inorgánicos, están hechos para durar mucho más que nosotros —añadió—. Son inmóviles, pero hacen que todo se mueva alrededor de ellos.

—¿Quiere usted decir, don Juan, que los seres inorgánicos son estacionarios como los árboles?

—Naturalmente. Lo que ves en tus ensueños, como palos oscuros o luminosos, son sus proyecciones. Lo que oyes como la voz del emisario de ensueño es también su proyección. Al igual que lo son los exploradores.

Me puse repentinamente muy ansioso, agobiado por sus aseveraciones. Le pregunté a don Juan si los árboles también tenían proyecciones de esa naturaleza.

—Las tienen —dijo—. Para nosotros los seres humanos las proyecciones de los árboles son menos amigables aún que las de los seres inorgánicos. Los ensoñadores nunca las buscan, a menos que estén en un estado de profunda amenidad con los árboles; un estado muy difícil de lograr, ya que nosotros no tenemos amigos en esta tierra —se rió entre dientes y añadió—: No es un gran misterio la razón de esto.

—Quizá no lo sea para usted, don Juan, pero ciertamente lo es para mí.

—Somos destructivos a más no poder. Hemos ganado la enemistad de todos los seres vivientes de esta tierra; es por eso que no tenemos amigos.

Me sentí más mal aún y quise terminar la conversación. Pero una repentina oleada de curiosidad me hizo regresar al tema de los seres inorgánicos. —¿Qué cree usted que debería hacer para seguir a uno de los exploradores? —pregunté.

—¿Qué razón podrías tener para seguirlos?

—Estoy haciendo una investigación objetiva sobre los seres inorgánicos.

—Ahora sí que me estás tomando el pelo, ¿verdad? A poco no estabas totalmente convencido de que los seres inorgánicos no existen.

Su tono burlón y su risa entrecortada me dieron a

entender lo que pensaba de mi investigación.

—Cambié de parecer, don Juan. Ahora quiero explorar todas esas posibilidades.

—Acuérdate de que el reino de los seres inorgánicos era el terreno de los brujos antiguos. Para llegar ahí, tuvieron que fijar tenazmente su atención de ensueño en los objetos de sus sueños. De esa manera, eran capaces de aislar a los exploradores. Y una vez que tenían a los exploradores enfocados, gritaban su intento de seguirlos. En el instante en que los brujos antiguos manifestaban en voz alta su intento, una fuerza incontenible los jalaba.

—¿Así tan simplemente como eso, don Juan?

No me contestó. Se sonrió mirándome en los ojos, como retándome a que lo hiciera.

En mi casa, traté de indagar y de deducir, hasta el cansancio, lo que don Juan quiso realmente decir. No estaba en absoluto dispuesto a considerar que quizá hubiera descrito un proceso factible. Un día, después de haber agotado todas mis ideas y mi paciencia, tuve un extraño sueño. En él, un pez repentinamente brincó fuera de una alberca, al borde de la cual yo caminaba. El pez se retorció a mis pies y luego voló como si fuera un pájaro con alas coloridas, y se asentó en una rama, siendo aún un pez. La escena era tan poco común, que mi atención de ensueño se galvanizó. Supe instantáneamente que se trataba de un explorador. Un segundo más tarde, cuando el pez-pájaro se transformó en un punto de luz, grité mi intento de seguirlo, y tal como don Juan lo había dicho: una fuerza incontenible me jaló a otro mundo.

Volé a través de un túnel oscuro, como si fuera yo un insustancial insecto volador. La sensación de un túnel terminó de una manera abrupta, exactamente como si yo hubiera sido arrojado fuera de un tubo. El impulso me dejó, de un golpe, frente a una inmensa masa física; me encontraba casi tocándola. En cualquier dirección que mirara, no podía ver su fin. Cínicamente me puse a pensar que yo mismo estaba construyendo la visión de esa masa, al igual que uno construye un sueño. ¿Y por qué no?— pensé, después de todo, estaba dormido, ensoñando.

Sin otra cosa que hacer, seguí mi rutina y empecé a observar los detalles de mi ensueño. Lo que estaba frente a mí se parecía mucho a una gigantesca esponja. Era una masa porosa y cavernosa. No podía sentir su textura, pero se veía como si fuera áspera y fibrosa. Era de un color café oscuro. No cambiaba de forma; tampoco se movía. Al mirarla fijamente, tuve la absurda impresión de que esa masa estacionaria era algo real; estaba fija en algún sitio, ejerciendo una atracción tan poderosa sobre mí que me era totalmente imposible desviar mi atención de ensueño para examinar algo más. Una extraña fuerza que jamás había encontrado antes en mis ensueños me tenía aprisionado.

Luego, sentí claramente cómo la masa dejaba libre mi atención de ensueño, la cual se enfocó en el explorador que me había transportado hasta allí. En la semioscuridad se veía como una luciérnaga flotando a mi lado, por encima de mí. En su reino, era una pequeña masa de pura energía. Yo era capaz de *ver* su chisporroteo energético. Parecía estar consciente de mí. De repente se me echó encima y me jaló o me aguijoneó. No sentí su toque, sin embargo, sabía que me estaba tocando. Era una sensación nueva y asombrosa; sentí como si una parte de mí, que no estaba presente ahí, hubiese sido electrificada por ese toque; una tras otra, oleadas de energía pasaron por ese yo ausente.

A partir de ese momento, todo en mi ensueño se volvió mucho más real que antes, al punto de que se tornó muy difícil mantener la idea de que estaba meramente ensoñando. Una dificultad incrementada por la certeza de que con su toque, el explorador había hecho una conexión energética conmigo. Empecé a adivinar lo que quería que yo hiciera, en el instante mismo en que parecía jalarme o empujarme.

Lo primero que hizo fue empujarme hacia adentro

de la masa física, a través de una enorme caverna o apertura. El interior era tan homogéneamente poroso como el exterior, pero de apariencia más pulimentada, como si la asperidad hubiese sido lijada. Me encontré frente a una estructura semejante a una amplificación de un panal de abejas. Innumerables túneles de forma geométrica partían en todas direcciones. Formaban ángulos entre uno y otro; o iban hacia arriba o hacia abajo en leves inclinaciones, grandes empinadas, o verticalmente.

La luz era muy tenue; sin embargo, todo era perfectamente visible. Los túneles parecían estar vivos y conscientes de sí; chisporroteaban. Al quedarme mirándolos fijamente me di cuenta de que estaba *viendo*. Esos eran túneles de energía. En el instante de comprender esto, la voz del emisario de ensueño rugió en mis oídos, tan fuerte que no pude entender lo que dijo.

—¡Baja el tono! —grité con mi usual impaciencia, y comprobé que si hablaba, bloqueaba la visión de los túneles y entraba en un vacío en el cual lo único que podía hacer era escuchar.

El emisario moduló su voz y dijo: —Estás adentro de un ser inorgánico. Escoge un túnel y hasta puedes vivir en él. —La voz se calló por un instante y luego añadió: —Eso es, si así lo deseas.

No pude decir nada. Tenía miedo de que cualquier afirmación que hiciera pudiera ser interpretada de manera opuesta a lo que quería decir.

—Hay infinitas ventajas para ti —continuó la voz del emisario—. Podrías vivir en tantos túneles como te plazca. Y cada uno de ellos te enseñaría algo diferente. Los brujos de la antigüedad vivieron así y aprendieron cosas maravillosas.

Aunque sin sentirlo, tuve la sensación de que el explorador me empujaba por detrás. Parecía urgirme a seguir adelante. Tomé el túnel inmediatamente a mi derecha. Tan pronto como estuve en él, comprendí que estaba flotando. Era yo una masa de energía igual al explorador.

La voz del emisario sonó una vez más en mis oídos. —Sí, eres una masa de energía —dijo, reafirmando lo que yo ya sabía. Pero aun así, su redundancia me causó alivio—. Y estás flotando adentro de un ser inorgánico —prosiguió—. Esta es la forma en que el explorador quiere que te muevas en este mundo. Cuando te tocó, te cambió para siempre. Ahora, prácticamente eres uno de nosotros. Si te quieres quedar aquí, simplemente tienes que manifestar tu intento en voz alta.

El emisario dejó de hablar, y pude ver nuevamente el túnel. Pero cuando volvió a dirigirme la palabra, algo se había ajustado; podía escuchar la voz del emisario sin perder de vista a ese mundo.

—Los brujos antiguos aprendieron todo lo que sabían acerca del ensueño, quedándose aquí con nosotros —dijo.

Estaba a punto de preguntarle si habían aprendido todo lo que sabían simplemente viviendo en esos túneles, pero el emisario me contestó antes de que se lo preguntara.

—Sí, aprendieron todo simplemente viviendo dentro de los seres inorgánicos —dijo—. Lo único que los brujos antiguos tuvieron que hacer para vivir adentro de ellos, fue decirlo; de la misma manera que lo único que tuviste que hacer tú para llegar aquí, fue expresar tu intento en voz alta, de una manera fuerte y clara.

El explorador me señaló que continuara moviéndome. Por un momento dudé qué hacer; el explorador hizo algo similar a darme un empellón de tal magnitud que volé a una velocidad inverosímil por innumerables túneles sin chocar contra nada y cambiando direcciones sin saber cómo. Finalmente me detuve, porque el explorador se detuvo. Nos quedamos flotando por unos instantes, y luego caímos en un túnel vertical. No sentí el drástico cambio de dirección. De acuerdo con mi percepción, continuaba moviéndome en forma paralela al suelo.

Cambiamos de direcciones verticales arriba y abajo varias veces, y en todos esos cambios experimenté la misma percepción. Estaba a punto de formular un pensamiento al respecto, cuando escuché la voz del emisario.

—Creo que te sentirías mejor si gatearas en lugar de volar —dijo—. También te puedes mover como una araña o una mosca, para arriba, o para abajo, o volteado de cabeza.

Me calmé instantáneamente. Era como si hubiera estado hueco, y de repente tuviera ahora un peso que podía mantenerme fijo en el piso. No sentía las paredes de los túneles, pero el emisario tenía razón en cuanto a que me sentiría mejor moviéndome contra las paredes como si estuviera gateando.

—En este mundo la gravedad no te inmoviliza —dijo. De lo cual por supuesto ya me había dado cuenta. —Tampoco tienes que respirar —la voz continuó—. Y únicamente para tu conveniencia, puedes retener la vista y ver cómo ves en tu mundo. —El emisario parecía indeciso, decidiendo si añadir algo más o no. Tosió de la misma forma que un hombre lo hace cuando se aclara la garganta, y dijo: —La vista nunca se menoscaba en este mundo, por lo tanto, un ensoñador habla siempre de sus ensueños en términos de lo que ve.

El explorador me dio la señal de entrar a un túnel a mi derecha. Era más oscuro que los otros. De una manera absurda, me pareció acogedor, amigable, y hasta conocido. Se me ocurrió que yo era como ese túnel, o que ese túnel era como yo.

—Ustedes dos ya se conocieron antes —dijo la voz del emisario.

—¿Cómo dijiste? —pregunté. Entendí lo que me había dicho, pero no podía comprender lo que quería decir con eso.

—Ustedes dos forcejearon una vez, y por esa razón, ahora llevan consigo la energía del uno y del otro.

Se me ocurrió que la voz del emisario estaba llena de malicia o hasta de sarcasmo.

—No, no es sarcasmo —me aseguró el emisario—. Me da gusto que tengas familiares aquí entre nosotros.

—¿Qué quieres decir con familiares? —pregunté.

—Cuando se comparte energía, se crea un parentesco —contestó—. La energía es como la sangre.

No fui capaz de decir nada más. Sentí de un modo muy vago lejanas punzadas de terror.

—El miedo es algo que no existe en este mundo — dijo el emisario. Y esa fue su única aseveración no cierta.

Mi ensueño terminó ahí. La impresionante intensidad y claridad de mi ensueño, y la continuidad de las aseveraciones del emisario me impresionaron de tal manera, que estaba más que ansioso por contárselo a don Juan. Me sentí terriblemente perturbado y sorprendido cuando don Juan no quiso escuchar mi relato. No dijo nada, pero tuve la clara impresión de que creía que todo había sido el resultado de mis exageraciones.

—¿Por qué se comporta usted así conmigo? —le recriminé—. ¿Está usted molesto conmigo?

—No. No estoy molesto contigo de ninguna manera —dijo—. El problema es que no puedo hablar de esta parte de tu ensueño. Estás completamente solo en este asunto. Te he dicho que los seres inorgánicos son reales. Ahora te estás dando cuenta de lo reales que son. Pero lo que hagas con tus descubrimientos es asunto tuyo, únicamente tuyo. Algún día te darás cuenta de la razón por la cual tienes que estar solo.

—¿Pero no hay nada que usted me pueda decir acerca de ese ensueño? —insistí.

—Lo que te puedo decir es que no fue solamente un ensueño. Fue un viaje a lo desconocido. Un viaje necesario y extremadamente personal.

Inmediatamente cambió de tema, y empezó a hablar sobre otros aspectos de sus enseñanzas. Pero a partir de ese día, a pesar de mi miedo y la falta de consejos, me convertí en un viajero diario a ese mundo esponjoso. Comprobé que cuanto más intensa era mi capacidad de observar los detalles de mis ensueños, más fácil era aislar a los exploradores. Si admitía que los exploradores eran una energía foránea, se mantenían dentro de mi campo de percepción por un rato. Si los tomaba como objetos casi conocidos, se quedaban por un rato aún más largo, cambiando de forma erráticamente. Pero si los seguía, expresando en voz alta mi intento de ir con ellos, los exploradores transportaban mi atención de ensueño a un mundo más allá de lo que puedo normalmente imaginar.

Don Juan me había dicho que los seres inorgánicos están siempre dispuestos a enseñar. Pero no me había dicho que lo que están dispuestos a enseñar es a ensoñar. Me aseguró que el emisario de ensueño, siendo una voz, es un perfecto puente entre ese mundo y el nuestro. Lo que descubrí fue que la voz del emisario no era solamente la voz de un maestro sino la voz del más sutil de los vendedores. Repetía una y otra vez, en la ocasión y el momento precisos, las ventajas que su mundo ofrecía. Sin embargo, también me enseñó cosas de incalculable valor sobre diferentes aspectos del ensueño.

—Para que el ensueño sea perfecto, lo primero es parar el diálogo interno —me dijo en una ocasión—. A fin de pararlo, pon entre tus dedos dos cristales de cuarzo que midan entre seis y nueve centímetros de largo, o un par de piedras de río pulidas, del largo y del ancho de tus dedos. Dobla un poco tus dedos, y presiona los cristales o piedras con ellos.

El emisario añadió que pedazos de metal pulido siempre y cuando fueran de la misma medida que los dedos, eran igualmente efectivos. El procedimiento consistía en presionar dos o hasta tres objetos delgados entre los dedos de cada mano, creando de esta manera una presión casi dolorosa en las manos. Una presión que tenía la extraña propiedad de parar el diálogo interno. El emisario expresó su preferencia por los cristales de cuarzo; dijo que daban los mejores resultados, aunque con práctica cualquier cosa era adecuada.

—Quedarse dormido en un momento de silencio total garantiza una perfecta entrada al ensueño —dijo la voz del emisario—, y también garantiza el incremento de la atención de ensueño.

—Los ensoñadores deberían usar un anillo de oro —me dijo el emisario en otra ocasión—, y es preferible que les quede un poco apretado.

Su explicación fue que un anillo sirve a los ensoñadores como puente para emerger del ensueño y regresar al mundo cotidiano, o para sumergirse, desde nuestra conciencia cotidiana, en el reino de los seres inorgánicos.

—¿Cómo funciona ese puente? —pregunté. No había comprendido lo que esto implicaba.

—El contacto de los dedos con el anillo tiende el puente —dijo el emisario—. Si un ensoñador ensueña con un anillo puesto, ese anillo atrae la energía de mi mundo, y la guarda; y cuando es necesario, el anillo libera esa energía en los dedos del ensoñador, y eso lo transporta de regreso a este mundo.

"La presión que ese anillo ejerce alrededor del dedo sirve igualmente para asegurar que el ensoñador regrese a su mundo, al crear en su dedo una sensación familiar y constante.

Durante otra sesión de ensueño, el emisario dijo que nuestra piel es el órgano perfecto para transformar ondas energéticas de la forma del mundo cotidiano a la forma del mundo de los seres inorgánicos, o viceversa. Recomendó mantener la piel fresca y libre de aceites o pigmentos. También recomendó que los ensoñadores usaran un cinturón apretado, o una cinta en la frente, o un collar, para así crear un punto de presión, el cual sirve como un centro de intercambio energético en la piel. Explicó que la piel automáticamente filtra energía, y lo que se necesita para que la piel no sólo la filtre sino también la intercambie de una forma a la otra es expresar nuestro intento en voz alta durante el ensueño.

La voz del emisario me hizo un día un maravilloso obsequio. Dijo que para poder asegurar la agudeza y precisión de nuestra atención de ensueño debemos substraerla de atrás de nuestro paladar, donde se localiza un enorme depósito de atención en todos los seres humanos. Las direcciones específicas del emisario fueron emplear disciplina y control para presionar la punta de la lengua contra el paladar, mientras se ensueña. La caracterizó como una tarea tan difícil y desgastante como encontrarse las manos en un sueño, pero que una vez perfeccionada da asombrosos resultados en el control de la atención de ensueño.

Recibí del emisario instrucciones en todos los temas concebibles, instrucciones que rápidamente olvidaba si no me eran repetidas infinidad de veces. Le pedí consejo a don Juan acerca de este problema de no poder retener las informaciones que me daba el emisario.

Su comentario fue tan breve como me lo esperaba.
—Enfócate solamente en lo que el emisario dice acerca del ensueño —dijo.

Fiel a esa recomendación, únicamente seguí sus instrucciones cuando trataban sobre el ensueño, y corroboré personalmente su valor. Lo más vital para mí fue que la atención de ensueño está localizada atrás del paladar. Tuve que llevar a cabo un tremendo esfuerzo para sentir que estaba presionando el paladar con la punta de mi lengua mientras ensoñaba. Una vez que lo logré, mi atención de ensueño tomó su propio curso, y se volvió quizá más aguda que mi percepción normal del mundo cotidiano.

No me costó trabajo deducir cuán profundo debe de haber sido el trato y compromiso de los brujos antiguos con los seres inorgánicos. Los comentarios y advertencias de don Juan, sobre los peligros de tal relación, se volvieron para mí más apremiantes que nunca. Hice lo mejor que pude para vivir de acuerdo con su criterio de una autoexaminación sin misericordia. Solamente así el emisario se pudo convertir en un reto para mí: el reto de no sucumbir a la tentación de sus promesas de conocimiento y poder ilimitados, logrados con sólo expresar el deseo de vivir en ese mundo.

—Me debería usted dar por lo menos una idea sobre lo que debo hacer —insistí en una ocasión en la que hablamos del ensueño.

—No puedo —dijo de modo concluyente—. Y no me lo pidas otra vez. Te dije que en esta situación los ensoñadores tienen que estar solos.

—Pero ni siquiera sabe usted lo que quiero preguntarle.

—Por supuesto que lo sé. Quieres que te diga que está bien que vivas en uno de esos túneles; aunque tu única razón para vivir allí sea la de averiguar de qué te está hablando la voz del emisario.

Tuve que admitir que ese era exactamente mi dilema. Quería por lo menos saber qué implicaba la aseveración del emisario de que uno puede vivir dentro de esos túneles.

—Yo tuve que pasar por el mismo tormento —prosiguió don Juan—, y nadie me pudo ayudar. La decisión de vivir en ese mundo es algo extremadamente personal y final; una decisión que se finaliza en el instante mismo en que se expresa en voz alta el deseo de vivir allí. Los seres inorgánicos satisfacen los más íntimos caprichos de los ensoñadores, con tal de que expresen tal deseo.

—Esto es realmente diabólico, don Juan.

—¡Y cómo! Pero no solamente por lo que estás pensando. Para ti, la parte diabólica es la tentación de ceder, especialmente cuando las recompensas son tan grandiosas. Para mí, la naturaleza diabólica del reino de los seres inorgánicos es que puede que sea el único refugio que los ensoñadores tienen en un universo hostil.

—¿Es realmente un refugio para los ensoñadores, don Juan?

—Ciertamente es un refugio para algunos ensoñadores. No para mí. Yo no necesito ni soportes ni apoyo. Sé lo que soy. Estoy solo en un universo hostil y he aprendido a decir: ¡pues que así sea!

Ese fue el final de nuestra conversación. No dijo lo

que yo quería oír, sin embargo, entendí perfectamente bien que el solo deseo de saber cómo sería vivir en uno de esos túneles significaría escoger ese modo de vida. Yo no estaba interesado en tal cosa. En esos momentos, tomé la decisión de continuar con mis prácticas de ensueño, sin ninguna otra implicación. Se lo dije a don Juan rápidamente.

—No digas nada —me aconsejó—, pero sí entiende que si escoges permanecer en ese mundo, tu decisión será final. Te quedarás allí para siempre.

Me es imposible juzgar objetivamente qué fue lo que sucedió durante las innumerables veces que ensoñé ese mundo. Puedo decir que parecía ser un mundo tan real como cualquier sueño puede ser real. O también puedo decir que parecía ser tan real como nuestro mundo cotidiano lo es. Ensoñando ese mundo me di cuenta de lo que tantas veces don Juan me había dicho: que bajo la influencia del ensueño, la realidad sufre una metamorfosis. Me encontré frente a las dos opciones que enfrentan todos los ensoñadores. Don Juan dijo que o ajustamos nuestro sistema de interpretación sensorial, o hacemos caso omiso de él.

Para don Juan, el ajustar nuestro sistema de interpretación significaba renovarlo. Dijo que al vivir de acuerdo con las premisas del camino del guerrero, los ensoñadores ahorran y almacenan la energía necesaria para suspender todo juicio, y facilitar de esta forma, la renovación del sistema de interpretación. Explicó que si les da por renovarlo, la realidad se vuelve fluida, y la esfera de lo que puede ser real aumenta sin poner en peligro la integridad de la realidad. Ensoñar abre la puerta a otros aspectos de lo que es real.

Si a los ensoñadores les da por hacer caso omiso del sistema de interpretación, el campo de lo que puede ser percibido sin interpretación aumenta sin medida. La expansión de la percepción es tan gigantesca, que se quedan con muy pocos medios de interpretación sensorial, y por lo tanto se quedan con el sentido de una infinita realidad que es irreal, o una irrealidad infinita que podría muy bien ser real, pero que no lo es.

La única opción aceptable para mí fue la de reconstruir y expandir mi sistema de interpretación. Al ensoñar el reino de los seres inorgánicos tuve que enfrentar, de ensueño en ensueño, la consistencia de ese mundo, empezando por encontrar a los exploradores, expresar mi intento de seguirlos, escuchar la voz del emisario, y entrar en los túneles. Los atravesé una y otra vez sin sentir nada, pero estando consciente de que el tiempo y el espacio eran constantes, aunque no en términos discernibles para la razón bajo circunstancias normales. Sin embargo, al notar la diferencia, ausencia, o profusión de detalle en cada túnel; o al notar el sentido de distancia entre los túneles; o al notar el largo o ancho aparente de cada túnel por el cual viajé, llegué a tener un mínimo sentido de observación objetiva.

El ajuste más dramático de mi sistema de interpretación fue en la idea del yo en el mundo de los seres inorgánicos. En ese mundo, yo era una masa de energía que podía deslizarse por los túneles, como una veloz luz, o podía gatear en sus paredes, como un insecto. Si volaba, una voz me daba consistente información sobre los detalles de las paredes en las cuales había enfocado mi atención. Esos detalles eran intrincadas protuberancias, como el sistema Braille. Cuando gateaba en las paredes, podía ver los mismos detalles con mayor precisión, y escuchar la voz dándome descripciones más complejas.

Una consecuencia inevitable fue el desarrollo de dos tipos simultáneos de enfoque. Por un lado, sabía que aquello era un ensueño, y por otro, sabía que aquello era un viaje pragmático, inimaginable, pero tan real como cualquier viaje en el mundo. De ese modo corroboré la aseveración de don Juan de que la existencia de los seres inorgánicos es el más temible asaltante de nuestra razón.

En un momento dado, cuando la tensión de mi insostenible posición —creer seriamente en la existencia de los seres inorgánicos, y al mismo tiempo, creer seriamente que todo era sólo un ensueño— estaba a punto de destruirme, algo cambió drásticamente en mi actitud, aunque sin habérmelo propuesto.

Don Juan explicó mi cambio en términos de energía; dijo que mi energía, la cual había estado aumentando continuamente, un día alcanzó un nivel que me permitió ignorar las conjeturas y los prejuicios sobre la naturaleza del hombre, la realidad y la percepción. Ese día me enamoré del conocimiento, sin considerar su lógica o su valor funcional y, sobre todo, sin considerar mi conveniencia personal.

Cuando mi investigación sobre la existencia de los seres inorgánicos me dejó de importar, don Juan, por su propia cuenta, me habló de mis prácticas de ensueño. —Creo que no estás consciente de la regularidad de tus encuentros con los seres inorgánicos —dijo.

Tenía razón. Nunca me había tomado la molestia de pensar en mis viajes de ensueño. Los hacía sin más ni más. Le comenté sobre lo raro de mi descuido.

—No es un descuido —dijo—. El carácter de ese reino es fomentar los secretos, el sigilo. Los seres inorgánicos se encubren en el misterio y la oscuridad. Piensa en esa masa porosa que es su mundo: estacionario; fijo para atraernos como polillas a la luz o al fuego.

"Hay algo que el emisario no se atrevió a decirte; que los seres inorgánicos buscan nuestra conciencia, o la conciencia de cualquier ser que caiga en sus redes. Nos dan conocimiento, pero cobran su precio: todo nuestro ser.

—¿Quiere usted decir, don Juan, que los seres inorgánicos son como pescadores?

—Exactamente. En un momento dado, el emisario te va a mostrar hombres que han sido atrapados ahí por ellos, o a lo mejor te mostrará otros seres que no son humanos, los cuales también fueron ahí atrapados.

Mi reacción debería haber sido miedo y repugnancia. Las revelaciones de don Juan me afectaron profundamente, pero en el sentido de que me despertaron una incontenible curiosidad que me hacía casi jadear.

—Los seres inorgánicos no pueden forzar a nadie a que se quede con ellos —prosiguió don Juan—. Vivir en su mundo es un asunto voluntario. Sin embargo, son capaces de aprisionarnos, concediéndonos todos nuestros deseos, consintiéndonos y llenándonos de mimos. Ten cuidado con la conciencia inmóvil. La conciencia de ese tipo tiene que buscar movimiento, y como te dije, lo hace creando proyecciones; proyecciones fantasmagóricas en algunas ocasiones.

Le pedí a don Juan que me explicara eso de las proyecciones fantasmagóricas. Dijo que los seres inorgánicos se agarraban de los sentimientos más íntimos de los ensoñadores, y jugaban con ellos sin misericordia, creando fantasmas ya sea para agradar o para atemorizar a los ensoñadores. Me recordó que yo había forcejeado con uno de esos fantasmas. Explicó que los seres inorgánicos son estupendos manipuladores que se deleitan proyectándose a sí mismos, como películas.

—Los brujos antiguos se vinieron al suelo por su estúpida fe en esas proyecciones —continuó—. Los brujos antiguos creían que sus aliados tenían poder. Ignoraron el hecho de que sus aliados eran una tenue energía proyectada a través de dos mundos, como una película cósmica.

—Se está usted contradiciendo, don Juan. Usted mismo dijo que los seres inorgánicos son reales. Y ahora me dice que son meramente proyecciones.

—No dije que los seres inorgánicos son meramente proyecciones. Dije que se proyectan en nuestro mundo como películas; y me permití añadir que eran como películas de tenue energía proyectada a través de las líneas fronterizas de dos mundos. No hay contradicción en lo que dije.

—¿Pero qué me dice acerca de los seres inorgánicos en su propio mundo? ¿Son también meras proyecciones?

—De ninguna manera. Ese mundo es tan real como

el nuestro. Los brujos antiguos describieron el reino de los seres inorgánicos como una masa de cavernas porosas flotando en un espacio oscuro. Y describieron a los seres inorgánicos como cañas huecas atadas en manojos inconcebibles, como las células del cuerpo. Los brujos antiguos llamaban a esos inconcebibles manojos, el laberinto de la penumbra.

—Entonces todos los ensoñadores ven a ese mundo de la misma forma, ¿no?

—Por supuesto que sí. Todos los ensoñadores lo ven tal cual es. ¿Qué? ¿Crees que eres único?

Confesé que algo en ese mundo me había hecho sentir que yo era único. Lo que creaba esta clara y placentera sensación de ser exclusivo no era la voz del emisario de ensueño, ni nada que yo pudiera conscientemente imaginar.

—Eso es exactamente lo que derribó a los brujos antiguos —dijo don Juan—. Los seres inorgánicos les hicieron lo mismo que te están haciendo a ti; les hicieron sentir que eran únicos, exclusivos; y algo aún más pernicioso: les hicieron sentir que tenían poder. La sensación de tener poder y ser único es invencible como fuerza de corrupción. ¡Ten cuidado!

—¿Cómo evitó usted ese peligro?

—Fui unas cuantas veces a ese mundo, y luego no volví más.

Don Juan explicó que, en la opinión de los brujos, el universo es predatorio, y que los brujos tomaban esto en cuenta al llevar a cabo sus actividades diarias de brujería. Su idea era que la conciencia está esencialmente obligada a expandirse, y la manera en que se puede expandir es por medio de luchas, por medio de confrontaciones de vida o muerte.

—La conciencia de los brujos se expande cuando ensueñan —prosiguió—. Y en el momento en que se expande, algo allá afuera reconoce su expansión, y se propone conseguirla. Los seres inorgánicos son los postores para esa nueva y expandida conciencia. Los ensoñadores deben estar siempre alertas. En el momento en que se aventuran en ese universo predatorio, se convierten en presas.

—¿Qué es lo que me sugiere que haga para estar a salvo, don Juan?

—¡No te descuides ni por un segundo! No dejes que nada ni nadie decida por ti. Ve al mundo de los seres inorgánicos, únicamente cuando tú quieras ir.

—Honestamente, don Juan, yo no sabría cómo hacer eso. Una vez que aíslo a un explorador, una tremenda presión se ejerce sobre mí para que vaya. No tengo ni la menor idea de cómo cambiar de parecer.

—Déjate de idioteces. Tú puedes parar cuando se te dé la gana. No lo has intentado, eso es todo.

Insistí con vehemencia que me era imposible parar. Él no prosiguió con el tema, y me sentí agradecido por ello. Un perturbador sentimiento de culpa había empezado a corroerme. Por una razón desconocida, jamás se me había ocurrido ni siquiera la idea de parar conscientemente la atracción de los exploradores.

Como de costumbre, don Juan tenía razón. Descubrí que realmente podía cambiar el curso de mi ensueño, intentando ese curso. Después de todo, había intentado que los exploradores me transportaran a su mundo. Era factible que si intentaba deliberadamente lo opuesto, mi ensueño seguiría un curso opuesto.

Por medio de la práctica, mi capacidad de parar o de intentar mis viajes al reino de los seres inorgánicos se volvió extraordinariamente aguda, y esto trajo consigo un control más profundo de mi atención de ensueño. Poder parar o intentar mis viajes cuando se me antojara me volvió más osado.

—Tu confianza es aterradora —fue el comentario que hizo don Juan, cuando le conté acerca de los nuevos aspectos de mi control sobre la atención de ensueño.

—¿Por qué aterradora? —pregunté—. Yo estaba verdaderamente convencido del valor práctico de lo que había descubierto.

—Porque tu confianza es la confianza de un tonto —dijo—. Te voy a contar una historia de brujos, a propósito de esto. Yo no fui testigo de ella, pero el maestro de mi maestro, el nagual Elías, sí.

Don Juan dijo que el nagual Elías y el amor de su vida, una bruja llamada Amalia, se perdieron en su juventud, en el reino de los seres inorgánicos.

Nunca había oído a don Juan hablar acerca de brujos que fueran el amor de la vida de nadie. Me sorprendió tanto que inmediatamente le eché en cara su inconsistencia.

—No es inconsistencia. Es que siempre he rehusado contarte historias del afecto de brujos —dijo—. Has estado tan sobresaturado de amor toda tu vida que quería darte un respiro.

"Bueno, el nagual Elías y el amor de su vida, la bruja Amalia, se perdieron en el reino de los seres inorgánicos —prosiguió don Juan—. Ellos no se fueron allí en ensueño, sino en su conciencia diaria y con sus cuerpos.

—¿Cómo sucedió eso, don Juan?

—Su maestro, el nagual Rosendo, en práctica y temperamento, era como tú, muy parecido a los brujos antiguos. Su intención era ayudar a Elías y a Amalia, pero en vez de eso, los empujó a cruzar unos límites funestos. Lo que quería hacer era aplicar las técnicas de los brujos antiguos, y conducir a sus dos discípulos a la segunda atención, pero lo que logró fue la desaparición de los dos jóvenes.

Don Juan dijo que era una historia muy larga y complicada, y que no cabía entrar en detalles, solamente me iba a contar cómo se perdieron en ese mundo. Dijo que el error en el cálculo del nagual Rosendo fue asumir que los seres inorgánicos no estaban en lo absoluto interesados en las mujeres. Su razonamiento se basaba en la certeza que tienen los brujos de que el universo, en su totalidad, es marcadamente femenino, y que lo masculino, al ser una ramificación de lo femenino, es escaso; por lo tanto, codiciado.

Don Juan comentó que quizá la escasez de lo masculino es la razón del injustificado dominio de los hombres en nuestro planeta. Yo quería seguir con ese tema, pero él continuó con su historia; dijo que el plan del nagual Rosendo era instruir a Elías y a Amalia exclusivamente en la segunda atención. Y para efectuar su plan, usó la técnica prescrita por los brujos antiguos. Durante el ensueño, aisló a un explorador, y manifestó en voz alta su intento de que el explorador transportara a sus discípulos a la segunda atención. Expresar en voz alta un intento de tal naturaleza, es un mandato que un explorador no puede desoír. Teóricamente para una energía tan poderosa como un explorador, desplazar los puntos de encaje de Elías y Amalia a la posición apropiada, no requería mucho esfuerzo. Lo que no consideró el nagual Rosendo fue la malicia de los seres inorgánicos. El explorador desplazó el punto de encaje de sus discípulos, pero los desplazó a una posición desde la cual era muy fácil transportarlos corporalmente a su reino.

—¿Es esto posible, don Juan? ¿Ser transportado corporalmente?

—Sí, es enteramente posible. Somos energía, y esa energía se mantiene en una forma y posición específicas debido a la fijación del punto de encaje en su sitio habitual. Si esa ubicación cambia, la forma y la posición de nuestra energía cambia de acuerdo con ese cambio de ubicación. Todo lo que los seres inorgánicos tienen que hacer es desplazar el punto de encaje a la posición correcta, y salimos disparados como una bala, con sombrero, zapatos, y todo lo demás.

—¿Puede esto ocurrirle a cualquiera de nosotros?

—Exactamente. Especialmente si nuestra suma energética es considerable. Obviamente, la suma de la energía de Elías y Amalia juntos era algo que los seres inorgánicos no podían desechar. Confiar en los seres inorgánicos es absurdo. Ellos tienen su propio ritmo, y ese ritmo no es humano.

Le pregunté a don Juan qué fue exactamente lo que

el nagual Rosendo hizo para mandar a sus discípulos a ese mundo. Sabía que hacer esta pregunta era una estupidez de mi parte. Me sorprendí cuando respondió.

—Los pasos son la simpleza misma —dijo—. Puso a sus discípulos dentro de un espacio muy reducido; algo así como un armario. Luego se puso a ensoñar, y mandó venir a un explorador del reino de los seres inorgánicos manifestando en voz alta su intento de llamarlo. Después expresó en voz alta su intento de ofrecerle a sus discípulos.

"Naturalmente, el explorador los aceptó como un regalo y se los llevó consigo en un momento de descuido, cuando ellos estaban haciendo el amor, dentro del armario. Cuando el nagual fue a buscarlos, se habían esfumado.

Don Juan explicó que hacer regalos de gente a los seres inorgánicos era precisamente lo que los brujos antiguos solían hacer con sus discípulos. El nagual Rosendo no quería de ninguna manera hacer eso; lo ofuscó la absurda creencia de que los seres inorgánicos estaban bajo su control.

—Las maniobras de los brujos son mortales —continuó—. Te suplico que seas de lo más cauteloso. No dejes que te enceguezca la estúpida sensación de confianza en ti mismo.

—¿Qué fue lo que les pasó finalmente al nagual Elías y a Amalia? —pregunté.

—El nagual Rosendo tuvo que ir corporalmente a buscarlos a ese mundo —contestó.

—¿Los encontró?

—Sí, después de luchas indescriptibles. Pero, no pudo sacarlos del todo. Así que fueron siempre semiprisioneros de ese reino.

—¿Los conoció usted, don Juan?

—Por supuesto que los conocí, y te puedo asegurar que eran sobremanera extraños.

6

EL MUNDO DE LAS SOMBRAS

—Tienes que ser muy, pero muy cuidadoso, porque estás a punto de caer en manos de los seres inorgánicos —me dijo don Juan inesperadamente; estábamos hablando de algo que no tenía relación con el ensueño.

Su aseveración me tomó por sorpresa. Como siempre, traté de defenderme.

—No tiene usted que prevenirme, soy bastante cuidadoso —le aseguré.

—Los seres inorgánicos están tramando algo —dijo—. Lo siento en los huesos, y no me puedo consolar diciendo que tienden trampas al principio, y que de esta manera, los ensoñadores que no valen la pena son efectiva y permanentemente descartados.

El tono de su voz era tan urgente que me sentí obligado a asegurarle inmediatamente que no iba a caer en ninguna trampa.

—Debes considerar muy seriamente que los seres inorgánicos tienen extraordinarios medios a su disposición —prosiguió—. Su conciencia de ser es espléndida. En comparación, nosotros somos unos niños; niños con muchísima energía, la cual, por cierto, los seres inorgánicos codician sin medida.

Le quería decir, pero no lo hice, que en un nivel abstracto, había comprendido lo que me decía, y su preocupación al respecto, pero que en un plano concreto, no podía ver la razón de su advertencia, ya que yo tenía control de mis prácticas de ensueño.

Pasaron varios minutos de incómodo silencio, antes de que don Juan volviera a hablar. Cambió de tema y dijo que me debía hacer notar un aspecto muy importante de su instrucción sobre el ensueño; un aspecto que hasta ahora yo había ignorado.

—Ya has entendido que las compuertas del ensueño son obstáculos específicos —dijo—, pero lo que no has comprendido todavía es que el ejercicio para alcanzar y cruzar una compuerta no es realmente lo que permite alcanzar y cruzar dicha compuerta.

—Esto no me es claro en absoluto, don Juan.

—Lo que quiero decir es que no es verdad afirmar, por ejemplo, que la segunda compuerta se alcanza y se cruza cuando el ensoñador aprende a despertarse en otro sueño, o cuando el ensoñador aprende a cambiar de sueños sin despertarse en el mundo de la vida diaria.

—A ver, ¿cómo es esto, don Juan?

—La segunda compuerta del ensueño no se alcanza ni se cruza, hasta que el ensoñador aprende a aislar y a seguir a los exploradores.

—¿Por qué entonces la tarea de cambiar de sueños?

—Despertarse en otro sueño, o cambiar de sueños, es el procedimiento que los brujos antiguos idearon, para ejercitar la capacidad del ensoñador de aislar y seguir a un explorador.

Don Juan me aseguró que la habilidad de seguir a un explorador era un gran logro, y que cuando los ensoñadores eran capaces de llevarlo a cabo, la segunda compuerta se abría de golpe, y el universo que existe detrás de ella, se tornaba accesible para ellos. Dijo que ese universo está ahí todo el tiempo, pero que no podemos entrar en él, por falta de destreza energética; que la segunda compuerta del ensueño es la entrada al mundo de los seres inorgánicos; y que el ensueño es la llave que abre esa compuerta.

—¿Puede un ensoñador aislar a un explorador directamente, sin tener que pasar por el procedimiento de cambiar sueños? —pregunté.

—No, no hay cómo —dijo—. El procedimiento es esencial. Lo correcto sería preguntar si ese procedimiento es el único que existe. O ¿puede un ensoñador seguir otro?

Don Juan me miró inquisitivamente. Parecía como si realmente esperara que yo contestara la pregunta.

—Es demasiado difícil idear un procedimiento tan complejo como el que los brujos antiguos diseñaron —dije sin saber por qué, pero con una autoridad irrefutable.

Don Juan admitió que yo estaba en lo cierto, y dijo que los brujos antiguos diseñaron una serie de procedimientos perfectos para alcanzar y atravesar las compuertas del ensueño y entrar a mundos específicos que existen detrás de cada compuerta. Reiteró que al ser el ensueño una invención de los brujos antiguos tiene que realizarse bajo sus reglas. Describió la regla de la segunda compuerta como una cadena de tres eslabones: uno, por medio de la práctica de cambiar sueños, los ensoñadores descubren a los exploradores; dos, al seguir a los exploradores entran en otro mundo real; y tres, a través de sus acciones en ese universo, los ensoñadores descubren por sí mismos las leyes y regulaciones naturales que rigen y afectan a ese mundo.

Don Juan dijo que en mis tratos con los seres inorgánicos había yo seguido la regla tan al pie de la letra, que temía devastadoras consecuencias, como la inevitable reacción de los seres inorgánicos de intentar mantenerme en su mundo.

—¿No cree que exagera, don Juan? —pregunté.

No podía creer que la perspectiva fuera tan sombría como la pintaba.

—No exagero en lo más mínimo —dijo en un tono seco y serio—. Ya verás. Los seres inorgánicos no dejan ir a nadie; no sin una verdadera contienda.

—¿Pero qué le hace pensar que ellos desean retenerme?

—Te han enseñado ya demasiadas cosas. ¿De verdad crees que se están tomando todas estas molestias simplemente para entretenerse?

Don Juan se rió de su propia observación. No me pareció graciosa. Un miedo extraño me hizo preguntarle si creía que debería interrumpir o hasta discontinuar mis prácticas de ensueño.

—Tienes que continuar ensoñando hasta que hayas atravesado el universo que está detrás de la segunda compuerta —dijo—. Quiero decir que tienes que aceptar o rechazar la atracción de los seres inorgánicos, por tu cuenta, sin ayuda de nadie. Es por eso que me mantengo apartado y casi nunca hago comentarios sobre tus prácticas de ensueño.

"Me vi obligado a enseñarte a ensoñar —continuó—, únicamente porque ese es el patrón establecido por los brujos antiguos. El camino del ensueño está repleto de trampas, y el evitar esas trampas o el caer en ellas es un asunto individual y personal de cada ensoñador, que no se puede discutir, porque es un asunto final.

—¿Son esas trampas el sucumbir a la adulación o a las promesas de poder? —pregunté.

—No solamente sucumbir a eso, sino sucumbir a cualquier cosa que los seres inorgánicos ofrezcan. Lo ideal sería que los brujos no acepten nada de lo que ellos ofrecen, más allá de cierto punto.

—¿Y cuál es ese punto, don Juan?

—Ese punto depende de nosotros como individuos. El reto para cada uno de nosotros es tomar de ese mundo únicamente lo que es necesario y nada más. El saber qué es lo necesario es la virtud de los brujos; pero tomar únicamente lo que es necesario es su mayor triunfo. No lograr entender esta simple regla es la manera más segura de caerse de cabeza en una trampa.

—¿Qué pasa si uno se cae, don Juan?

—Si te caes, pagas el precio, y el precio depende de las circunstancias y de la profundidad de la caída. Pero realmente no hay forma de hablar sobre una eventualidad de ese tipo, ya que no estamos encarando un problema de castigo. Lo que está en juego aquí son corrientes energéticas que crean circunstancias más terribles que la muerte. En el camino de los brujos todo es cuestión de vida o muerte, pero en el camino del ensueño esto se incrementa cien veces.

Le aseguré otra vez a don Juan que siempre tenía mucho cuidado en mis prácticas de ensueño, y que era extremadamente disciplinado y escrupuloso.

—Sé que lo eres —dijo—. Pero quiero que seas aún más disciplinado y que trates con cautela todo lo relacionado al ensueño. Ante todo, estáte atento. No puedo predecir por dónde va a venir el ataque.

—¿Está usted *viendo* como vidente peligro inminente para mí, don Juan?

—He *visto* peligro inminente para ti desde el día en que caminaste en esa ciudad misteriosa, la primera vez que te ayudé a alcanzar tu cuerpo energético.

—¿Pero sabe usted específicamente qué es lo que debo hacer y qué es lo que debo evitar?

—No, no lo sé. Solamente sé que el universo que está detrás de la segunda compuerta es el más cercano al nuestro; y el nuestro es bastante artificioso y despiadado. Los dos no pueden ser tan diferentes.

"El universo de los seres inorgánicos está siempre listo a atacar —prosiguió—. Pero también lo está nuestro propio universo. Por ello es que tienes que ir a ese reino exactamente como si te aventuraras en una zona de guerra.

—¿Quiere usted decir, don Juan, que los ensoñadores siempre deben tener miedo de ese mundo?

—No, no quiero decir eso. Una vez que el ensoñador atraviesa el mundo que está detrás de la segunda compuerta, o una vez que el ensoñador se rehúsa a considerarlo como una opción viable, se acaban los dolores de cabeza.

Don Juan afirmó que sólo entonces los ensoñadores pueden continuar. Yo no estaba seguro de lo que esto significaba; me explicó que el mundo detrás de la segunda compuerta es tan poderoso y agresivo, que sirve como una barrera natural o un campo de prueba, donde se vuelven obvias las debilidades de·los ensoñadores. Si las vencen pueden proseguir a la siguiente compuerta; si no, se quedan prisioneros para siempre en ese universo.

Mi ansiedad me sofocaba, pero por más que traté de persuadirlo, eso fue todo lo que dijo al respecto. Cuando me fui a casa, continué con sumo cuidado mis viajes al reino de los seres inorgánicos. Mi cuidado únicamente incrementó el gozo que sentía en esos viajes. Llegué hasta el punto de que sólo el hecho de contemplar el reino de los seres inorgánicos era suficiente para producirme un júbilo imposible de describir. Temía que mi deleite se acabara tarde o temprano, pero algo inesperado lo hizo aún más intenso.

En una ocasión, un explorador me guió rudamente por innumerables túneles, como si estuviera buscando algo, o tratando de extraer mi energía hasta dejarme exhausto. Cuando finalmente se detuvo, parecía que estábamos en las afueras de ese mundo, y yo me sentía como si hubiera corrido un maratón. No había más túneles, solamente oscuridad. De pronto algo iluminó el área frente a mí; la luz provenía de una fuente indirecta; una luz mortecina que tornaba todo gris o pardusco. Cuando me acostumbré a ella, distinguí vagamente unas formas oscuras moviéndose. Después de un momento, me pareció que el enfocar mi atención de ensueño en esas formas movedizas las volvía substanciales. Diferencié tres tipos distintos: unas eran redondas, como pelotas; otras como campanas; y otras, como ondulantes llamas de vela, pero gigantescas. Todas eran básicamente redondas y del mismo tamaño. Se me ocurrió que tenían entre un metro o metro y medio de diámetro. Había cientos o quizá miles de ellas.

Sabía que estaba experimentando una visión sofisticada y extraña; y sin embargo esas formas eran tan reales que me sentí verdaderamente asqueado. Tuve la nauseabunda sensación de estar en un nido de gusanos gigantes, grises y parduscos. Aunque el estar flotando encima de ellos me hacía sentir de alguna manera más seguro, descarté esa sensación inmediatamente al darme cuenta de que era estúpido sentirme asqueado, como si mi ensueño fuera una situación de la vida real. Pero luego, al ver cómo se retorcían esas formas con apariencia de gusanos, empecé de nuevo a sentirme inquieto ante la idea de que estaban a punto de tocarme.

—Somos la unidad móvil de nuestro mundo —dijo de repente la voz del emisario—. No tengas miedo. Somos energía, y te aseguro que ni se nos ocurre tocarte. De todas maneras sería imposible. Estamos separados por verdaderos linderos.

Después de una larga pausa, la voz añadió: —Queremos que te unas a nosotros. Baja adonde estamos. Y no tengas asco. Los exploradores no te asquean y yo tampoco. Los exploradores y yo somos exactamente como los otros. Yo tengo forma de campana, y los exploradores tienen forma de llamas de vela.

Esa última aseveración fue un tipo de palabra clave para mi cuerpo energético. Al escucharla, mi asco y mi miedo se esfumaron. Descendí a su nivel, y las bolas, las campanas y las llamas me rodearon. Se me acercaron tanto, que si hubiese tenido cuerpo físico, me hubieran tocado. Pero en vez de eso, pasaron a través de mí y yo pasé a través de ellas como soplos de aire encapsulados, creando una increíble sensación. Aunque no sentía nada con mi cuerpo energético, sentía y registraba el más insólito cosquilleo en alguna otra parte de mí; cosas suaves como esponjas de aire me atravesaban, pero no ahí donde yo estaba. La sensación fue rápida y vaga, y no me dio tiempo de captarla completamente. En lugar de enfocar mi atención de ensueño en ella, me quedé totalmente absorto observando esos enormes gusanos de energía.

En el nivel en el que nos encontrábamos, había un vínculo entre esas entidades y yo: el tamaño. Quizá fue porque me parecían ser del mismo tamaño que mi cuerpo energético que me sentía casi cómodo con ellos. Al examinarlos, llegué a la conclusión de que realmente no me molestaban tanto. Eran entidades impersonales, frías, desapegadas; y eso me gustaba inmensamente. Me pregunté si el hecho de sentir en un momento aversión por ellos y atracción en el siguente, sería una consecuencia natural del ensueño, o producto de una influencia energética que esas entidades ejercían sobre mí.

—Son muy simpáticos —le dije al emisario, al instante que me sentí abrumado por una profunda oleada de amistad o hasta de afecto por ellos.

Tan pronto como expresé lo que pensaba, las oscuras formas se escabulleron, como si fueran abultados conejillos de Indias, dejándome solo en la semioscuridad.

—Proyectaste demasiado sentimiento y los asustaste —dijo la voz del emisario—. Sentir es algo demasiado difícil para ellos; o para mí. —El emisario se rió, y a mí se me ocurrió que lo hizo con verdadera timidez.

Mi sesión de ensueño terminó ahí. Al despertarme mi primera reacción fue empacar mi maleta para ir a México a ver a don Juan. Pero un acontecimiento inesperado en mi vida personal hizo imposible el viaje, a pesar de mis frenéticas preparaciones. La ansiedad, resultado de ese retraso fue tal, que interrumpió por completo mis prácticas de ensueño. No traté de pararlas voluntaria y conscientemente, sino que el influjo de este ensueño en especial fue tan poderoso que al no poder relatárselo a don Juan, no tuvo ningún sentido para mí el continuar ensoñando.

Después de una interrupción de más de medio año, empecé a sentirme muy desconcertado. No tenía la menor idea de que mis sentimientos detendrían mis prácticas. Me pregunté entonces si mi solo deseo de reanudarlas sería suficiente para restablecerlas. Sí lo fue. Una vez que formulé el pensamiento de volver a ensoñar, mis prácticas continuaron como si nunca hubieran sido interrumpidas. El explorador reasumió su guía, y me condujo directamente a la misma visión de mi última sesión.

—Este es el mundo de las sombras —dijo la voz del emisario, tan pronto como estuve allí—. Pero aun cuando somos sombras, impartimos luz. No somos únicamente móviles, también somos la luz de los túneles. Somos otra clase de seres inorgánicos que existen aquí. Hay tres clases: una es como un túnel inmóvil, la otra es como una sombra con movilidad. Nosotros somos las sombras con movilidad. Los túneles nos dan su energía y nosotros cumplimos sus mandatos.

El emisario paró de hablar. Sentí que estaba esperando que le preguntara acerca de la tercera clase de seres inorgánicos. También sentí que el emisario no me lo diría a menos que lo preguntase.

—¿Cúal es la tercera clase de seres inorgánicos? —dije.

El emisario tosió y se rió entre dientes. Me pareció como si gozara el hacerme preguntarle.

—Oh, ese es nuestro aspecto más misterioso —dijo—. La tercera clase se les revela a nuestros visitantes sólo cuando escogen quedarse con nosotros.

—¿Por qué es eso? —pregunté.

—Porque se requiere de mucha energía para verlos —contestó el emisario—. Y nosotros somos los que tendríamos que proveer esa energía.

Sentí que el emisario me decía la verdad. También sentí un horrendo peligro latente; no obstante, estaba yo poseído por una curiosidad sin límites. Quería ver a esa tercera clase.

El emisario pareció darse cuenta de lo que sentía.

—¿Te gustaría verlos? —preguntó casualmente.

—Seguro que sí —dije.

—Todo lo que tienes que hacer es decir en voz alta que te quieres quedar con nosotros —dijo el emisario con un tono indiferente.

—Pero si digo eso, me tengo que quedar aquí ¿no es cierto? —pregunté.

—Naturalmente —dijo el emisario con suma convicción—. Todo lo que digas en voz alta en este mundo es para siempre.

No pude pasar por alto la idea de que si el emisario hubiese querido tenderme una trampa para que me quedase, todo lo que tenía que hacer era mentirme. Yo no hubiera notado la diferencia.

—No te puedo mentir, porque la mentira no existe —dijo el emisario entremetiéndose en mis pensamientos—. Te puedo hablar acerca de lo que existe. En mi mundo, lo que existe es el intento; detrás de una mentira no hay intento, por lo tanto no tiene existencia.

Quería discutir que aun detrás de las mentiras había intento. Antes de que pudiera decirlo, el emisario me aseguró que había intención detrás de las mentiras, pero que intención no es lo mismo que intento.

Fallé en mantener mi atención de ensueño enfocada en la discusión que el emisario estaba planteando. La enfoqué en los seres sombra. Tenían la apariencia de una manada de extraños animales con aspecto de niños. La voz del emisario me previno que mantuviera mi emoción bajo control, ya que sus repentinos estallidos tenían la capacidad de hacer que los seres sombra se dispersaran como una bandada de pájaros.

—¿Qué quieres que haga? —pregunté.

—Baja aquí junto con nosotros, y trata de empujarnos o jalarnos —la voz del emisario dijo con tono de urgencia—. Cuanto más pronto aprendas a hacer esto, más pronto podrás mover cosas en tu mundo con el solo hecho de mirarlas.

Mi mentalidad de comerciante enloqueció con anticipación. Me encontré instantáneamente entre ellos, tratando desesperadamente de empujarlos o jalarlos. En un momento, agoté completamente mi energía, y sólo me quedó la impresión de haber hecho algo equivalente a tratar de levantar una casa con la fuerza de mis dientes.

Otra impresión que me quedó fue que mientras más me esforzaba, mayor era el número de sombras. Era como si vinieran de todos los rincones para observarme, o para alimentarse de mí. En el instante en que se me ocurrió ese pensamiento, las sombras se escabulleron una vez más.

—No nos estamos alimentando de ti —dijo el emisario—. Todos venimos a sentir tu energía; muy similar a lo que tú haces con la luz del sol en un día de frío.

El emisario me aconsejó que me abriera a ellos, cancelando mis sospechosos pensamientos. Oí la voz, y al escuchar lo que decía, me di cuenta de que estaba oyendo, y pensando exactamente como lo hago en mi mundo cotidiano. Giré lentamente para ver a mi alrededor. Usando la claridad de mi percepción como medida, concluí que estaba en un mundo real.

La voz del emisario sonó en mis oídos. Dijo que la única diferencia entre percibir mi mundo y percibir el suyo era que percibir su mundo comenzaba y terminaba para mí en un abrir y cerrar de ojos, mientras que percibir el mío no; porque mi conciencia estaba fija en mi mundo junto con la conciencia de un inmenso número de seres como yo, quienes lo mantenían en su lugar con su intento. El emisario añadió que para los seres inorgánicos percibir mi mundo comenzaba y terminaba de la misma forma: en un abrir y cerrar de ojos, pero que percibir su mundo no, ya que había un inmenso número de ellos que lo mantenían en su lugar con su intento.

La escena empezó a disolverse. En ese instante, yo era como un buzo y despertar de ese mundo era como nadar hacia arriba para alcanzar la superficie.

En la siguiente sesión, el emisario comenzó su diálogo conmigo exponiendo nuevamente que existía una relación totalmente coordinada y coactiva entre los túneles y las sombras móviles. Terminó diciendo: —No podemos existir los unos sin los otros.

—Entiendo lo que quieres decir —dije.

Noté un tono desdeñoso en la voz del emisario cuando replicó que no había manera de que yo pudiera entender lo que significaba estar relacionado de esa forma; que tal relación era infinitamente más que una de mutua dependencia. Mi intención era pedirle que expandiera su explicación, pero en el instante siguiente me encontraba adentro de lo que solamente puedo describir como el tejido de un túnel. Vi unas protuberancias de aspecto glandular grotescamente chisporroteantes que emitían una luz opaca. Cruzó por mi mente el pensamiento de que esas eran las entidades sombra y las protuberancias parecidas al Braille. Considerando que estas eran masas energéticas de metro o metro y medio de diámetro, me pregunté cuál sería el verdadero tamaño de esos túneles.

—El tamaño aquí no es como el tamaño en tu mundo —dijo el emisario—. La energía de este mundo es una clase diferente de energía; sus características no coinciden con las características de la energía de tu mundo, sin embargo, este mundo es tan real como el tuyo.

El emisario añadió que me había dicho todo acerca de los seres sombra, al explicar y describir las protuberancias de las paredes de los túneles. Repliqué que no había prestado atención a sus explicaciones, ya que creí que no estaban directamente relacionadas con el ensueño.

—En este reino, todo está relacionado con el ensueño —afirmó el emisario.

Quería pensar en la razón de mi equivocación, pero mi mente se puso en blanco. Mi atención de ensueño estaba debilitándose. Me era difícil enfocarla; me preparé para despertarme. El emisario habló nuevamente, y el sonido de su voz me reforzó. Mi atención de ensueño se avivó considerablemente.

—El ensueño es el vehículo que trae a los ensoñadores a este mundo —dijo el emisario—, y todo lo que los brujos saben acerca del ensueño se lo enseñamos nosotros. Nuestro mundo está conectado al tuyo por una puerta llamada sueños. Nosotros sabemos cómo cruzar esa puerta, pero los hombres no. Para cruzarla, tienen que aprender cómo hacerlo.

La voz del emisario continuó explicándome lo que yo ya sabía.

—Las protuberancias en las paredes de los túneles son seres sombra —dijo—. Yo soy uno de ellos. Nos movemos dentro de los túneles, en sus paredes, cargándonos con la energía de los túneles, la cual es nuestra energía.

El pensamiento de que el emisario estaba en lo cierto cruzó mi mente: realmente yo era incapaz de concebir una relación simbiótica tal como la que estaba presenciando.

—Si te quedaras entre nosotros, llegarías a sentir lo que es estar conectado como nosotros estamos conectados —dijo el emisario.

Definitivamente el emisario parecía estar esperando que le respondiera. Presentí que lo que realmente quería era mi declaración de que había decidido quedarme con ellos.

—¿Cuántos seres sombra hay en cada túnel? —pregunté para cambiar el tema, de lo cual me arrepentí inmediatamente, ya que el emisario empezó a darme una descripción detallada sobre los números y las funciones de los seres sombra en cada túnel.

Dijo que cada túnel tenía un número específico de entidades sombra, las cuales llevaban a cabo funciones específicas relacionadas con las necesidades y expectativas de los túneles que las sustentaban.

No quería que el emisario me diera más detalles. Razoné que mientras menos supiera acerca de los túneles y lo seres sombra mejor sería para mí. El emisario paró de hablar en el instante en que formulé ese pensamiento, y mi cuerpo energético se sacudió repentinamente como si hubiera sido tirado por un cable. Al momento siguiente, me encontraba totalmente despierto en mi cama.

De ahí en adelante, todos los miedos que pudieron interrumpir mis prácticas se esfumaron. La idea que empezó a regirme era el haber encontrado la fuente de una inigualable excitación. Todos los días esperaba ansiosamente empezar a ensoñar y a que el explorador me llevara al mundo de las sombras. La atracción aumentó exorbitantemente cuando el realismo de mis visiones del mundo de las sombras se acentuó aún más. Juzgando por el criterio subjetivo de pensamientos ordenados, ordenada percepción visual y auditiva, y ordenadas respuestas, tanto del emisario como de las mías, mis experiencias eran tan reales como cualquier situación en nuestro mundo cotidiano es real. Nunca hubiera concebido experiencias perceptuales donde la única diferencia entre mis visiones y mi mundo diario era la velocidad con la que mis visiones terminaban; perduraban inalteradas por un período indefinido, situándome en un mundo real y extraño, y luego en un instante me encontraba en mi cama.

Deseaba de manera vehemente escuchar las explicaciones y comentarios de don Juan, pero aún me hallaba aprisionado por mis circunstancias en Los Angeles. Mientras más aguda se volvía mi necesidad de hablar con don Juan, mayor era mi ansiedad; hasta empecé a sentir que algo se estaba tramando, y a gran velocidad, en el reino de los seres inorgánicos.

A pesar de que mi mente continuaba absorta, contemplando el mundo de las sombras, al aumentar mi ansiedad, mi cuerpo entró en un estado de profundo terror. Para empeorar las cosas, la voz del emisario se introdujo en mi conciencia cotidiana. Un día, mientras estaba en clase en la universidad, la escuché diciéndome una y otra vez, que cualquier intento de mi parte para dar por terminadas mis prácticas de ensueño sería pernicioso para mis propósitos totales. Argumentó que los guerreros no huyen de un reto, y que yo no tenía ningún motivo válido para interrumpir mis prácticas de ensueño. Estuve completamente de acuerdo con el emisario. No tenía intención alguna de parar nada y la voz no estaba más que reafirmando lo que yo sentía.

Pero no solamente el emisario cambió; un nuevo

explorador apareció en escena. En una ocasión, antes de que hubiera empezado mi rutina de examinar los objetos de mis sueños, un explorador saltó literalmente enfrente de mí y capturó agresivamente mi atención de ensueño. La notable característica de este explorador fue que no tuvo necesidad de pasar por la usual metamorfosis energética: fue una masa de energía desde el principio. En fragmentos de segundo, sin tener que expresar en voz alta mi intento de ir con él, me transportó a otra parte del reino de los seres inorgánicos: al mundo de los tigres con dientes de sable.

En mis otros trabajos he descrito vislumbres de esas visiones. Digo vislumbres, porque en ese entonces me faltaba energía para traducir esas visiones en algo comprensible para mi mente lineal.

Mis visiones de los tigres con dientes de sable ocurrieron regularmente por un largo período, hasta una noche en la que un explorador, sin esperar que se lo pidiera, me transportó a los túneles.

Inmediatamente empezó su prédica de vendedor; fue la más larga y elocuente de todas las que había escuchado hasta entonces. Me habló de las extraordinarias ventajas del mundo de los seres inorgánicos. Habló de adquirir conocimiento de inimaginable naturaleza; y de adquirirlo por el simple hecho de quedarse a vivir en esos túneles. Habló de una increíble movilidad; de tener infinito tiempo para buscar y encontrar lo que uno quisiera, y por encima de todo, habló del incalculable placer de ser consentido y mimado por sirvientes cósmicos que complacerían todo capricho.

—Seres conscientes de todos los rincones del cosmos se quedan aquí con nosotros —dijo el emisario, terminando su discurso—. Y les encanta quedarse aquí con nosotros; de hecho, nadie se quiere ir.

El pensamiento que tuve en ese momento fue que la servidumbre era definitivamente antitética a mí. Nunca me había sentido cómodo con sirvientes o siendo servido.

143

El explorador me hizo luego volar por muchos túneles. Se detuvo en uno que parecía de alguna manera más grande que los otros. Mi atención de ensueño fue cautivada por el tamaño y la configuración de ese túnel; y se hubiera quedado ahí, si algo no me hubiera hecho voltear. Mi atención de ensueño se enfocó entonces en una masa de energía un poco más grande que las entidades sombra. Era azul, como el color azul en el centro de la llama de una vela. Estaba completamente seguro de que esta configuración energética no era una entidad sombra y que no procedía de ese lugar.

Me quedé absorto viéndola. El explorador me hizo una señal para partir, pero algo me tornaba insensible a sus señales. Me quedé inquietamente donde estaba. De todas maneras, la señal del explorador rompió mi concentración y perdí de vista a la forma azul.

De repente, una considerable fuerza me hizo girar y de nuevo enfrentarme a ella. Al observarla fijamente, se convirtió en la figura de una persona; muy pequeña, delgada, delicada y casi transparente. Traté desesperadamente de determinar si era un hombre o una mujer, pero por más que me esforcé no pude.

Mi tentativa de hablar con el emisario falló. El explorador se fue abruptamente, dejándome solo, suspendido en ese túnel frente a una persona desconocida. Traté de hablar con ella, de la misma forma en la que hablaba con el emisario. No obtuve respuesta. Sentí una oleada de frustración al no poder romper la barrera que nos separaba, y miedo de estar solo con alguien que podría ser un enemigo.

Tuve una variedad de reacciones provocadas por la presencia de ese desconocido, hasta júbilo; sospeché que al fin el explorador me había puesto al frente de un ser humano atrapado en ese mundo. Me desesperaba la posibilidad de que no fuéramos capaces de comunicarnos, quizá porque ese desconocido era uno de los brujos de la antigüedad y pertenecía a otro tiempo diferente al mío.

Mientras más intensos eran mi júbilo y mi curiosi-

inorgánicos llevan a los ensoñadores ahí únicamente cuando están seguros de que se van a quedar en ese mundo. Sabemos esto por las historias de los brujos antiguos.

—Le aseguro, don Juan, que no tengo ninguna intención de quedarme ahí. Usted habla como si yo estuviera a punto de ser atraído por las promesas de halago o de poder. No estoy interesado en nada de eso; le doy mi palabra.

—A este nivel el asunto ya no es tan fácil. Has llegado más allá del punto en el que podrías simplemente dejar todo de lado. Además tuviste la mala suerte de forcejear con un ser inorgánico acuoso. ¿Te acuerdas cómo te revolcaste con él? ¿Y cómo lo sentiste? En aquella ocasión te dije que los seres inorgánicos acuosos eran los más cargosos. Son pegajosos y posesivos; y una vez que te ponen la mano, nunca te dejan.

—¿Qué significa esto en mi caso, don Juan?

—Significa que el ser inorgánico específico que está detrás de todas estas maniobras es el mismo que agarraste ese día fatal. Se ha familiarizado contigo a través de los años. Te conoce íntimamente.

Le comenté sinceramente a don Juan que la sola idea de que un ser inorgánico me conociera íntimamente me provocaba un tremendo desconcierto.

—Cuando los ensoñadores se dan cuenta de que los seres inorgánicos no son tan simpáticos como parecían al comienzo —dijo—, es generalmente demasiado tarde para ellos, porque para ese entonces, los seres inorgánicos ya se los metieron en la bolsa.

En lo profundo de mí sentía que don Juan estaba hablando abstractamente acerca de peligros que quizás existían teóricamente, pero no en la práctica. Yo estaba secretamente convencido de que no había ningún peligro.

—No voy a permitir de ninguna manera que los seres inorgánicos me desvíen, si es eso lo que está usted pensando —dije.

—Estoy pensando que te van a tender una trampa —dijo—, de la misma forma en que le tendieron una trampa al nagual Rosendo. Y ni siquiera vas a notar o sospechar que es trampa. Son refinados. Ahora hasta han inventado una niñita.

—Pero yo no tengo la menor duda de que esa niñita existe —insistí.

—No existe ninguna niñita —dijo abruptamente—. Esa masa de energía azulina es un explorador. Un explorador atrapado en el reino de los seres inorgánicos. Te he dicho que los seres inorgánicos son como pescadores; atraen y atrapan a la conciencia.

Don Juan dijo que creía, sin lugar a dudas, que la masa de energía azulina era de una dimensión completamente ajena a la nuestra; un explorador que se perdió y quedó atrapado como una mosca en una telaraña.

No aprecié su analogía. Me preocupó de tal manera que sentí malestar físico. Le mencioné esto a don Juan, y me confesó que mi preocupación por el explorador prisionero lo estaba haciendo sentirse casi desesperado.

—¿Por qué le molesta tanto, don Juan? —pregunté.

—Algo se está tramando en ese maldito mundo —dijo—. Y no me puedo figurar lo que es.

Mientras estuve en la casa de don Juan y sus compañeros, no soñé con el mundo de los seres inorgánicos. Como siempre, mi práctica de ensueño consistía en la rutina de enfocar mi atención de ensueño en los objetos de mis sueños o en cambiar de sueños. Diariamente, don Juan me hacía mirar fijamente nubes y picos de montañas lejanas para equilibrar mis inquietudes. Cada vez que lo hacía, mi sensación inmediata era la de estar al nivel de las nubes, o la sensación de que realmente estaba en los picos de las lejanas montañas.

—Estoy muy satisfecho, pero muy preocupado —dijo don Juan, comentando mi esfuerzo—. Estás aprendiendo maravillas y ni siquiera lo sabes. Y no quiero decir que soy yo el que te las enseña.

—Se refiere usted a los seres inorgánicos, ¿no es así?

148

—Sí, me refiero a ellos. Y ahora te recomiendo que no fijes tu mirada en nada; mirar fijamente es una técnica de los brujos antiguos. Eran capaces de alcanzar sus cuerpos energéticos en fracciones de segundo, sólo mirando fijamente objetos de su predilección. Una técnica muy impresionante, pero inservible para los brujos de ahora. No hace nada para aumentar nuestra sobriedad o nuestra capacidad de buscar la libertad. Lo único que hace es mantenernos fijos en lo concreto; un estado de lo más indeseable.

Don Juan añadió que a menos que me mantuviera en total control, cuando fusionara la segunda atención con la atención de mi vida cotidiana, me iba a convertir en un hombre aún más intolerable. Dijo que había una gran separación entre mi movilidad en la segunda atención y mi insistencia en permanecer inmóvil en mi conciencia del mundo cotidiano. Señaló que la separación era tan grande que en mi estado de conciencia diario yo era casi un idiota; y en la segunda atención era un lunático.

Antes de regresar a mi casa, me tomé la libertad de discutir mis visiones de ensueño del mundo de las sombras con Carol Tiggs, aunque don Juan me había recomendado no discutirlas con nadie. Puesto que ella era mi contraparte total, se interesó mucho en el tema y fue muy comprensiva. Don Juan estaba muy molesto conmigo por haber revelado mis problemas. Me sentí peor que nunca. Caí presa de la autocompasión y empecé a culparme de que siempre actuaba equivocadamente.

—Todavía no has hecho nada equivocado —me dijo don Juan rudamente—, pero espérate que ya lo harás.

¡Tenía razón! Al volver a casa, en mi primera sesión de ensueño, se me vino todo encima. Llegué al mundo de las sombras como lo había hecho en incontables ocasiones; lo diferente era la presencia de la forma de energía azul. Estaba entre los otros seres sombra. Imaginé que podría ser posible que la masa de energía azul hubiese estado ahí antes, y que yo no la hubiese notado. En

149

cuanto la localicé ella atrapó sin más mi atención de en-sueño. En un instante me encontré junto a ella. Las otras sombras se me acercaron como siempre, pero no les presté atención.

De repente, la forma azul dejó de ser redonda y se convirtió en la niñita que ya había visto antes. Estiró su largo y delicado cuello hacia un lado, y dijo en un susu-rro que apenas se podía escuchar, "¡ayúdame!". O dijo eso, o me imaginé que lo dijo. El resultado fue que me quedé congelado, galvanizado por un fuerte sentimiento de preocupación. Sentí un escalofrío, pero no en mi ma-sa energética, sino en otra parte de mí. Esta fue la prime-ra vez que estuve perfectamente consciente de que mi experiencia estaba totalmente separada de mis sensacio-nes. Estaba experimentando el mundo de las sombras, con todas las implicaciones normales de experimentar algo: podía pensar, valorar y tomar decisiones; tenía con-tinuidad psicológica; en otras palabras, yo era yo mismo. Lo que me faltaba era mi ser sensorial. No tenía sensa-ciones corporales. Todo me llegaba por la vista y el oído. Mi razón tuvo entonces que considerar un extraño dile-ma: el escuchar y el ver no eran facultades físicas, sino cualidades de las visiones que tenía.

—Estás realmente viendo y oyendo —dijo la voz del emisario irrumpiendo en mis pensamientos—. Esa es la belleza de este mundo. Puedes experimentar todo viendo y oyendo sin tener que respirar. ¡Piensa en ello! ¡No tie-nes que respirar! Puedes ir a los confines del universo sin tener que respirar.

Sentí la más alarmante oleada de emoción, y una vez más, no la sentí ahí mismo en el mundo de las som-bras. La sentí en otro lado. Me sentí extremadamente agitado por la obvia, aunque velada certeza, de que había una conexión viviente entre la parte de mí que estaba experimentando mi visión y una fuente de energía y sen-saciones que estaba localizada en algún otro lado. Se me ocurrió que ese otro lado era mi cuerpo físico, el cual sin duda estaba dormido en mi cama.

En el instante en que tuve este pensamiento, los seres sombra se escabulleron, y lo único que quedó en mi campo de visión fue la niñita. La observé y me convencí de que la conocía. Parecía titubear como si estuviera a punto de desmayarse. Me inundó una ilimitada oleada de afecto por ella.

Le traté de hablar, pero no era capaz de emitir palabras. En ese momento se me hizo evidente que todos mis diálogos con el emisario se habían producido y llevado a cabo con la energía del emisario. Abandonado a mis propios recursos, era un incompetente. Lo que hice luego fue intentar dirigirle mis pensamientos. Fue inútil. Estábamos separados por una membrana de energía que yo no podía traspasar.

La niñita pareció entender mi desesperación y se comunicó conmigo a través de mis pensamientos. Me dijo esencialmente lo que don Juan ya me había dicho: que era un explorador atrapado en las telarañas de ese mundo. Después añadió que había adoptado la forma de niñita porque esa forma me era familiar y también le era familiar a ella; y que necesitaba tanto de mi ayuda como yo la de ella. Me dijo todo esto en un amasijo de sensaciones energéticas, era como si todas las palabras se me vinieran encima al mismo tiempo. Aunque esta era la primera vez que algo así me sucedía, no tuve ninguna dificultad en entender a esa niña.

No supe qué hacer. Le traté de transmitir mi sensación de incapacidad. Ella pareció entenderme instantáneamente. Me suplicó en silencio con una vehemente mirada. Hasta se sonrió como para dejarme saber que había puesto en mis manos la tarea de liberarla de sus cadenas. Cuando le contesté con mi pensamiento que no tenía absolutamente ninguna habilidad, me dio la impresión de estar sufriendo un ataque de desesperación.

Traté frenéticamente de hablarle. La niñita se puso a llorar, como una niña de su edad lloraría de desesperación y miedo. No pude soportar más. Traté de levantarla en vilo, pero no dio resultado. Mi masa energética pasó a través de ella. Mi idea era levantarla y llevarla conmigo.

Intenté realizar la misma maniobra una y otra vez hasta que quedé exhausto. Me detuve a considerar mi próximo paso. Tenía miedo de perderla de vista, una vez que mi atención de ensueño se debilitara. Dudaba de que los seres inorgánicos me volvieran a llevar a esa parte de su reino. Me pareció que iba a ser mi última visita con ellos: la visita clave.

Hice entonces algo impensable. Antes de que mi atención de ensueño se esfumara, grité en voz alta y clara mi intento de fusionar mi energía con la energía de ese explorador prisionero y liberarlo.

7

EL EXPLORADOR AZUL

Carol Tiggs estaba a mi lado, en un sueño absolutamente absurdo. Me hablaba, aunque no podía entender lo que decía. Don Juan también estaba en mi sueño, al igual que todos los miembros de su partida. Parecía cómo si estuvieran tratando de sacarme de un sitio neblinoso y amarillento.

Después de un serio esfuerzo de su parte, durante el cual los perdía de vista y luego los volvía a ver, consiguieron sacarme de ese lugar. Ya que no podía concebir el sentido de lo que pasaba, finalmente deduje que era un sueño incoherente y normal.

Mi sorpresa fue total cuando me desperté y me di cuenta de que estaba en cama en la casa de don Juan en México. No me podía mover. No tenía pero ni un ápice de energía. No supe qué pensar al respecto, aunque inmediatamente me percaté de la gravedad de mi situación. Tenía la vaga sensación de que había perdido mi energía debido a la fatiga causada por el ensueño.

No obstante, los compañeros de don Juan parecían estar extremadamente afectados por lo que me estaba sucediendo. Venían uno por uno a mi cuarto. Cada uno se quedaba por unos momentos en completo silencio, hasta que otro de ellos llegaba a reemplazarlo. Me pareció que tomaban turnos para cuidarme. Demasiado débil para pedirles una explicación de su comportamiento, los dejé hacer como quisieran.

Durante los días subsiguientes, me empecé a sentir
mejor, y ellos comenzaron a hablarme de mi ensueño.
Al principio, no supe qué querían de mí. Después, por el
tenor de sus preguntas deduje que estaban obsesionados
con los seres sombra. Todos ellos me dieron la impresión de estar asustados. Me decían más o menos las mismas cosas; insistían en que jamás habían estado en el
mundo de las sombras. Algunos de ellos afirmaron que
no sabían que existía. Sus afirmaciones y reacciones au-
mentaron mi confusión y mi temor.

No podían creer que los exploradores me hubieran
transportado a ese mundo; no les cabía duda de que yo
había estado ahí, pero como no podían usar su experiencia personal para guiarse, no comprendían lo que yo estaba diciendo. Aun así, querían saber todo lo que yo les
pudiera decir acerca de los seres sombra y de su reino.
Los complací. Con la excepción de don Juan, todos se
sentaban en mi cama a escuchar lo que yo dijera. No
obstante, cada vez que los interrogaba acerca de mi situación, se escabullían, exactamente como los seres
sombra.

Que evitaran a toda costa cualquier contacto físico
conmigo, era una alarmante reacción suya que nunca
antes había presenciado. Mantenían su distancia, como
si estuviera yo infectado con una enfermedad. Su reacción me preocupó tanto que me sentí obligado a indagar
la razón. La negaron. Parecían ofendidos, y llegaron hasta insistir en probarme que estaba equivocado. Me reí de
buena gana de la tensión que les provocaba tocarme. Sus
cuerpos adquirían una rigidez muy cómica cada vez que
trataban de abrazarme.

Florinda Grau, la persona más cercana a don Juan,
fue la única que no tuvo inconveniente en tratar físicamente conmigo, dando masajes a mis músculos acalam-
brados, o cambiando mi cama, o ayudándome a ir al baño. Trató también de explicarme qué era lo que me pasaba. Me dijo que toda mi energía se había descargado y

perdido en el mundo de los seres inorgánicos, y que don Juan y sus compañeros la habían recargado otra vez, pero que mi nueva carga energética era ligeramente perturbadora para la mayoría de ellos.

Florinda me trataba cariñosamente como si fuera un inválido. Hasta me hablaba como si fuera yo un bebé; algo que todos ellos celebraban con explosiones de risas. Pero a pesar de toda su burla su preocupación se me antojaba ser real y genuina.

Ya he escrito antes acerca de Florinda, con relación a mi encuentro con ella. En mi opinión, era una de las mujeres más hermosas que había conocido. Una vez le dije, y no era broma, que la veía muy fácilmente como modelo de revistas de modas. —De revistas de mil novecientos diez —replicó.

Aunque Florinda era mayor, no era en absoluto vieja. Era joven y vibrante. Cuando le comenté a don Juan acerca de su insólita juventud, me contestó que la brujería la mantenía en un inigualable estado de fuerza y vitalidad. La energía de los brujos, remarcó, es visible al ojo como juventud y vigor.

Después de satisfacer, a través de mis historias, la curiosidad de los compañeros de don Juan, no volvieron más a mi cuarto, y su conversación se mantuvo al nivel de preguntas rutinarias sobre mi estado de salud. Sin embargo, cada vez que trataba de levantarme, había siempre alguien que delicadamente me lo impedía. Su vigilancia no me era del todo grata, pero parecía que la necesitaba ya que me sentía tremendamente débil. Aceptar estar mal, no me fue difícil, lo que sí me afligía era no tener a nadie que me explicara cómo había llegado a México cuando lo último que recordaba era haberme acostado a ensoñar en mi cama, en Los Angeles. Les pregunté esto repetidamente, y todos ellos me respondieron que se lo preguntase al nagual, porque él era quien tenía la obligación de explicármelo.

Finalmente Florinda me explicó un tanto. —Caíste en una trampa; eso es lo que te pasó —dijo.

—¿Dónde caí en una trampa?

—En el mundo de los seres inorgánicos, por supuesto. Ese es el mundo con el cual has estado tratando por años. ¿No es así?

—Pues, tú sabes que sí, Florinda. Pero, ¿me podrías decir qué clase de trampa fue?

—No todavía. Todo lo que te puedo decir es que ahí perdiste toda tu energía. Pero peleaste muy bien.

—¿Por qué estoy enfermo, Florinda?

—No estás enfermo de una enfermedad; digamos que fuiste energéticamente herido. Estabas en estado crítico, pero ahora sólo estás gravemente herido.

—¿Cómo sucedió todo esto?

—Entraste en un combate mortal con los seres inorgánicos y fuiste derrotado.

—No me acuerdo de haber peleado con nadie, Florinda.

—Que te acuerdes o no, no tiene ninguna importancia. Peleaste con alguien que tenía infinitamente más capacidad que tú; unos maestros de la manipulación que te dejaron chiquitito.

—¿Peleé con los seres inorgánicos?

—Sí. Tuviste un encuentro mortal con ellos. Realmente no sé cómo sobreviviste su golpe de muerte.

Se rehusó a decirme nada más, pero insinuó que el nagual iba a venir a verme muy pronto.

Don Juan se presentó al día siguiente; muy risueño y encantador. Anunció jocosamente que me estaba haciendo una visita en calidad de doctor de energía; me examinó, mirándome fijamente de pies a cabeza.

—Estás casi curado —concluyó.

—¿Qué fue lo que me pasó, don Juan? —pregunté.

—Caíste en la trampa que los seres inorgánicos te tendieron —contestó.

—¿Comó llegué aquí?

—Ahí está el gran misterio —dijo sonriendo jovialmente, obviamente tratando de hacer un chiste de un asunto muy serio—. Los seres inorgánicos te robaron;

con cuerpo y todo. Primero, se llevaron tu cuerpo energético a su reino, cuando seguiste a uno de sus exploradores, y después se llevaron tu cuerpo físico.

Los compañeros de don Juan parecían estar en estado de parálisis. Con voz trémula uno de ellos le preguntó a don Juan si los seres inorgánicos podían atrapar a cualquiera. Don Juan contestó que ciertamente podían. Les recordó que el nagual Elías había sido transportado a ese mundo, contra su voluntad.

Todos asintieron con una inclinación de cabeza. Don Juan continuó hablándoles, refiriéndose a mí en tercera persona. Dijo que la conciencia combinada de un grupo de seres inorgánicos había primero consumido mi energía, forzándome a tener una explosión emocional: liberar al explorador azul. Luego la conciencia combinada del mismo grupo de seres inorgánicos había transportado mi inerte masa física a su mundo. Don Juan añadió que sin el cuerpo energético, uno no es más que una porción de materia orgánica que puede ser fácilmente manipulada por una conciencia superior.

—Los seres inorgánicos están pegados, juntos, como las células del cuerpo —don Juan prosiguió—. Cuando unen su conciencia son invencibles. Para ellos no es nada sacarnos de un tirón de nuestros lares energéticos y sumergirnos en su mundo. Especialmente si nos hacemos conspicuos y accesibles, como lo hizo él.

El sonido de suspiros y respiraciones entrecortadas rebotaba en las paredes. Todos ellos daban muestras de estar verdaderamente asustados y preocupados.

Quería quejarme y recriminar a don Juan por no haberme detenido, pero me acordé de cómo había tratado él de advertirme, de desviarme una y otra vez, sin ningún resultado. Don Juan, consciente de lo que yo pensaba, me sonrió.

—La razón por la que te sientes enfermo —dijo—, es porque los seres inorgánicos descargaron tu energía y te dieron la suya. Eso debería de haber sido suficiente para matar a cualquiera. Gracias a tu energía de nagual, sobreviviste, aunque a duras penas.

Le mencioné a don Juan que recordaba pedazos de un sueño bastante incoherente, en el cual estaba en un mundo de neblina amarillenta. Y que tanto él como Carol Tiggs y sus compañeros trataban de sacarme de ahí.

—El ojo físico ve al reino de los seres inorgánicos como un mundo de neblina amarillenta —dijo—. Lo que creías un sueño incoherente, era ver el mundo de los seres inorgánicos con tus ojos físicos. Tú y todos nosotros lo vimos por primera vez con nuestros ojos. Sabíamos acerca de la neblina amarillenta únicamente a través de las historias de los brujos, pero no a través de nuestra experiencia.

Entendí lo que me dijo, pero no le pude captar ningún sentido. Don Juan me aseguró que darme una explicación más elaborada era imposible debido a mi falta de energía; tenía que quedar satisfecho, dijo, con su explicación y de la manera como yo la entendí.

—No entendí su explicación —insistí.

—Entonces no has perdido nada —dijo—. Cuando estés más fuerte, tú mismo te contestarás tus propias preguntas.

Le confesé a don Juan que tenía bochornos esporádicos. Mi temperatura se elevaba repentinamente y, mientras me sentía afiebrado y sudoroso, tenía extraordinarias e inquietantes clarividencias acerca de mi situación.

Don Juan escudriñó todo mi cuerpo con su penetrante mirada. Dijo que perder mi energía me había afectado temporalmente; y lo que yo sentía como bochornos eran explosiones de energía, durante las cuales retomaba el control de mi cuerpo energético y estaba al tanto de lo que me había sucedido.

—Haz un esfuerzo y dime qué fue lo que te pasó en el mundo de los seres inorgánicos —me ordenó.

Le dije que de vez en cuando tenía la clara sensación de que él y sus compañeros habían ido a ese mundo con sus cuerpos físicos y me habían arrancado de las garras de los seres inorgánicos.

—¡Bien! —exclamó—. Ahora convierte esa sensación en una visión de lo que te sucedió.

Por más que traté, no fui capaz de hacer lo que me pedía. No poder lograrlo me hizo sentir una fatiga fuera de lo común, que parecía secar mi cuerpo desde adentro. Le lloriqueé a don Juan que mi ansiedad estaba a punto de hacerme explotar.

—Tu ansiedad no significa nada —dijo sin preocuparse—. Recupera tu energía y no te preocupes de tonterías.

Pasaron más de dos semanas durante las cuales recuperé lentamente mi energía. Lo cual no me impidió seguir preocupándome por todo. Mi mayor preocupación era el sentirme desconocido a mí mismo; había un rasgo de frialdad en mí que no había notado antes; un tipo de fría indiferencia, un desapego que primero atribuí a mi falta de energía. Pero luego que la recuperé, me di cuenta de que era una nueva característica de mi ser que me tenía permanentemente fuera de sincronización. Para poder evocar los sentimientos, a los que estaba acostumbrado, los tenía que convocar y esperar unos momentos hasta que hicieran su aparición en mi mente.

Otra nueva característica de mi ser era un extraño anhelo que se apoderaba de mí de vez en cuando. Anhelaba a alguien a quien no conocía; era un sentimiento tan abrumador que cuando lo experimentaba, tenía que caminar alrededor del cuarto para poder aliviarlo. Permanecía aprisionado por esa emoción hasta que un rígido control sobre mí mismo, que tampoco había tenido antes, me liberaba; era un control tan nuevo y poderoso, que sólo añadió más combustible a mi preocupación general.

Al final de la cuarta semana, don Juan y sus compañeros llegaron finalmente al acuerdo de que yo me encontraba sano y salvo. Cortaron sus visitas drásticamente. Me pasaba la mayoría del tiempo solo, durmiendo. El descanso era tan completo que mi energía se incrementó notablemente. Me sentía una vez más como el yo de antes. Hasta empecé a hacer ejercicio.

Un día, después de una ligera comida, alrededor del mediodía, regresé a mi cuarto para dormir una siesta. Antes de sumergirme en un profundo sueño, y al revolcarme en mi cama buscando una posición más confortable, una extraña presión en mis sienes me hizo abrir los ojos. La niñita del mundo de los seres inorgánicos estaba parada al pie de mi cama, escudriñándome con sus fríos y metálicos ojos azules.

Brinqué de mi cama y grité tan fuerte, que tres de los compañeros de don Juan entraron en el cuarto aún antes de que acabara de gritar. Se quedaron estupefactos. Miraron con horror cómo la niñita se me acercaba deteniéndose justo frente a mí. Nos quedamos mirándonos por una eternidad. Me dijo algo que al principio no pude comprender, pero que un momento después era clarísimo. Me dijo que para que yo la entendiera, tendría que transferir mi conciencia de ser de mi cuerpo físico a mi cuerpo energético.

En ese momento, don Juan entró en el cuarto. La niñita y don Juan se quedaron mirándose. Sin decir una sola palabra, don Juan dio vuelta y salió del cuarto. La niñita lo siguió, cortando el aire como un silbido.

La conmoción que esta escena causó entre los compañeros de don Juan fue indescriptible. Perdieron toda su ecuanimidad. Evidentemente, todos ellos vieron a la niña cuando salió del cuarto con el nagual.

Yo me sentía a punto de explotar físicamente. Me iba a desmayar y me tuve que sentar. La presencia de esa niña fue como un golpe en mi plexo solar. Tenía un asombroso parecido con mi padre. Me golpearon oleadas de sentimiento. Compulsivamente me preguntaba a mí mismo una y otra vez, qué podía significar todo esto.

Cuando don Juan retornó al cuarto, yo había recuperado un mínimo control sobre mí mismo. Mis expectativas acerca de lo que él diría sobre la niñita hacían que mi respiración fuera muy difícil. Todos estaban tan

160

excitados como yo. Le hablaron a don Juan al unísono y se rieron también al unísono al darse cuenta de lo que habían hecho.

Su principal interés era saber si había alguna uniformidad en la forma en que habían percibido la apariencia del explorador. Todos estuvieron de acuerdo en que habían visto a una niña de seis o siete años; muy delgada, con hermosas facciones angulares. También estuvieron de acuerdo en que sus ojos eran de color azul acero y que ardían con una emoción silenciosa; sus ojos, dijeron, expresaban gratitud y lealtad.

Yo había corroborado todos esos detalles acerca de la niñita. Sus ojos eran tan brillantes y abrumadores que me habían causado realmente algo como dolor. Había sentido el peso de su mirada en mi pecho.

Una interrogación muy seria que le hicieron sus compañeros a don Juan, y a la cual yo también me subscribía, era acerca de las posibles implicaciones de ese evento. Sostenían que el explorador era una energía foránea que se había filtrado a través de las paredes que separan la segunda atención de la atención del mundo cotidiano. Su punto de vista era que, a pesar de no estar ensoñando, todos ellos vieron esa energía forastera proyectada en la figura de una niña humana, por lo tanto, esa niña existía en nuestro mundo.

Argumentaron que posiblemente habría cientos, o hasta miles de casos, en los que energía forastera se escurría a nuestro mundo humano sin ser advertida; pero que en la historia de su linaje, no había absolutamente ninguna mención sobre un evento de esta naturaleza. Lo que más les preocupaba era que ni siquiera existían historias de brujos sobre el asunto.

—¿Es la primera vez en la historia de la humanidad que algo como esto ocurre? —uno de ellos le preguntó a don Juan.

—Yo creo que esto pasa todo el tiempo —contestó—, pero nunca de manera tan premeditada.

—¿Qué significa esto para nosotros? —le preguntó

otro de ellos a don Juan.

—Para nosotros nada, pero para él todo —dijo señalándome.

Esta aseveración los empujó al más inquietante de los silencios. Don Juan se paseaba ida y vuelta por el cuarto. Después se detuvo frente a mí y me escudriñó, dando todas las indicaciones de alguien que no puede encontrar palabras para expresar un aplastante descubrimiento.

—No puedo ni siquiera empezar a valorar lo que ha ocurrido —don Juan me dijo en un tono de perplejidad—. Caíste en una trampa, pero no fue la clase de trampa que esperaba. Tu trampa fue diseñada únicamente para ti, y fue más mortal que cualquier otra que pudiera haber yo imaginado. Me preocupaba que cayeras por pinches deseos de ser halagado y de que te den todo. Con lo que nunca conté fue con que los seres sombra te tenderían una trampa, usando tu aversión por las cadenas.

Don Juan hizo una vez una comparación de su reacción y la mía a lo que nos presionaba más en el mundo de los brujos. Dijo, sin que pareciera como una queja, que aunque él quería y trataba de lograrlo, nunca había sido capaz de inspirar el afecto que su maestro, el nagual Julián, inspiraba en la gente.

—Mi reacción fidedigna, la cual te estoy mostrando para que la examines, es decir, con completa sinceridad: no es mi destino poder evocar un afecto ciego y total; pues, ¡que así sea!

"Tu reacción fidedigna —prosiguió—, es no poder soportar cadenas y ser capaz hasta de perder la vida con tal de romperlas.

Yo estaba sinceramente en desacuerdo con él, y le dije que estaba exagerando. Mis puntos de vista no eran tan claros.

—No te preocupes —dijo riendo—, la brujería es acción. Cuando llegue la ocasión, actuarás de acuerdo a tu pasión; de la misma forma en que yo actuaré de acuerdo a la mía. La mía es aceptar mi destino; no de una forma

162

pasiva, como un idiota, sino activamente como un guerrero. La tuya es tirarte, sin capricho ni premeditación, a romper las cadenas de quien sea.

Don Juan explicó que al fusionar mi energía con la del explorador azul, había yo verdaderamente dejado de existir. Todo mi cuerpo físico había sido entonces transportado al reino de los seres inorgánicos, y si no hubiera sido por el explorador azul, quien guió a don Juan y a sus compañeros hasta donde yo estaba, estaría muerto, o inextricablemente preso en ese mundo.

—¿Por qué lo guió el explorador adonde yo estaba? —pregunté.

—El explorador es un ser sensitivo de otra dimensión —dijo—. Ahora es una niñita; y como tal, me dijo que para obtener la energía necesaria a fin de romper la barrera que la tenía aprisionada en el mundo de los seres inorgánicos, tuvo que tomar toda la tuya. Esa es ahora su parte humana. Algo parecido a un sentimiento de gratitud la condujo hacia mí. Cuando la vi, supe instantáneamente que estabas perdido.

—¿Qué hizo usted entonces, don Juan?

—Junté a todos los que pude, especialmente a Carol Tiggs, y nos fuimos al reino de los seres inorgánicos.

—¿Por qué Carol Tiggs?

—En primer lugar, porque tiene infinita energía, y en segundo lugar, porque se tenía que familiarizar con el explorador. Todos nosotros obtuvimos algo invaluable de esta experiencia. Tú y Carol Tiggs obtuvieron al explorador. Nosotros obtuvimos una razón para unir nuestros cuerpos físicos con nuestros cuerpos energéticos; nos convertimos en pura energía.

—¿Cómo hicieron ustedes eso, don Juan?

—Desplazamos nuestros puntos de encaje al unísono. Nuestro intento impecable de salvarte hizo que esto fuera posible. En fracciones de segundo, el explorador nos llevó adonde yacías tendido, medio muerto, y Carol te arrastró hacia afuera.

Su explicación no me explicó nada, porque carecía

de sentido. Don Juan se rió cuando le dije esto.

—¿Cómo podrías entenderlo, si ni siquiera tienes suficiente energía para salirte de tu cama? —replicó.

Le revelé algo que se insinuaba·en mi mente: que sabía infinitamente más de lo que racionalmente admitía, pero que algo obturaba apretadamente mi memoria.

—Falta de energía es lo que ha puesto una tapa en tu memoria —dijo—. Cuando tengas suficiente energía te funcionará perfectamente.

—¿Quiere usted decir que podré recordar todo, si así lo deseo?

—No exactamente. Puedes desearlo tanto como quieras, pero si tu nivel de energía no está a la par con la importancia de lo que sabes, ya te puedes ir despidiendo de tu conocimiento: no te será nunca accesible.

—¿Entonces, qué es lo que hay que hacer, don Juan?

—La energía tiende a acumularse; si sigues impecablemente el camino del guerrero, va a llegar el momento en que tu memoria se abrirá.

Le confesé que al escucharlo hablar, me venía la sensación de que me estaba entregando a mi antiguo vicio de la autocompasión, y que realmente estaba bien, solamente simulando estar mal.

—No estás únicamente entregándote a tu vicio —dijo—. Estuviste energéticamente muerto hace cuatro semanas. Ahora no estás más que aturdido. Estar aturdido y con falta de energía es lo que te hace esconder tu conocimiento. Tú ciertamente sabes más que ninguno de nosotros acerca del mundo de los seres inorgánicos; te hemos dicho que todo lo que sabemos de él nos viene de las historias de brujos. Imagínate lo extraño que será para nosotros que te hayas convertido en otra fuente de historias de brujos.

Le reafirmé que me era imposible creer que yo había hecho algo que él no hubiera hecho, o creía que estaban meramente tomándome el pelo.

—Ni te estoy halagando ni me estoy burlando de ti —dijo visiblemente molesto—. Te estoy describiendo un acto de brujería. El que sepas más de ese mundo que ninguno de nosotros, no debería de ser una razón para sentirte contento. No hay ninguna ventaja en ese conocimiento; de hecho, a pesar de todo lo que sabes, no te pudiste salvar a ti mismo. Nosotros te salvamos, porque te encontramos. Pero sin la ayuda del explorador azul, no hubiera habido ningún caso en siquiera tratar de buscarte. Estabas tan infinitamente perdido en ese mundo que me estremezco con sólo pensar en ello.

En el estado emocional en el que me encontraba, no me pareció raro ver pasar una oleada de emoción a través de todos los compañeros y aprendices de don Juan. La única que permaneció inalterable fue Carol Tiggs, quien parecía haber aceptado completamente su papel. Ella era una conmigo.

—Liberaste al explorador —continuó don Juan—, pero perdiste tu vida. O peor aun, perdiste tu libertad. Los seres inorgánicos dejaron libre al explorador azul, pero a cambio de ti.

—Difícilmente puedo creer eso, don Juan. No es que dude de usted, pero describe una maniobra tan taimada que me deja pasmado.

—No consideres a los seres inorgánicos como granujas y todo se aclarará. Los seres inorgánicos están buscando eternamente conciencia y energía; si tú los abasteces con ambas, ¿qué crees que van a hacer? ¿Mandarte besitos desde el balcón de enfrente?

Sabía que don Juan tenía razón. Pero no podía sostener esa certeza por mucho tiempo; mi claridad mental venía y se alejaba de mí.

Los compañeros de don Juan continuaron haciéndole preguntas. Querían saber si había pensado qué hacer con el explorador.

—Sí he pensado en eso. Es un problema de lo más serio, que el nagual tiene que resolver —dijo señalándome—. Él y Carol Tiggs son los únicos que pueden liberar al explorador.

Naturalmente que le hice la única pregunta posible.

—¿Cómo lo puedo liberar?

—En lugar de que yo te diga cómo, hay una mejor y más justa manera de averiguarlo —dijo con una gran sonrisa—. Pregúntale al emisario. Como tú sabes, los seres inorgánicos no pueden mentir.

8

LA TERCERA COMPUERTA
DEL ENSUEÑO

—Se alcanza la tercera compuerta del ensueño cuando
uno se encuentra en un ensueño, mirando a alguien que
está durmiendo, y ese alguien resulta ser uno mismo —
dijo don Juan.

Mi estado energético era tan intenso, que me puse a
laborar en la tercera tarea inmediatamente, aunque don
Juan no me ofreció más información al respecto. Lo primero que noté fue que una oleada de energía reacomodó
el enfoque de mi atención de ensueño; en vez del afán de
viajar al reino de los seres inorgánicos, me dejó otro: el
afán de despertarme y verme durmiendo.

Después de unos días, me encontré en un ensueño
mirándome a mí mismo dormido. Se lo reporté a don
Juan instantáneamente. El ensueño había ocurrido durante mi estancia en su casa.

—Hay dos fases en cada una de las compuertas del
ensueño —dijo—. Como ya sabes, la primera es llegar a
la compuerta, y la segunda es cruzarla. Al ensoñar lo
que ensoñaste: que te veías a ti mismo dormido, llegaste
a la tercera compuerta. La segunda fase consiste en moverte una vez que te has visto dormido.

"En la tercera compuerta del ensueño —prosiguió—,
uno empieza a fusionar la realidad de ensueño con la

realidad del mundo cotidiano. Los brujos llaman a este procedimiento, completar el cuerpo energético. La fusión de las dos realidades tiene que ser tan completa, que debes ser más fluido que nunca. En la tercera compuerta, examina todo con gran cuidado y curiosidad.

Me quejé de que sus recomendaciones eran demasiado enigmáticas, y por lo tanto, carentes de sentido para mí.

—¿Qué es lo que significa tener gran cuidado y curiosidad? —pregunté.

—En la tercera compuerta, nuestra tendencia es perdernos en detalles —contestó—. Ver las cosas con gran cuidado y curiosidad quiere decir resistir la casi irresistible tentación de sumergirnos en detalles.

"Como te dije, la meta de la tercera compuerta es consolidar el cuerpo energético. Los ensoñadores empiezan a forjar sus cuerpos energéticos siguiendo los ejercicios de la primera y la segunda compuerta. Cuando alcanzan la tercera, el cuerpo energético está listo para emerger, o quizá sería mejor decir que está listo para actuar. Desgraciadamente, esto también quiere decir que está listo para ser capturado por detalles.

—¿Qué clase de detalles, don Juan?

—El cuerpo energético es como un niño que durante toda su vida ha sido un prisionero. En el momento en que se siente libre, se empapa absolutamente de todo lo que puede encontrar. El cuerpo energético se absorbe totalmente en diminutos detalles que no vienen al caso.

Hubo un largo silencio. Simplemente no había nada en mi experiencia que pudiera darme una idea de lo que don Juan quería exactamente decir.

—El detalle más inapropiado se convierte en un mundo para el cuerpo energético —explicó don Juan—. El esfuerzo de los ensoñadores para dirigir sus cuerpos energéticos es descomunal. Sé que es absurdo pedirte que veas las cosas con gran cuidado y curiosidad, pero esa es la mejor manera de describir lo que tienes que hacer. En la tercera compuerta, los ensoñadores tienen que

168

evitar el casi irresistible impulso de sumergirse en todo; y la manera como lo pueden evitar es siendo tan curiosos, tan desesperados por meterse en todo, que no dejan que nada en particular los aprisione.

Don Juan repitió una y otra vez que sus recomendaciones, que sonaban absurdas para la mente, estaban dirigidas a mi cuerpo energético. Puso un tremendo énfasis en la idea de que mi cuerpo energético tenía que unir todos sus recursos para poder actuar.

—¿Pero, no ha estado actuando todo este tiempo? —pregunté.

—Una parte de él sí, de otro modo no habrías viajado al reino de los seres inorgánicos —contestó—. Ahora tienes que emplearlo en su totalidad para poder completar la tarea de la tercera compuerta. Para hacerle las cosas más fáciles a tu cuerpo energético, tienes que suspender más que nunca los juicios y dictámenes de la razón.

—Después de todo lo que me ha hecho usted vivir —dije—, me queda muy poca razón.

—Mejor no digas nada. En la tercera compuerta, la razón es la causa de que el cuerpo energético se obsesione con detalles superfluos. En la tercera compuerta necesitamos una fluidez, un abandono irracional para contrarrestar esa obsesión.

La previa aseveración de don Juan de que cada compuerta es un obstáculo no podría haber sido más cierta. Para cumplir con la tarea de la tercera compuerta, tuve que trabajar no sólo más intensamente que en las otras dos tareas, sino que también tuve que luchar contra un miedo sin límites. En el curso de mi vida, había pasado por momentos de profundo miedo, o hasta terror ciego, pero nada de eso pudo jamás compararse con el miedo que sentía por los seres inorgánicos. Sin embargo, toda esta riqueza de vivencias era inaccesible a mi mente en mi estado de conciencia normal. Esas vivencias estaban a mi disposición únicamente en presencia de don Juan.

En una ocasión, en el Museo de Antropología e Historia de la ciudad de México, le pregunté acerca de esta insólita situación. Mi pregunta me hizo darme cuenta de que en esos momentos podía recordar todo lo que me había acontecido durante el curso de mi asociación con don Juan. Y eso me llenó de júbilo. Me sentí tan libre, tan temerario y ligero que me puse prácticamente a bailar.

—Lo que sucede es que la sola presencia del nagual induce un cambio en el punto de encaje —dijo.

Y sin más ni más me guió a una de las salas de exhibición del museo. Me explicó que mi pregunta tenía relación con algo que había estado planeando decirme.

—Mi intención era explicarte que la posición del punto de encaje es como una caja fuerte en la que los brujos guardan sus registros —dijo—. Me quedé boquiabierto cuando tu cuerpo energético sintió mi intento y me hizo una pregunta al respecto. El cuerpo energético sabe inmensidades. Déjame mostrarte cuánto sabe.

Me urgió a que entrara en un estado de total silencio. Me recordó que su sola presencia había provocado un cambio en mi punto de encaje, y que me encontraba ya en un estado especial de conciencia acrecentada. Me aseguró que el hecho de entrar en un estado de total silencio iba a permitir a las esculturas de ese cuarto hacerme ver cosas inconcebibles. Añadió que algunas de esas piezas arqueológicas tenían la capacidad de producir, por sí mismas, un cambio en el punto de encaje, y que si yo alcanzaba un total silencio, sería testigo de escenas relacionadas con las vidas de las personas que trabajaron en esas esculturas.

Comenzó luego el recorrido más extraño que jamás haya yo presenciado en museo alguno. Don Juan dio una vuelta al salón, describiendo impresionantes detalles de cada una de las esculturas. Según él, cada una de ellas era un archivo que los brujos antiguos habían dejado; un archivo, que él, como brujo, me estaba leyendo como si me leyera un libro.

—Cada una de estas figuras está diseñada para provocar un cambio en el punto de encaje —prosiguió—. Fija tu mirada en cualquiera de ellas, silencia tu mente y descubre si puede hacer que tu punto de encaje cambie de posición.

—¿Cómo puedo saber si cambió?

—Si cambia, vas a ver y sentir cosas que están más allá de tu alcance normal.

Miré fijamente las esculturas y ciertamente vi y oí cosas que jamás podré explicar. Yo ya había examinado muchísimas veces todas esas piezas, desde la perspectiva de la antropología, siempre teniendo en mente las descripciones de sus funciones que los eruditos en ese campo habían propuesto; descripciones basadas en la mentalidad del hombre moderno. Por primera vez, me parecieron idioteces totalmente arbitrarias. Lo que don Juan me dijo sobre esas piezas, y lo que yo mismo vi y escuché al mirarlas fijamente, era lo más lejano a lo que siempre había yo oído o leído sobre ellas.

Mi desasosiego fue tan grande que me sentí obligado a pedirle a don Juan que me disculpara por ser tan sugestionable. No se rió, ni me hizo bromas. Me explicó pacientemente que los brujos eran capaces de dejar, en las diferentes posiciones del punto de encaje, archivos muy precisos de sus descubrimientos. Argüía que si se trata de llegar a la esencia de un relato escrito, tenemos que entrar en un estado de participación indirecta a través de la imaginación para poder ahondarnos en la página escrita, en la experiencia misma. Sin embargo, en el mundo de los brujos, puesto que no hay páginas escritas, los archivos completos existen en la posición del punto de encaje, archivos que pueden ser revividos en lugar de leídos.

Para ilustrar su punto, don Juan habló sobre las enseñanzas de los brujos diseñadas para la segunda atención. Dijo que se dan cuando el punto de encaje del aprendiz está en un lugar diferente al habitual. De esta forma, la posición del punto de encaje se convierte en el archivo de la lección. Para poder revisar la lección, el aprendiz tiene que regresar su punto de encaje a la posición donde estaba cuando se le dio la lección. Don Juan concluyó sus observaciones reiterando que regresar el punto de encaje a todas las posiciones que ocupó cuando las lecciones fueron impartidas era un logro de grandiosa magnitud.

Pasó casi un año sin que don Juan me preguntara nada acerca de la tercera tarea de ensueño. Repentinamente un día me pidió que le describiera todos los detalles de mi práctica.

Lo primero que le mencioné fue una desconcertante repetición. Por meses, había tenido ensueños en los que me encontraba mirándome dormido en mi cama. Lo extraño era la regularidad de esos ensueños; ocurrían cada cuatro días, con la precisión de un cronómetro. Durante los otros tres días, mis ensueños eran lo que siempre habían sido: examinaba todos los objetos de mis ensueños; cambiaba de ensueños, y, ocasionalmente, poseído por una curiosidad suicida, seguía a los exploradores al mundo de los seres inorgánicos, aunque me sentía extremadamente culpable haciéndolo. Se me hacía como tener una adicción secreta a las drogas. La realidad de ese mundo era algo irresistible para mí.

Secretamente me sentía de alguna manera exonerado de responsabilidad total, ya que el mismo don Juan me había sugerido que le preguntara al emisario de ensueño qué hacer para liberar al explorador azul atrapado entre nosotros. Él quiso decir que le hiciera la pregunta al emisario durante mi práctica diaria, pero yo quise interpretar su sugerencia como si implicara el tener que hacerla cuando me encontrara en su mundo. Lo que realmente quería preguntar al emisario era que si de verdad los seres inorgánicos me habían tendido una trampa. El emisario no sólo me dijo que todo lo que don Juan me había dicho era cierto, sino que también me dio instrucciones sobre lo que Carol Tiggs y yo tendríamos que hacer para liberar al explorador.

—La regularidad de tus ensueños es algo que me esperaba —don Juan remarcó después de escucharme.

—¿Por qué esperaba usted algo así, don Juan?

—Por tu relación con los seres inorgánicos.

—Eso se acabó y está olvidado, don Juan —mentí, esperando que no insistiera en el tema.

—Dices eso solamente para contentarme, ¿no es así? No necesitas hacerlo. Sé muy bien lo que haces. Créeme, una vez que empiezas a jugar con los seres inorgánicos, estás enganchado. Siempre te perseguirán. O lo que es peor aun, siempre los perseguirás.

Me miró fijamente, y mi culpabilidad fue tan obvia que lo hizo reír.

—La única explicación de tal regularidad, es que los seres inorgánicos están tratando de complacerte otra vez —dijo don Juan en un tono serio.

Me apresuré a cambiar de tema y le dije que otro detalle de mis prácticas de ensueño que valía la pena mencionar era la reacción que tenía al verme a mí mismo, acostado y profundamente dormido. Verme así era siempre sorprendente; y yo, o me quedaba pegado en el mismo sitio hasta que el ensueño cambiaba, o me asustaba tan profundamente que me despertaba gritando a todo pulmón. Había llegado hasta el extremo de tener miedo a dormir en los días marcados para tener ese ensueño.

—Todavía no estás listo para una verdadera fusión entre tu realidad de ensueño y tu realidad cotidiana —concluyó—. Tienes que seguir recapitulando tu vida.

—Pero ya hice la recapitulación con toda la potencia posible —protesté—. He recapitulado por años. No existe nada más que pueda recordar sobre mi vida.

—Debe de haber mucho más —dijo obstinadamente—. De otra manera, no te despertarías gritando.

No me gustó la idea de recapitular otra vez. Creía haberlo hecho tan bien que no necesitaba tocar ese tema nunca más.

—La recapitulación de nuestras vidas no se acaba nunca, no importa qué tan bien la hagamos —dijo don

Juan—. La razón por la que la gente común y corriente carece de control y dirección en sus sueños, es porque nunca han recapitulado, y sus vidas están llenas hasta el tope de emociones densas y pesadas, de memorias, esperanzas, miedos.

"Por otro lado, gracias a su recapitulación, los brujos están relativamente libres de pesadas ataduras emocionales. Y si algo los detiene, como te ha detenido a ti, en este momento, se supone que todavía hay algo en ellos no totalmente claro.

—Recapitular es demasiado intrincado, don Juan. Quizá haya otra cosa que pueda hacer en su lugar.

—No, no hay nada más. Recapitular y ensoñar van de la mano. A medida que nos deshacemos de la pesadez de nuestras vidas, nos volvemos más y más vaporosos.

Don Juan me había dado instrucciones sumamente detalladas y explícitas acerca de la recapitulación. Consistía en revivir la totalidad de nuestras experiencias en la vida, haciendo un recuento minucioso de todo detalle posible. Él consideraba la recapitulación como el factor esencial para la redefinición y la redistribución de la energía necesaria para ensoñar.

—La recapitulación libera energía aprisionada dentro de nosotros, y no es posible ensoñar sin esa energía —fue su afirmación.

Muchos años antes, don Juan me ayudó a recopilar una lista de todas las personas que yo había conocido en mi vida, empezando por el presente. Ordenó mi lista de una forma coherente, dividiéndola en áreas de actividad, como lugares donde trabajé, sitios donde viví, escuelas a las que asistí. Luego me guió, ordenadamente y sin ninguna desviación, a revivir cada una de mis interacciones con las personas de mi lista, desde la primera hasta la última.

Explicó que la recapitulación comienza cuando la mente arregla todo lo pertinente a lo que se está recapitulando. Arreglar quiere decir reconstruir el acontecimiento, pieza por pieza, empezando por los detalles físi-

174

cos del medio ambiente, pasando luego a la persona con quien se compartió lo ocurrido y, después, a uno mismo; al examen de todo lo que uno sintió.

Don Juan me enseñó a acompañar la recapitulación con una respiración natural y rítmica. Me guió a exhalar prolongadamente, al mover la cabeza de manera lenta de derecha a izquierda; y a inhalar profundamente, al volver a mover la cabeza de izquierda a derecha. Él llamaba a esto "airear lo ocurrido". La mente examina el acontecimiento de principio a fin, mientras que el cuerpo continúa aireando todo aquello en lo que la mente se enfoca.

Don Juan dijo que los brujos de la antigüedad, inventores de la recapitulación, consideraban la respiración como un vehículo mágico; la exhalación para expulsar la energía ajena que se quedó en uno durante el acontecimiento que se está recapitulando, y la inhalación, para traer de regreso la energía que uno dejó en dicho acontecimiento.

Debido a mi entrenamiento académico, consideré la recapitulación como un proceso de analizar la vida de uno. Pero don Juan insistió en que era un asunto mucho más complejo que un psicoanálisis intelectual. Postuló que la recapitulación era una táctica de brujos para inducir un diminuto pero consistente desplazamiento del punto de encaje. Dijo que bajo el impacto de revisar las acciones y sentimientos pasados, el punto de encaje se mueve entre su sitio presente y el sitio que ocupaba cuando el evento recapitulado tuvo lugar.

Don Juan aseveró que la base fundamental de la recapitulación es la convicción que tienen los brujos de que existe en el universo una inconcebible fuerza disolvente, la cual da vida a los organismos prestándoles conciencia. Esa misma fuerza también hace que mueran, para poder disolverlos y extraerles la conciencia que les prestó, la cual ha sido acrecentada a través de las experiencias de la vida. Don Juan explicó que teniendo en cuenta que esta fuerza anda detrás de tales experiencias, algo de suprema importancia es que se la pueda satisfacer con un facsímil de ellas: la recapitulación. Al obtener lo que busca, la fuerza disolvente deja a los brujos libres para que expandan su capacidad de percibir y alcancen con ella los confines del espacio y del tiempo.

Al comenzar nuevamente a recapitular, me llevé una gran sorpresa cuando comprobé que mis prácticas de ensueño quedaron automáticamente suspendidas en el momento mismo en que empecé mi recapitulación. Le pregunté a don Juan sobre esto.

—Ensoñar requiere de toda la energía disponible —contestó—. Si existe una gran preocupación en nuestras vidas, no hay posibilidad de que ensoñemos.

—Pero, he estado profundamente preocupado antes —dije—, y mis prácticas nunca fueron interrumpidas.

—Debe de ser que cada vez que creías estar preocupado, estabas sólo maniáticamente alterado —dijo riéndose—. Para los brujos, preocuparse significa que todas sus fuentes de energía están funcionando. Esta es la primera vez que empleas la totalidad de tus fuentes energéticas. En lo otro, aun en tu recapitulación, has estado siempre muy lejos de estar absorto.

Don Juan me dio un nuevo modelo de recapitulación. Lo llamó "recapitulación rompecabezas". Consistía en tomar diferentes eventos de mi vida, sin un orden aparente.

—Pero, va a ser un desastre —protesté.

—No, no lo va a ser —me aseguró—. Sería un desastre si dejas que tu mente escoja los eventos que vas a recapitular. Ahora, si dejas que el espíritu decida, el resultado es lo opuesto. Entra en un estado de silencio y deja que el espíritu te señale el evento que debes seguir.

El resultado de ese nuevo modelo de recapitulación me asombró en muchos niveles. Fue muy impresionante para mí descubrir que cada vez que silenciaba mi mente, una fuerza al parecer independiente de mí me sumergía inmediatamente en un poderoso y detallado recuerdo. Pero algo aún más impresionante fue lo sistematizada que era esta configuración. Lo que imaginé caótico, resultó ser extremadamente ordenado.

Le pregunté a don Juan por qué no me había hecho recapitular de esta forma desde el principio. Contestó que la recapitulación consiste de dos partes básicas; a la primera se la llama formalidad y rigidez; a la segunda, fluidez.

En el nivel subjetivo, yo no tenía la menor idea de cuán diferente iba a ser el resultado de mi recapitulación. La habilidad para concentrarme, adquirida a través de mis prácticas de ensueño, me permitió examinar mi vida con una profundidad que nunca hubiera imaginado posible. Me tomó más de un año ver y revisar todo lo que pude sobre los acontecimientos de mi vida. Al final, estuve de acuerdo con don Juan: a pesar de haber recapitulado, aún existían cargas emocionales escondidas tan hondo adentro de mí que eran virtualmente inaccesibles.

Mi nueva recapitulación me permitió una actitud de mayor soltura. El mismo día que reinicié mis prácticas de ensueño soñé que yo me veía a mí mismo dormido en mi cama. Al darme cuenta, lo que hice fue dar la vuelta y salir del cuarto; bajando penosamente las escaleras que daban a la calle.

Fue tan grande mi entusiasmo que se lo reporté a don Juan. Me llevé una gran desilusión cuando él consideró esto como un sueño común y corriente y no como parte de mi práctica de ensueño. Arguyó que yo no había salido a la calle con mi cuerpo energético, ya que si lo hubiera hecho, hubiera tenido una sensación totalmente diferente a la de bajar por las escaleras.

—¿De qué clase de sensación está usted hablando, don Juan? —le pregunté con verdadera curiosidad.

—Tienes que establecer una prueba válida que te permita saber si realmente estás viéndote a ti mismo dormido en tu cama —dijo en lugar de responder a mi pregunta—. Recuerda que la tarea es estar realmente en tu cuarto, realmente ver a tu cuerpo. De otra manera, es meramente un sueño. Si ese es el caso, controla ese sueño, y transfórmalo en ensueño, observando sus detalles o cambiándolo.

Insistí en que me diera una pauta acerca de lo que podría ser una prueba válida, pero se negó.

—Encuentra tú mismo una manera de validar el hecho de que te estás viendo a ti mismo —dijo.

—¿Tiene usted alguna sugerencia acerca de lo que pueda ser una prueba válida? —insistí.

—Usa tu propio juicio. Estamos llegando al final de tu aprendizaje. Muy pronto vas a estar solo.

Cambió luego de tema, y me dejó con la clara sensación de mi ineptitud. No fui capaz de deducir lo que él quería, o a qué llamaba una prueba válida.

En el próximo ensueño en el que me vi a mí mismo dormido, en lugar de salir del cuarto y bajar las escaleras, o despertarme gritando, me quedé por un largo rato pegado al lugar desde donde observaba. Sin inquietarme ni desesperarme, observé los detalles de mi ensueño. Me di cuenta de que estaba dormido y llevaba puesta una camiseta blanca rasgada en el hombro. Traté de acercarme y examinarla, pero moverme era algo que no estaba dentro de mis posibilidades. Sentía una pesadez que parecía ser parte de mí mismo. De hecho, todo yo era peso. Al no saber qué hacer, entré instantáneamente en una terrible confusión. Traté de cambiar de ensueño, y todo lo que logré fue estar consciente más que nunca de una fuerza descomunal que me mantenía fijo, mirando a mi cuerpo dormido.

En medio de todo aquello, escuché al emisario decir que el no tener control para moverme me había aterrado a tal punto que quizá tendría que hacer otra recapitulación. La voz del emisario y lo que dijo no me sorprendieron en lo más mínimo. Nunca me había sentido tan vívida y horriblemente incapacitado para moverme. Sin embargo, esta vez no me entregué a mi terror. Lo examiné. No era un terror psicológico sino más bien una sensación física de impotencia, desesperación y fastidio. El

178

no poder moverme me frustraba indescriptiblemente. Mi incomodidad aumentó en proporción a la sensación de que algo fuera de mí me había paralizado brutalmente. El esfuerzo que hice para mover mis brazos, o mis piernas, fue tan intenso que en un momento dado me vi la pierna de mi cuerpo dormido en la cama, moverse como si estuviera pateando.

Mi cuerpo inerte atrajo entonces toda mi atención de ensueño, y ello me hizo despertar con tal fuerza que me tomó más de media hora calmarme. Mi corazón palpitaba casi sin ritmo. Mi cuerpo entero temblaba y los músculos de mis piernas tenían calambres espasmódicos e incontrolables. Había sufrido una pérdida tan radical de calor que necesité cobijas y botellas de agua caliente para subir mi temperatura.

Naturalmente, fui a México a consultar con don Juan la sensación de parálisis y el hecho de que realmente tenía puesta una camiseta rasgada, y que por lo tanto, me había visto, verdaderamente, a mí mismo dormido. Además, le tenía un miedo mortal a la hipotermia. Don Juan no quiso discutir mi problema. Todo lo que le pude sacar fue una mordaz observación.

—Te gusta el drama —dijo categóricamente—. Por supuesto que te viste a ti mismo durmiendo. El problema fue que te pusiste nervioso, porque tu cuerpo energético jamás había estado conscientemente en conjunto. Mi consejo es que si te vuelves a poner nervioso te agarres el pito. Esto restaurará tu temperatura en un santiamén y sin ninguna alharaca.

Me sentí un poco ofendido por su tosquedad. Sin embargo, su consejo demostró ser efectivo. Durante otro susto, hice lo que me prescribió, y volví a mi estado normal en unos cuantos minutos. Además descubrí que si no me agitaba, tampoco entraba en estados de terror. Mantenerme bajo control no me ayudaba a moverme, pero ciertamente me producía una profunda sensación de paz y serenidad.

Después de meses de hacer esfuerzos inútiles para

caminar, busqué los comentarios de don Juan una vez más, no tanto para que me aconsejara, sino porque quería admitir personalmente mi derrota. Me había topado con una barrera infranqueable y tenía una certeza indisputable de que había fracasado.

—Los ensoñadores tienen que ser imaginativos —dijo don Juan con una sonrisa maliciosa—. Tú no eres imaginativo. No te advertí usar tu imaginación para mover tu cuerpo energético, porque quería averiguar si podías tú mismo resolver el acertijo. Fallaste y tus amigos no te ayudaron.

En el pasado, siempre me defendí ferozmente cuando me acusaba de no tener imaginación. En ese entonces, creía ser imaginativo, pero tener a don Juan como maestro me enseñó de la manera más directa que no lo soy. Ya estaba curado de emplear mi energía en defensas inútiles.

—¿Cuál es el acertijo del que está usted hablando, don Juan? —le pregunté.

—El acertijo de cuán imposible y al mismo tiempo cuán fácil es mover el cuerpo energético. Lo estás tratando de mover como si estuvieras en el mundo cotidiano. Empleamos tanto tiempo y esfuerzo en aprender a caminar que al final creemos que nuestro cuerpo energético también debe caminar. No hay razón por la cual deba hacerlo, excepto que caminar es lo primordial en nuestra mente.

Me quedé maravillado ante la simplicidad de la solución. Supe instantáneamente que yo estaba una vez más atorado en el nivel de la interpretación. Don Juan me había dicho que al alcanzar la tercera compuerta me tenía que mover, y para mí moverme significaba caminar. Le dije que comprendía su punto de vista.

—No es mi punto de vista —contestó fríamente—. Es el punto de vista de los brujos. Los brujos dicen que en la tercera compuerta el cuerpo energético entero puede moverse como se mueve la energía: rápida y directamente. Tu cuerpo energético sabe exactamente cómo moverse, como en el mundo de los seres inorgánicos.

"Y ahora, hablando del otro asunto bajo discusión —añadió don Juan con aire pensativo—. ¿Por qué no te ayudaron tus amigos los seres inorgánicos?

—¿Por qué los llama usted mis amigos, don Juan?

—Porque lo son. Son los amigos clásicos, ni considerados ni amables, pero tampoco groseros; los amigos que sólo esperan un momento de descuido para darnos una puñalada.

Comprendí todo con tal lucidez que le hice unas preguntas más bien retóricas y dirigidas a mí mismo.

—¿Qué es lo que me hace ir a ellos? ¿Será una tendencia suicida?

—No es ninguna tendencia suicida —dijo—. Lo que te pasa es que no crees que estuviste casi muerto. Como no tuviste dolor físico, no puedes creer que estuviste a punto de morir.

Su argumento era bastante razonable, mi incredulidad era real. Pero aun así, yo no podía descartar el profundo y desconocido miedo que regía mi vida a partir de mi encuentro con los seres inorgánicos. Don Juan escuchó en silencio lo que le dije acerca de mi incapacidad de explicar mi deseo de ir al mundo de los seres inorgánicos, a pesar de todo lo que sabía de él.

—Es una locura —dije—, lo que hago no tiene ningún sentido.

—Sí tiene sentido. Los seres inorgánicos todavía te están jalando, como a un pez enganchado por un anzuelo —dijo—. De vez en cuando te tiran carnadas inservibles para mantenerte enganchado. Arreglar tus sueños para que ocurran cada cuatro días es una carnada inservible. Pero eso sí, no te enseñaron a mover tu cuerpo energético.

—¿Por qué cree usted que no me lo enseñaron?

—Porque cuando tu cuerpo energético aprenda a moverse por sí mismo, vas a estar completamente fuera de su alcance. Fue algo prematuro de mi parte creer que ya estabas libre de ellos. Estás relativa pero no completamente libre; todavía andan detrás de tu conciencia.

Sentí un escalofrío en la espalda. Don Juan me había tocado un punto doloroso.

—Dígame qué hacer, don Juan, y lo haré —dije.

—Sé impecable. Ya te lo he dicho docenas de veces. Ser impecable quiere decir poner tu vida en el tapete para respaldar tus decisiones, y hacer lo mejor de lo mejor para llevar a cabo esas decisiones. Si no hay decisiones en tu vida, la estás simplemente desperdiciando de una manera pueril.

Don Juan terminó nuestra conversación, insistiendo en que pensara profundamente sobre lo que me había dicho.

En la primera oportunidad que tuve, puse a prueba su sugerencia de cómo mover mi cuerpo energético. Al encontrarme mirando mi cuerpo dormido, en lugar de esforzarme por llegar caminando a él, simplemente deseé acercarme a la cama. Instantáneamente, estaba casi tocando mi cuerpo dormido. Vi mi cara. De hecho podía ver los poros de mi piel. No puedo decir que me agradó ver lo que vi. Mi visión de mi propio cuerpo era demasiado detallada para ser estéticamente agradable. Después algo como un viento entró en el cuarto, desarregló completamente todo y borró mi visión.

En ensueños posteriores, corroboré totalmente que la única manera en que el cuerpo energético se puede mover es deslizándose o volando. Discutí esto con don Juan. Parecía estar muy satisfecho con lo que yo había hecho, lo cual realmente me sorprendió. Estaba acostumbrado a su fría reacción ante cualquier cosa que lograra en mis prácticas de ensueño.

—Tu cuerpo energético está acostumbrado a moverse únicamente cuando algo lo jala —dijo—. Los seres inorgánicos lo han estado jalando de arriba abajo; hasta ahora, nunca lo has movido por ti mismo, con tu propia voluntad. No parece que hayas hecho mucho, moviéndote de la manera en que te moviste, pero te aseguro que yo estaba considerando seriamente terminar con tus

182

prácticas de ensueño. Por un momento pensé que jamás ibas a aprender a moverte por tu cuenta.

—¿Estaba usted considerando terminar mis prácticas de ensueño porque soy lento?

—No eres lento. Un brujo se demora mucho tiempo para aprender a mover su cuerpo energético. Iba a terminar con tus prácticas de ensueño porque debo ya irme y hay otros asuntos más apremiantes que el ensueño, en los que puedes utilizar tu energía.

—¿Qué más debo hacer, ahora que he aprendido a mover mi cuerpo energético, don Juan?

—Continúa moviéndolo. Mover tu cuerpo energético ha abierto una nueva área para ti, un área de extraordinaria exploración.

Insistió una vez más en que debía idear algo para validar la fidelidad de mis ensueños; su pedido no me pareció tan raro como la primera vez que lo mencionó.

—Como ya sabes, ser transportado por un explorador es la verdadera tarea de la segunda compuerta —explicó—. Es un asunto muy serio, pero no tan serio como forjar el cuerpo energético. Por lo tanto, tienes que asegurarte, por tus propios medios, si estás verdaderamente viéndote dormido, o si estás solamente soñando que te ves dormido. La nueva exploración extraordinaria de la que te hablé depende de si en realidad te ves dormido.

Después de muchas dudas y tribulaciones, creí que había ideado el plan correcto. El haber visto mi camiseta rasgada me dio una idea. Si estaba realmente viéndome dormido, también estaría viendo si llevaba la misma indumentaria con la que me había ido a dormir; una indumentaria experimental que planeaba cambiar radicalmente cada cuatro días. Confiaba en que no tendría ninguna dificultad en recordar, en mis ensueños, mi indumentaria experimental. Creí que la disciplina adquirida a través de mis prácticas de ensueño me permitiría grabar cosas como ésta en mi mente y recordarlas en mis ensueños.

Puse en práctica este plan, pero los resultados fueron desastrosos. Me faltó control en mi atención de ensueño y no pude recordar los detalles de mis indumentarias experimentales. Pero aun así, de alguna manera, siempre supe cuándo mis sueños eran solamente sueños ordinarios, cuándo eran ensueños, o cuándo eran algo más que ensueños. En cuyo caso se suponía que mi cuerpo estaba acostado en la cama dormido, mientras mi conciencia realmente lo observaba.

Una característica notable de estos ensueños era mi cuarto. Nunca era como mi cuarto en el mundo cotidiano, sino una enorme y vacía sala de conferencias, con mi cama en uno de sus extremos. Tenía que volar una considerable distancia para estar junto a la cama donde yacía mi cuerpo. En el momento en que estaba junto a él, una fuerza como un fuerte viento me hacía revolotear encima de él, como un colibrí. Algunas veces el cuarto se disolvía; desaparecía pedazo por pedazo hasta que sólo quedaban mi cuerpo y la cama. Otras veces, experimentaba una total pérdida de voluntad. Mi atención de ensueño parecía entonces funcionar independientemente; se quedaba completamente absorta con el primer objeto en el que se enfocara, o parecía no poder decidir qué hacer. En esos casos, tenía la sensación de que estaba flotando, sin volición alguna, yendo de un objeto a otro sin poder concentrarme.

La voz del emisario me explicó una vez que todos los elementos de este tipo de ensueño eran realmente configuraciones energéticas diferentes a las del mundo normal. La voz del emisario señaló que, por ejemplo, las paredes eran líquidas. Insistió en que me sumergiera en una de ellas.

Sin más ni más, me zambullí en una pared como si ésta fuera un gigantesco lago. No sentía la líquida pared; lo que sentí no fue tampoco la sensación de sumergirme físicamente en el agua, pero fue como el pensamiento de sumergirme y la sensación visual de pasar a través de una materia líquida. Mi zambullida me llevó, hundiéndome en algo que se abría, como el agua se abre.

La sensación de hundirme, con la cabeza por delante, era tan real que empecé a preguntarme por cuánto tiempo, o cuán hondo me había sumergido. Desde mi punto de vista subjetivo pasé una eternidad zambulléndome. Vi nubes y masas de materia que parecían rocas suspendidas en una substancia al parecer líquida. Vi resplandecientes objetos geométricos, como de cristal, y masas de los colores primarios más profundos que jamás había visto. Había también zonas de intensa luminosidad y otras de total oscuridad. Todo eso se movía frente a mí, ya sea despacio o a una gran velocidad. Se me ocurrió que estaba viendo el cosmos. Al instante en que tuve ese pensamiento, mi velocidad aumentó tan intensamente que todo se volvió borroso, y de repente, me encontré despierto con la nariz contra una de las paredes de mi cuarto.

Un miedo velado me hizo consultar con don Juan. Me escuchó con suma atención.

—Ahora es cuando necesitas hacer una maniobra muy drástica —dijo—. El emisario de ensueño no tiene razón de interferir con tus prácticas de ensueño. O más bien, tú no deberías, bajo ninguna condición, permitirle que lo haga.

—¿Cómo puedo detenerlo?

—Con una maniobra muy simple pero muy difícil. Al entrar en tu ensueño, expresa en voz alta tu deseo de no tener que ver más con el emisario de ensueño.

—¿Quiere eso decir, don Juan, que nunca más lo escucharé?

—Efectivamente. Te vas a deshacer de él para siempre.

—¿Pero, es aconsejable deshacerme de él?

—A estas alturas, ciertamente lo es.

—Con esas palabras, don Juan me hundió en un gran dilema. No quería terminar mi relación con el emisario, y al mismo tiempo, quería seguir el consejo de don Juan. Se dio cuenta de mi duda.

—Sé que es un asunto muy difícil —concedió—. Pero si no te deshaces del emisario, los seres inorgánicos te van a tener siempre enganchado. Si quieres evitarlo haz lo que te digo, y hazlo ahora mismo.

En mi siguiente sesión de ensueño, al prepararme a pronunciar mi intento, la voz del emisario me interrumpió. Dijo: "si resuelves no hacer tu pedido, te prometo que nunca intervendré en tus prácticas de ensueño, y que te hablaré únicamente si me haces preguntas directas".

Acepté instantáneamente su proposición, la cual consideré ser un trato muy equitativo. Sentí alivio de que el asunto se hubiese resuelto así, aunque temía que don Juan iba a quedar decepcionado.

—Fue una excelente maniobra —remarcó y se rió—. Fuiste sincero; realmente ibas a pronunciar tu intento. Ser sincero era todo lo que se requería. Esencialmente no había necesidad de que te deshicieras del emisario. Lo que querías era acorralarlo para que te propusiera una alternativa conveniente para ti. Estoy seguro de que el emisario ya no va a interferir más.

Tenía razón. Continué con mis prácticas de ensueño sin ninguna intromisión por parte del emisario. Una extraordinaria consecuencia fue que empecé a tener ensueños en los que los cuartos que ensoñaba eran mi verdadero cuarto del mundo diario, con una diferencia: en mis ensueños, mi cuarto estaba siempre tan inclinado, tan distorsionado, que parecía una gigantesca pintura cubista; con ángulos obtusos y agudos en lugar de los ángulos rectos de las paredes, pisos y cielo raso. En mi cuarto asimétrico, la misma inclinación creada por los ángulos obtusos o agudos era un medio para hacer resaltar prominentemente algún detalle absurdo y superfluo, pero real; por ejemplo, intrincadas líneas en la madera del piso, o descoloraciones en la pintura de una pared, o manchas de polvo en el cielo raso, o huellas digitales en los bordes de las puertas.

En esos ensueños, me perdía inevitablemente en mundos acuosos formados por el detalle señalado por las inclinaciones. Durante toda mi práctica de ensueño, la abundancia de detalles en mi cuarto era tan inmensa y su atracción tan intensa que instantáneamente me sumergía en lo que fuera.

En el primer momento libre que tuve, me fui a ver a don Juan, y le conté mis ensueños.

—No puedo salirme de mi cuarto —le dije después de darle toda la información pertinente.

—¿Qué te hace creer que debes salir de él? —preguntó haciendo una mueca de desdén.

—Creo que debo moverme más allá de mi cuarto, don Juan.

—Pero te estás moviendo más allá de tu cuarto. Quizá deberías preguntarte si estás otra vez atrapado en interpretaciones. ¿Qué crees que significa moverse, en este caso?

Le dije que la sensación que experimenté una vez de caminar de mi cuarto a la calle había sido tan asombrosa que ahora tenía una verdadera necesidad de volver a hacerlo.

—Pero lo que haces es mucho más excitante que lo que quieres hacer —protestó—. Vas a regiones increíbles. ¿Qué más quieres?

Le traté de explicar que tenía una exigencia física de salirme de la trampa del detalle. Mi mayor molestia era mi incapacidad de liberarme de lo que atraía mi atención de ensueño. Le dije que mi meta era tener un mínimo de voluntad.

Hubo un largo silencio. Esperé oír más acerca de la trampa del detalle, después de todo, fue él quien me previno de sus peligros.

—Vas muy bien —dijo finalmente—. A los ensoñadores les lleva largo tiempo perfeccionar su cuerpo energético. Y esto es precisamente lo que está aquí en juego: perfeccionar tu cuerpo energético.

Don Juan explicó que mi cuerpo energético estaba impulsado a examinar detalles y quedarse atrapado en ellos debido a su inexperiencia. Dijo que los brujos se pasan la vida entera completando sus cuerpos energéticos por medio de la maniobra de dejarlos absorber todos los detalles posibles.

—El cuerpo energético se abstrae en detalles hasta que está completo y maduro —don Juan prosiguió—. Y no hay modo de liberarlo de la compulsión de quedar absorto en todo. Pero si uno toma esto en consideración, en lugar de entrar en batalla con él como tú lo haces, uno le puede ayudar.

—¿Cómo puedo ayudarlo, don Juan?

—Dirigiendo su comportamiento, o sea, acechándolo.

Explicó que ya que todo lo relacionado con el cuerpo energético depende de la adecuada posición del punto de encaje, y ya que ensoñar es el medio de desplazarlo, acechar es hacer que el punto de encaje se quede fijo en la posición perfecta; en este caso, la posición en la que el cuerpo energético se puede consolidar y desde la cual finalmente emerge.

Don Juan dijo que cuando el cuerpo energético se mueve por sus propios medios, los brujos asumen que la posición óptima del punto de encaje ha sido alcanzada. El siguiente paso es acecharlo, esto es, mantener fijo el punto de encaje en esa posición, para de ese modo completar el cuerpo energético. Señaló que el procedimiento es de una extraña simpleza: uno intenta acecharlo y lo acecha.

Hubo un largo silencio y miradas intensas llenas de expectativa. Yo esperaba que dijera algo más, y él esperaba que yo hubiera entendido lo que había dicho.

—Permite que tu cuerpo energético intente alcanzar la óptima posición de ensueño —explicó—. Luego permite que tu cuerpo energético intente quedarse en esa posición. Eso quiere decir acecharlo.

Hizo una pausa, y con sus ojos me instó a que considerara su aseveración.

—Intentar es el secreto, pero tú ya sabes eso —dijo—. Los brujos desplazan su punto de encaje a través del intento, y lo fijan igualmente a través del intento. Y no hay ninguna técnica para intentar. Uno aprende a intentar usando el intento.

Una extravagante idea acerca de mi valor como brujo fue inevitable. Y tuvo que ver con una ilimitada confianza de que algo me iba a ayudar a intentar la fijación de mi punto de encaje en el lugar ideal. En el pasado había llevado a cabo, sin saber cómo, toda clase de maniobras. Don Juan se había maravillado de mi habilidad, o de mi suerte. Yo estaba seguro de que esta vez iba a pasar lo mismo. Pero me equivoqué. No tuve ningún éxito en fijar mi punto de encaje en cualquier lugar, muchísimo menos en el lugar ideal.

Después de meses de serios pero inútiles esfuerzos, me di por vencido.

—Realmente creí que lo podía hacer —le dije a don Juan en el momento en que llegué a su casa—. Mucho me temo que últimamente mi importancia personal ha crecido más que nunca.

—No, realmente —dijo con una sonrisa—. Lo que pasa es que estás atrapado en otra de tus rutinarias malas interpretaciones de términos. Quieres encontrar el lugar ideal como si estuvieras tratando de encontrar las llaves de tu coche. Luego quieres atar tu punto de encaje como si te estuvieras amarrando los zapatos. El lugar ideal y la fijación del punto de encaje son metáforas. No tienen nada que ver con las palabras que se usan para describirlas.

Me pidió entonces que le contara los más recientes eventos de mis prácticas de ensueño. Lo primero que le mencioné fue que el impulso de mi atención de ensueño de quedar absorta en detalles había disminuido considerablemente. Le dije que quizá porque en mis ensueños me movía compulsiva e incesantemente, el movimiento en sí me detenía antes de que me sumergiera en el detalle que estaba observando. Detenerme así me dio la oportunidad de examinar el acto de quedar absorto en detalles; y llegué a la conclusión de que la materia inanimada poseía una fuerza inmovilizante. Yo la veía como un rayo inmóvil de luz opaca que me mantenía fijo. Por ejemplo, muchas veces alguna diminuta marca en las paredes, o en las líneas de la madera del piso de mi cuarto emitía una línea de luz que me inmovilizaba; a partir del momento en que mi atención de ensueño enfocaba esa luz, todo el ensueño giraba alrededor de esa diminuta marca. La veía agrandarse al tamaño del universo entero. Esa visión duraba hasta que me despertaba, con la nariz presionada contra la pared o contra el piso de madera. Mis conclusiones fueron que, en primer lugar, el detalle era real, y en segundo lugar, parecía que lo había estado observando mientras dormía.

Don Juan sonrió y dijo: —Todo esto te está pasando porque tu cuerpo energético se forjó completamente en el momento en que se movió por sí mismo. No te lo dije, pero te lo insinué. Quería saber si eras capaz de descubrirlo por ti mismo, y por supuesto lo hiciste.

No tenía idea a qué se refería. Don Juan me escudriñó de la manera en que solía hacerlo. Su mirada fija y penetrante recorrió mi cuerpo.

—¿Qué fue exactamente lo que descubrí por mí mismo, don Juan? —me vi forzado a preguntar.

—Descubriste que tu cuerpo energético está completo —contestó.

—Yo no descubrí nada de eso; se lo aseguro.

—Sí, lo descubriste. Comenzó cuando no podías encontrar un método para certificar la realidad de tus ensueños. Sin saber cómo, algo empezó a funcionar, algo que te revelaba lo que querías saber acerca de tus ensueños. Ese algo era tu cuerpo energético. Ahora te desespera no poder encontrar el lugar ideal donde fijar tu punto de encaje. Y yo te digo que ya lo encontraste. La prueba es que has descubierto que si te mueves, tu cuerpo energético reduce su obsesión con los detalles.

Me quedé estupefacto. Ni siquiera pude hacerle una de mis débiles preguntas.

—Lo que vas a hacer ahora es una de las maravillas

de brujos —prosiguió don Juan—. Vas a practicar *ver* energía en tu ensueño. Has cumplido la tarea parcial de la tercera compuerta del ensueño: mover tu cuerpo energético. Ahora vas a llevar a cabo la verdadera tarea: *ver* energía con tu cuerpo energético.

"Ya has *visto* varias veces energía —prosiguió—. Pero cada una de esas veces, *viste* de pura casualidad. Ahora lo vas a hacer deliberadamente.

"Los ensoñadores tienen una regla empírica —continuó—. Si sus cuerpos energéticos están completos, *ven* energía cada vez que miran fijamente algún objeto del mundo cotidiano. En sus ensueños, si *ven* energía en un objeto, están tratando con un mundo real, sin importar qué tan extraño o indefinido les pueda parecer ese mundo. Si no pueden *ver* energía en los objetos de su ensueño, se encuentran en un sueño común y corriente y no en un mundo real.

—¿Qué es un mundo real, don Juan?

—Es un mundo que genera energía; lo opuesto a un mundo fantasma de proyecciones donde nada genera energía; como la mayoría de nuestros sueños, donde nada tiene un efecto energético.

Don Juan me dio entonces otra definición del ensueño: un proceso por medio del cual los ensoñadores aíslan condiciones del ensueño en las que pueden encontrar elementos que generan energía. Su definición me dejó perplejo. Se rió, y me dio otra aún más compleja: ensoñar es el proceso por medio del cual intentamos encontrar posiciones adecuadas del punto de encaje, posiciones que nos permiten percibir elementos que generan energía en estados que parecen sueños.

Explicó que el cuerpo energético es también capaz de percibir energía diferente a la energía de nuestro mundo. Como en el caso de los seres inorgánicos, a quienes el cuerpo energético percibe como energía chisporroteante. Añadió que en nuestro mundo nada chisporrotea; todo aquí oscila.

—De ahora en adelante —dijo—, la tarea de tu en-

191

sueño va a ser determinar si los objetos en los que enfocas tu atención de ensueño generan energía terrestre, o generan energía foránea, o son meras proyecciones fantasmagóricas.

Don Juan admitió haber tenido la esperanza de que yo llegara a la idea de *ver* energía, como medida para determinar si estaba realmente viendo mi cuerpo dormido. Se rió de mi falsa estratagema de ponerme elaboradas vestimentas de dormir. Dijo que yo había tenido en mis manos toda la información necesaria para deducir cuál era la verdadera tarea de la tercera compuerta del ensueño y llegar a la solución correcta, pero que mi sistema de interpretación me forzó a buscar soluciones artificiales que carecían de la simplicidad y la franqueza de la brujería.

9

LA NUEVA ÁREA DE EXPLORACIÓN

Don Juan me dijo que para poder *ver* en ensueños, no sólo tenía yo que intentar *ver*, sino también expresar mi intento en voz alta. Insistió en lo de la voz alta por razones que se rehusó a explicar. Sin embargo admitió que había otras maneras de obtener el mismo resultado, pero aseveró que expresar en voz alta el intento de uno es la forma más simple y directa.

La primera vez que en ensueños puse en palabras mi intento de *ver*, estaba soñando con una venta pública de toda clase de objetos; la venta se realizaba en un campo abierto. Había tantos artículos, que no podía decidir cuál *ver*. Un jarrón gigantesco y llamativo me hizo decidir. Me le quedé mirando fijamente, y luego expresé en voz alta mi intento de *ver*. El jarrón permaneció en mi vista por un instante, y luego se transformó en otro objeto, como sucedía en mi práctica diaria de ensueño.

Vi tantas cosas como pude en ese ensueño. Después de expresar mi intento de *ver*, cada objeto que escogía se esfumaba o se transformaba en cualquier otra cosa. Finalmente mi atención de ensueño se agotó y desperté tremendamente frustrado, casi enojado.

Por meses enteros miré fijamente cientos de objetos en mis sueños, y pronuncié deliberadamente mi intento de *ver* cientos de veces, pero nunca pasó nada. Cansado de esperar, tuve que preguntarle finalmente a don Juan acerca de esto.

—Necesitas paciencia. Estás aprendiendo a hacer algo nuevo y extraordinario —remarcó cuando le conté mis fracasos—. Estás aprendiendo a *ver* en tus sueños. Algún día no vas a necesitar más declarar tu intento en voz alta sino simplemente desearlo, en silencio.

—Creo que no he entendido la función de lo que estoy haciendo —dije—. No pasa nada cuando grito mi intento de *ver*. ¿Qué quiere decir esto?

—Quiere decir que hasta ahora tus ensueños han sido ensueños ordinarios; proyecciones fantasmagóricas; imágenes que tienen vida únicamente en tu atención de ensueño.

Don Juan me pidió una descripción exacta de lo que había pasado con los objetos en los que enfoqué mi atención de ensueño. Le dije que o se desvanecían, o cambiaban de forma o hasta producían vórtices que eventualmente cambiaban mis ensueños.

—Lo único fuera de lo común —dije—, es que estoy aprendiendo a gritar a todo pulmón en mis ensueños.

Don Juan comenzó a reír a carcajadas, lo cual me desconcertó. No podía encontrarle la gracia a lo que yo había dicho, ni comprender la razón de su reacción.

—Algún día vas a apreciar lo chistoso que es todo esto —dijo como respuesta a mi silenciosa protesta—. Mientras tanto, no te desanimes ni te des por vencido. Continúa lidiando. Tarde o temprano, darás con la solución adecuada.

Como siempre, tuvo razón. Como unos dos meses más tarde, me saqué el premio gordo: tuve un ensueño de lo más raro. Empezó con la aparición de un explorador del mundo de los seres inorgánicos. Tanto el explorador como el emisario de ensueño habían estado extrañamente ausentes en mis ensueños. No los había extrañado, y ni siquiera pensaba en ellos. De hecho, me sentía tan bien sin ellos que hasta se me olvidó preguntarle a don Juan acerca de su ausencia.

En ese ensueño, el explorador era un gigantesco topacio amarillo que encontré pegado en la parte trasera de una gaveta. En el momento en que expresé mi intento de *ver*, el topacio se convirtió en una masa de energía chisporroteante. Tuve miedo de ser impulsado a seguirlo y desvié mi mirada; la enfoqué en un acuario de peces tropicales. Dije en voz alta mi intento de *ver*, y me llevé una tremenda sorpresa. El acuario emitió un tenue resplandor verdoso y se transformó en un retrato surrealista de una mujer adornada de joyas. Cuando expresé mi intento de *ver*, el retrato también emitió el mismo resplandor verdoso.

Al mirar fijamente a ese resplandor, todo el ensueño cambió. Me encontré entonces caminando por la calle de una ciudad que me parecía familiar, quizá era Tucson. Miré una exhibición de ropa de mujer en el escaparate de una tienda y declaré en voz alta mi intento de *ver*. Instantáneamente, un maniquí negro que resaltaba prominentemente empezó a resplandecer. En ese momento entró una vendedora a reacomodar el escaparate. Me miró. Yo también la miré fijamente y después de haber dicho en voz alta mi intento de *ver*, vi su resplandor. Era tan estupendo, que temí que algún detalle en su esplendoroso fulgor me atrapara, pero la mujer dio media vuelta y salió antes de que yo tuviera tiempo de enfocar toda mi atención en ella. Ciertamente intentaba seguirla dentro de la tienda, pero mi atención de ensueño fue atrapada entonces por un brillo que se movía. Me embistió lleno de ira. Había algo repulsivo y perverso en él. Salté para atrás. El brillo detuvo su embestida; una substancia negra me tragó y desperté.

Las imágenes de ese ensueño habían sido tan vívidas que creí firmemente haber *visto* energía, y que mi ensueño había sido una de esas condiciones que don Juan llamaba generadoras de energía. La idea de que los ensueños pueden ocurrir en la realidad consensual de nuestro mundo cotidiano me intrigaba de la misma forma que las imágenes del reino de los seres inorgánicos me habían intrigado.

—Esta vez no sólo *viste* energía, sino que cruzaste unos linderos muy peligrosos —don Juan dijo después de escuchar mi relato.

Reiteró que el ejercicio para la tercera compuerta de ensueño es hacer que el cuerpo energético se mueva por sí solo, y que yo había sobrepasado inadvertidamente ese ejercicio y había entrado en otro mundo.

—Tu cuerpo energético se movió —dijo—. Viajó. Esa clase de viaje está más allá de tus posibilidades actuales, y por ello algo te atacó.

—¿Qué cree usted que fue, don Juan?

—Este es un universo enemigo. Pudo haber sido uno de los millones de seres que existen en el universo.

—¿Por qué cree usted que me atacó?

—Por la misma razón por la que los seres inorgánicos te atacaron: porque te pusiste a su alcance.

—¿Es así de simple?

—Por supuesto. Es tan simple como lo que tú harías si una araña estrafalaria se trepara a tu escritorio, mientras escribes. La aplastarías del puro susto, en vez de admirarla o examinarla.

Me sentí perdido, busqué las palabras adecuadas para hacer una pregunta correcta. Le quería preguntar dónde había ocurrido mi ensueño, o en qué mundo estaba yo mientras ensoñaba. Pero mis preguntas no tenían ningún sentido; yo mismo podía deducir eso. Don Juan fue muy comprensivo.

—Quieres saber dónde estaba enfocada tu atención de ensueño, ¿no es cierto? —me preguntó con una sonrisa maliciosa.

Así era exactamente como quería expresar mi pregunta. Razoné que en mi ensueño había estado viendo algún objeto real. Exactamente como cuando veía los diminutos detalles de los pisos, o las paredes, o las puertas de mi cuarto, detalles que más tarde había corroborado que existían.

Don Juan dijo que en ensueños especiales, como el que tuve, nuestra atención de ensueño se enfoca en el mundo cotidiano, y que se mueve instantáneamente de un objeto real a otro objeto real en el mundo. Lo que posibilita este tipo de movimiento es que el punto de encaje se encuentra en la posición adecuada, y esto le da a la atención de ensueño tal fluidez que puede recorrer distancias increíbles en fracciones de segundo; al hacerlo, produce una percepción tan rápida y tan efímera que da la impresión de ser un ensueño ordinario.

Don Juan explicó que en mi ensueño había *visto* un jarrón real, y que mi atención de ensueño se movió grandes distancias para *ver* un verdadero cuadro surrealista de una mujer adornada con joyas. El resultado, con la excepción de *ver* energía, había sido algo muy cercano a un ensueño ordinario, en el cual los objetos se transforman rápidamente en algo diferente cuando se los mira fijamente.

—Sé lo desconcertante que es todo esto —prosiguió, completamente consciente de mi perplejidad—. Por alguna razón, pertinente a la mente, *ver* energía en ensueños es de lo más agobiante que uno puede imaginar.

Señalé que ya había *visto* energía en mis ensueños antes, pero que nunca me había afectado de esta manera.

—Ahora tu cuerpo energético está completo y funciona —dijo—, por lo tanto, que *veas* energía en tu ensueño implica que estás percibiendo un mundo real, a través del velo de un ensueño. Esa es la importancia del viaje que hiciste. Fue real. Te encontraste con objetos generadores de energía, uno de los cuales casi acaba con tu vida.

—¿Fue así de serio, don Juan?

—Créemelo que sí. Ese ser que te atacó estaba hecho de pura energía y conciencia y era mortal. *Viste* su energía. A estas alturas ya te has dado cuenta de que a menos que *veamos* en el ensueño, no podemos distinguir una cosa real, generadora de energía, de una proyección fantasmagórica. Aunque hayas luchado con los seres inorgánicos y de verdad hayas visto a los exploradores y a los túneles, tu cuerpo energético no sabe a ciencia cierta si eran reales, es decir, si eran generadores de energía. Estás casi seguro, pero no del todo seguro.

Don Juan insistió en hablar del viaje que hice. Por razones inexplicables, yo rehusaba abordar ese tema. Sus aseveraciones me habían producido una instantánea reacción; un extraño miedo, profundo, oscuro y obsesivo de una manera visceral.

—Decididamente viajaste a otra capa de la cebolla —dijo don Juan. Había hablado por largo rato pero yo no le había puesto atención.

—¿Qué significa otra capa de la cebolla, don Juan?

—El mundo es como una cebolla, tiene varias capas. El mundo que conocemos es una de ellas. Algunas veces cruzamos los linderos de estas capas y entramos en otra de ellas, en otro mundo, muy parecido a éste, pero no el mismo. Y tú entraste en uno de esos mundos.

—¿Cómo es posible un viaje de los que usted habla, don Juan?

—Tu pregunta no tiene sentido, ya que no hay nadie que la pueda responder. Desde el punto de vista de los brujos, el universo está construido de capas, y el cuerpo energético las puede cruzar. ¿Sabes dónde existen los brujos antiguos hasta hoy en día? En otra capa de la cebolla.

—La idea de un viaje pragmático y real hecho en ensueños es algo muy difícil de entender o de aceptar, don Juan.

—Hemos discutido este tema ya muchísimo. Estaba convencido de que habías entendido, de una vez por todas, que el viaje del cuerpo energético depende exclusivamente de la posición del punto de encaje.

—Ya lo sé y lo he pensado una y otra vez; pero aun así, decir que el viaje depende de la posición del punto de encaje no me explica nada.

—Tu problema es tu cinismo. Yo era exactamente como tú. El cinismo no nos permite cambios drásticos en la manera como entendemos al mundo. También nos fuerza a presumir estar siempre en lo correcto.

Entendí perfectamente lo que quería decir, y le recordé mi lucha contra todo esto.

—Te propongo que hagas algo que vas a considerar absurdo, pero que quizá cambie las cosas —dijo—. Repítete a ti mismo incesantemente que la clave de la brujería es el misterio del punto de encaje. Si te repites esto por un tiempo, una fuerza oculta tomará las riendas y provocará en ti los cambios apropiados.

Don Juan no me dio ninguna indicación de estar bromeando. La idea de repetir incesantemente esa fórmula me pareció estúpida.

—Acaba con tu actitud de cínico profesional —me dijo mordazmente—. Repite lo que te dije, pero hazlo de una manera fidedigna.

"El misterio del punto de encaje es todo en la brujería —continuó sin mirarme—. O más bien, en la brujería todo depende de la manipulación del punto de encaje. Tú ya sabes, pero tienes que repetirlo sin cesar.

Al escuchar sus observaciones, pensé por un instante que me iba a morir de angustia. Una increíble sensación física de tristeza me abrumó y me hizo gritar de dolor. Parecía como si mi estómago y mi diafragma se movieran hacia arriba, y entraran en mi cavidad torácica. El empuje fue tan intenso que mi conciencia cambió de nivel y volví a mi estado normal. Lo que fuera que hubiésemos estado hablando, se volvió un pensamiento vago acerca de algo que quizá hubiese ocurrido, pero que de acuerdo con mi sentido común cotidiano realmente no había ocurrido.

La próxima vez que don Juan y yo hablamos sobre el ensueño, discutimos las razones por las cuales yo no había podido continuar con mis prácticas por meses enteros. Don Juan me advirtió que debía redondear el tema para explicar mi situación. Primero señaló la enorme diferencia entre los pensamientos y las acciones de los hombres de la antigüedad y los pensamientos y las acciones del hombre moderno. Dijo que los hombres de la antigüedad tenían una visión muy realista de la percepción y de la conciencia, ya que esta visión provenía de su observación del universo que los rodeaba. Al contrario, el hombre moderno tiene una visión absurdamente irreal de la percepción y de la conciencia, ya que su visión proviene de su observación del orden social, y de sus tratos con éste.

—¿Por qué me explica usted esto? —pregunté.

—Porque tú eres un hombre moderno envuelto en las observaciones y las visiones de los hombres de la antigüedad —contestó—. Y ninguna de esas observaciones o visiones te son familiares. Ahora necesitas más cordura y aplomo que nunca. Estoy tratando de hacer un puente sólido por el cual puedas caminar, entre las visiones de los hombres antiguos y aquellas de los hombres modernos.

Señaló que de todas las observaciones trascendentales de los hombres de los tiempos antiguos, la única con la cual yo estaba familiarizado era la idea de vender el alma al diablo a cambio de la inmortalidad; una idea que admitió venía directamente de los tratos de los brujos antiguos con los seres inorgánicos. Me recordó cómo el emisario de ensueño había tratado de seducirme a quedarme en su reino, ofreciéndome la posibilidad de mantener mi individualidad y conciencia de ser por casi una eternidad.

—Como tú sabes, sucumbir a la atracción de los seres inorgánicos no es sólo una idea; es algo real —don Juan prosiguió—. Pero todavía no estás completamente convencido de la totalidad de esa realidad. Ensoñar es real; es una condición que genera energía. Escuchas mis aseveraciones y claro que las entiendes, pero tu conciencia todavía no ha alcanzado a comprender todo lo que esto implica.

Don Juan dijo que mi razón estaba tan alerta acerca de la importancia de una comprensión de esta naturaleza que durante nuestra última conversación me forzó a cambiar de niveles de conciencia. Me empujó a mi estado de conciencia normal, antes de que pudiera examinar

200

los diferentes aspectos y peculiaridades de mis ensueños. Mi razón se había protegido aún más al suspender mis prácticas de ensueño.

—Le aseguro que estoy perfectamente consciente de lo que una condición generadora de energía significa —dije.

—Y yo te aseguro que no lo estás —replicó—. Si lo estuvieras, medirías tu atención de ensueño con mayor cuidado. Puesto que crees que solamente estás soñando, tomas riesgos a ciegas. Tu falso razonamiento te dice que no importa lo que pase, en un momento dado, el sueño se terminará y te despertarás.

Tenía razón. A pesar de todo lo que había atestiguado en mis prácticas de ensueño, de alguna manera, todavía retenía el sentido general de que todo había sido un sueño.

—Te estoy hablando acerca de las opiniones y miras de los hombres de la antigüedad en contraposición a las del hombre moderno —don Juan prosiguió—. Tú, como hombre moderno, prefieres tratar un concepto que no te es familiar como si fuera meramente una idea vacía.

"Si dependiera de ti, considerarías el ensueño como una idea vacía. Yo sé muy bien que tomas muy en serio al ensueño, pero no crees en la realidad del ensueño.

—Comprendo lo que usted quiere decir, don Juan, pero no entiendo por qué me lo dice ahora.

—Te lo digo porque ahora estás en la posición correcta para comprender que ensoñar es una condición generadora de energía. Por primera vez, puedes entender que los sueños ordinarios son los instrumentos de entrenamiento que se usan para adiestrar al punto de encaje a fin de que alcance la posición que crea la condición generadora de energía que llamamos ensueño.

Me advirtió que los ensoñadores, como entran en mundos reales de efectos contundentes, deben permanecer en un estado de la más intensa y sostenida vigilancia; cualquier desviación pone al ensoñador en un indescriptible peligro.

En este punto de nuestra conversación, empecé a experimentar nuevamente un movimiento en mi cavidad torácica, exactamente como el que sentí el día que mi conciencia cambió de niveles por sí sola. Don Juan me sacudió del brazo fuertemente.

—¡Ensoñar es algo extremadamente peligroso! —me gritó—. No empieces ahora a efectuar una de tus maniobras para proteger a tu razón.

Su tono era tan urgente que paré lo que estaba inconscientemente haciendo.

—¿Qué me está pasando, don Juan? —pregunté.

—Lo que te está pasando es que puedes desplazar tu punto de encaje rápida y fácilmente —dijo—. Pero esa facilidad hace que ese desplazamiento sea desorientado. Disminuye tu velocidad. Cálmate y no te confíes demasiado en tus habilidades.

Podría haberle dicho que no sabía a qué se refería, pero sí lo sabía. Y también sabía que disponía de sólo unos segundos para reunir mi energía y cambiar de actitud; y lo hice.

Ese fue el final de nuestra discusión de ese día. Me fui a casa, y durante casi un año, repetí diaria y fielmente lo que don Juan me había sugerido. Los resultados de mi invocación, la cual parecía una letanía, fueron increíbles. Llegué a la conclusión de que había tenido el mismo efecto en mi conciencia de ser que el ejercicio tiene en los músculos del cuerpo. Mi punto de encaje se volvió más ágil, lo que significó que *ver* energía en mis ensueños se convirtió en la única meta de mis prácticas. Mi habilidad de *ver* creció en proporción a mis esfuerzos. Llegó el momento en que yo era capaz de *ver*, sin decir una sola palabra, y experimentar el mismo resultado que cuando expresaba en voz alta mi intento de *ver*.

Don Juan me felicitó por mi logro. Naturalmente, asumí que se estaba burlando de mí. Me aseguró que me felicitaba de verdad, pero me urgió a que siguiera gritando, por lo menos cuando me sintiera perdido. Su petición no me pareció extraña. Por mi cuenta gritaba en mis ensueños, a toda voz, cada vez que lo creía necesario.

En mis prácticas descubrí que la energía de nuestro mundo oscila, centellea. No solamente los seres vivientes sino todo en nuestro mundo centellea con una luz interior propia. Don Juan me explicó que la energía de nuestro mundo consiste en diferentes capas brillantes. La capa superior es blancuzca; y otra más profunda e inmediatamente adyacente a ésta es de color verde pálido, y otra, aún más honda, es ámbar.

Encontré los tres tonos, o más bien, *vi* vislumbres de éstos cada vez que los objetos que encontraba en mis ensueños generaban energía. Sin embargo, el primer impacto de *ver* cualquier cosa que generase energía era siempre un resplandor blancuzco.

—¿Hay nada más que tres diferentes tonos? —le pregunté a don Juan.

—Hay un número interminable —contestó—, pero para establecer un orden inicial, tres es suficiente. Más tarde, cuando seas más sofisticado en tu ensueño podrás aislar docenas de tonos.

"La capa blancuzca es el tono de la posición presente del punto de encaje de la humanidad —don Juan continuó—. Digamos que es un tono moderno. Los brujos creen que todo lo que el hombre hace hoy en día está teñido con ese resplandor blancuzco. En otros tiempos, la posición del punto de encaje de la humanidad hacía que el tono de la energía que regía en el mundo fuera verde pálido; y en otro tiempo, más distante aún, hacía que fuera color ámbar. El color de la energía de los brujos es ámbar, lo que significa que están energéticamente asociados con los hombres que existieron en un pasado lejano.

—¿Cree usted, don Juan, que el presente tono blancuzco cambiará algún día?

—Si el hombre es capaz de evolucionar. La gran tarea de los brujos es implantar la idea de que para evolucionar el hombre debe primero liberar su conciencia de ser de sus ataduras con el orden social. Una vez que esté libre, el intento la dirigirá por un nuevo camino evolutivo.

—¿Cree usted que los brujos triunfarán en esa tarea?

—Ya han triunfado. Ellos mismos son la prueba. Convencer a otros del valor y la importancia de evolucionar es otro asunto.

La otra clase de energía que encontré presente en nuestro mundo, aunque ajeno a él, era la energía de los exploradores. La energía que don Juan llamaba chisporroteante. En mis ensueños, encontré cantidades de objetos que, al *verlos*, se convertían en masas de energía que parecían estar friéndose, burbujeando con una actividad interior como de calor.

—Ten en mente que no todos los exploradores que encuentres pertenecen al reino de los seres inorgánicos —don Juan remarcó—. Todos los exploradores que has encontrado hasta ahora, excepto el explorador azul, provienen de ese reino, pero eso fue porque los seres inorgánicos te estaban acorralando; estaban dirigiendo la función. Ahora, estás solo. Algunos de los exploradores que vas a encontrar no van a ser del reino de los seres inorgánicos, sino de otros niveles de conciencia aún más distantes.

—¿Están conscientes de sí mismos los exploradores? —pregunté.

—Por supuesto —respondió.

—¿Entonces por qué no hacen contacto con nosotros cuando estamos despiertos?

—Lo hacen. Nuestra gran desgracia es estar tan completamente ocupados que no podemos poner atención a nada. Sin embargo, al dormirnos, la compuerta de doble sentido se abre y ensoñamos. Y en nuestros ensueños hacemos contacto.

—¿Hay alguna manera de saber si los exploradores son de otro nivel que no es el mundo de los seres inorgánicos?

204

—Mientras mayor es su chisporroteo, de más lejos vienen. Suena como una simpleza, ¿no? Pero no lo es. Deja que tu cuerpo energético decida. Te aseguro que al enfrentar a una energía forastera, hará muy sutiles distinciones y juicios infalibles.

Una vez más, estuvo en lo cierto. Sin mucha dificultad, mi cuerpo energético distinguió dos tipos generales de energía foránea. La energía de los exploradores del reino de los seres inorgánicos chisporroteaba ligeramente, no emitía ningún sonido, pero tenía todas las apariencias de efervescencia, de agua que está empezando a hervir.

La energía del segundo tipo general de exploradores me daba la impresión de tener considerablemente más vigor. Esos exploradores parecían estar a punto de quemarse. Vibraban por dentro como si estuvieran llenos de gas comprimido.

Mis encuentros con energía extranjera fueron siempre fugaces, ya que puse total atención a las recomendaciones de don Juan.

—A menos que sepas exactamente lo que quieres de esa energía forastera —dijo—, tienes que conformarte con un breve vistazo. Ir más allá de un vistazo es tan peligroso y tan estúpido como acariciar a una víbora.

—¿Por qué es peligroso, don Juan? —pregunté.

—Los exploradores son siempre peligrosos y extremadamente agresivos —dijo—. Tienen que ser así para realizar sus exploraciones. Sostener nuestra atención de ensueño en ellos es equivalente a pedir que se enfoquen en nosotros. Una vez que lo hacen, nos sentimos obligados a ir con ellos; y ese, por supuesto, es el peligro. Podemos acabar en mundos muy alejados de nuestras posibilidades energéticas.

Don Juan explicó que hay muchísimos tipos de exploradores, pero que en mi nivel energético presente, únicamente podía enfocarme en tres. Describió los dos primeros tipos como los más fáciles de reconocer, porque sus disfraces en nuestros ensueños son tan extravagantes que de inmediato atraen nuestra atención de ensueño. Dijo que exploradores del tercer tipo son los más peligrosos, en términos de agresividad y poder, porque se esconden detrás de disfraces muy sutiles.

—Una de las cosas más extrañas que los ensoñadores encuentran, y con la cual te vas a topar tarde o temprano —don Juan continuó—, es el tercer tipo de exploradores. Hasta ahora, has encontrado solamente muestras de los dos primeros, pero eso se debe a no haberlos buscado en el lugar apropiado.

—¿Y cuál es el lugar apropiado, don Juan?

—Has caído otra vez en la trampa de las palabras; esta vez las palabras culpables son "los exploradores se esconden detrás de los elementos de nuestros ensueños". Has creído que elementos significa únicamente objetos. Bueno, el más feroz de los exploradores se esconde detrás de gente en nuestros ensueños. Me aguardaba una formidable sorpresa cuando una vez enfoqué mi atención de ensueño en la imagen de mi madre. Después de haber expresado en voz alta mi intento de *ver*, mi madre se convirtió en una feroz burbuja de energía chisporroteante.

Don Juan hizo una pausa como para cerciorarse de que sus palabras tuvieran el debido efecto en mí. Me sentí tremendamente molesto con la idea de encontrar un explorador detrás de la imagen de mi madre.

—Es insoportable que estén siempre asociados con la imagen de nuestros padres o amigos —prosiguió—. Quizá es por eso que a menudo nos sintamos mal cuando soñamos con ellos.

Su sonrisa irónica me dio la impresión de que estaba disfrutando de mi molestia.

—Por lo general los ensoñadores asumen que siempre que se sienten perturbados al soñar con sus padres o sus amigos, el tercer tipo de exploradores está presente. Es muy razonable aconsejar a los ensoñadores que eviten esas imágenes en sus ensueños, pues son peligrosísimas.

—¿Cuál es la posición del explorador azul con relación a los otros exploradores? —pregunté.

—La energía azul no chisporrotea —contestó—. Es como la nuestra; oscila, pero es azul en lugar de blanca. La energía azul no existe en nuestro mundo.

"Y eso nos pone frente a algo de lo que nunca hemos hablado. ¿De qué color eran los exploradores que has *visto* hasta ahora?

Nunca había pensado en ello, hasta el momento en que lo mencionó. Le dije que eran de color rosa claro o rojizo encendido. Él añadió que los exploradores del tercer tipo eran de color anaranjado brillante.

Yo mismo descubrí que el tercer tipo de explorador es francamente pavoroso. Cada vez que encontraba uno de ellos, estaba detrás de la imagen de mis padres, especialmente la de mi madre. *Verlo* me recordaba siempre a la masa de energía que me atacó. La energía de aquellos exploradores parecía estar a punto de saltar sobre mí y mi cuerpo energético reaccionaba con horror aún antes de que la *viera*.

Durante nuestra siguiente discusión sobre el ensueño, le pregunté a don Juan sobre la ausencia total de los seres inorgánicos en mis prácticas de ensueño.

—Aparecen únicamente al principio —explicó—. Después de que los exploradores nos llevan a su mundo, no hay más necesidad de las proyecciones de los seres inorgánicos. Si queremos verlos, un explorador nos lleva a su mundo, puesto que nadie, pero nadie, puede viajar por sí mismo a ese reino.

—¿Por qué es eso, don Juan?

—Su mundo está sellado. Nadie puede entrar o salir de él sin el consentimiento de los seres inorgánicos. Lo único que se puede hacer, una vez que uno está adentro es, por supuesto, expresar el intento de quedarse allí. Decirlo en voz alta significa desatar corrientes de energía que son irreversibles. En tiempos pasados, la palabra era increíblemente poderosa. Ahora no lo es; pero en el reino de los seres inorgánicos, aún no ha perdido su poder.

Don Juan se rió y dijo que era engorroso para él hablar del mundo de los seres inorgánicos, ya que yo realmente sabía más acerca de ese mundo que él y todos sus compañeros juntos.

—Hay un asunto relacionado con ese mundo del cual no hemos discutido —dijo.

Hizo una larga pausa, como si estuviera buscando las palabras apropiadas.

—Para decirte la verdad —comenzó—, mi aversión por las actividades de los brujos antiguos es muy personal. Como nagual, detesto lo que hicieron. Buscaron cobardemente refugio en el mundo de los seres inorgánicos. Argüían que en un universo enemigo hecho para destruirnos, nuestro único posible refugio está en ese reino.

—¿Por qué creían eso, don Juan?

—Porque es la verdad. Puesto que los seres inorgánicos no pueden mentir, el emisario de ensueño vende lo cierto. Ese mundo puede ampararnos y prolongar nuestra conciencia por casi una eternidad.

—Lo que el emisario vende, aunque sea la verdad, no me interesa —dije.

—¿Quieres decir que te arriesgarías a tomar un camino que quizá te descuartice? —preguntó con un tono de perplejidad.

Le aseguré que yo no deseaba el mundo de los seres inorgánicos, a pesar de las ventajas que ofreciera. Mi aseveración pareció complacerlo infinitamente.

—Entonces estás listo para encarar el aspecto final de ese mundo. El más espantoso aspecto que uno puede encarar —dijo, y trató de sonreír, pero no pudo.

Don Juan buscó en mis ojos, supongo, un vislumbre de comprensión. Se quedó callado por un momento.

—La energía necesaria para mover el punto de encaje de los brujos viene del reino de los seres inorgánicos —dijo como si tuviera prisa de terminar con el asunto.

Comprendí lo que don Juan dijo mejor de lo que hubiera creído. Viajar a ese mundo siempre había significado para mí, en un nivel energético, recibir un empellón de energía oscura. Hasta había pensado en ello en esos términos, mucho antes de que don Juan me lo dijera. Sentí vértigo y tuve que pararme firmemente sobre mis pies para no perder el equilibrio.

—Esa es la verdad —don Juan prosiguió—, y la herencia que los brujos antiguos nos dejaron; una herencia que nos tiene inmovilizados hasta el día de hoy. Esta es la razón por la que los seres inorgánicos no me gustan. Son nuestra única fuente de energía. Personalmente, me niego a tomar su energía, y siempre trato de alejarte de ella. Pero sin éxito alguno, ya que algo te atrae a ese mundo como un imán.

—¿Qué podemos hacer al respecto? —pregunté.

—No podemos tener tratos con ellos —contestó—, y sin embargo, no podemos dejarlos de lado. Mi solución ha sido tomar su energía pero sin caer bajo su influencia. Esto se conoce como el máximo acecho. Y se lleva a cabo sosteniendo el intento inviolable de la libertad; aunque ningún brujo sepa realmente qué es la libertad.

—¿Me puede usted explicar, don Juan, por qué tienen los brujos que tomar energía del reino de los seres inorgánicos?

—No hay otra energía disponible. Los brujos necesitan una cantidad excesiva de energía para maniobrar el punto de encaje de la manera en que lo hacen.

Don Juan dijo que ningún brujo dispone por sí mismo de tal cantidad y cualidad de energía, y que no importa cuánto reestructuren su conciencia de ser. La energía natural básica de los seres humanos no es suficiente. Le recordé su propia afirmación: que ahorrar y dirigir nuestra energía básica era necesario para poder ensoñar.

—Eso es muy cierto —contestó—. Para empezar a ensoñar, los brujos necesitan redefinir sus premisas y ahorrar su energía; pero esa redefinición nos da únicamente la energía necesaria para preparar el ensueño. Energía para volar a otros reinos, para *ver* energía, para forjar el cuerpo energético, es otro asunto. Para esas maniobras los brujos necesitan energía oscura; cantidades de energía forastera.

—¿Pero cómo la toma uno del mundo de los seres inorgánicos?

—Con el solo hecho de ir a ese mundo. Todos los brujos de nuestra línea tienen que hacer esto. Sin embargo, ninguno de nosotros es suficientemente idiota como para hacer lo que tú hiciste. Pero esto es porque ninguno de nosotros tiene tus inclinaciones.

Don Juan me mandó a casa a pensar seriamente lo que me había revelado. Yo tenía una cantidad increíble de preguntas, pero no las quiso escuchar.

—Tú mismo puedes contestar todas tus preguntas —dijo al decirme adiós.

10

ACECHAR A LOS ACECHADORES

Una vez en casa, me di rápidamente cuenta de que me era imposible contestar cualquiera de mis preguntas, como don Juan había asegurado. De hecho, ni siquiera las podía formular. Pensé que quizá era porque el lindero de la segunda atención comenzaba a desplomarse sobre mí. En ese entonces fue cuando conocí a Florinda Donner y a Carol Tiggs en el mundo cotidiano. La confusión de no conocerlas en absoluto, y sin embargo conocerlas tan íntimamente como para ser capaz de morir por ellas, era sumamente nociva para mí. Ya había conocido a Taisha Abelar algunos años antes, y apenas estaba acostumbrándome a la detestable sensación de conocerla, sin tener la menor idea de cómo la conocía. Aumentar dos más a mi sobrecargado sistema fue demasiado para mí. Me enfermé de fatiga y tuve que pedirle ayuda a don Juan. Fui al pueblo, en el sur de México, donde él y sus compañeros vivían.

Todos ellos se rieron a carcajadas con la sola mención de mis tormentos. Don Juan me explicó que realmente no se estaban riendo de mí, sino de sí mismos. Mis problemas les recordaban lo que ellos habían pasado cuando los linderos de la segunda atención se derrumbaron sobre ellos, de la misma forma en que a mí me estaba pasando. Su conciencia, como la mía, no había estado preparada para tal golpe.

211

—Todos los brujos pasan a través de la misma agonía —don Juan prosiguió—. La conciencia es un área infinita de exploración para los brujos y para el hombre en general. No hay riesgo que no debamos correr, ni medios que debamos rehusar para incrementar la conciencia. Ten en mente, sin embargo, que la conciencia se puede incrementar únicamente con cordura.

Don Juan reiteró que su estadía en el mundo se estaba terminando y que yo tenía que usar mis recursos muy mesuradamente para cubrir tanto terreno como pudiese antes de que esto ocurriera. Aseveraciones de ese tipo me hacían entrar en estados de profunda depresión.

No se dijo nada más después de eso. Al día siguiente, cumpliendo con su pedido, llevé a don Juan a la ciudad de México. Llegamos alrededor del mediodía y fuimos directamente al hotel Del Prado, en La Alameda, donde usualmente se alojaba cuando estaba en la ciudad. Ese día don Juan tenía una cita con un abogado a las cuatro de la tarde. Ya que teníamos bastante tiempo, fuimos a comer al Café Tacuba, un restaurante en el corazón del centro, que tenía la reputación de servir verdaderas comidas.

Don Juan no tenía hambre. Sólo ordenó dos tamales dulces, mientras que yo me comí vorazmente un espléndido festín. Se rió de mí e hizo señas de desesperación silenciosa ante mi saludable apetito.

—Te voy a proponer que hagas algo muy importante —dijo en un tono frío, una vez que terminamos nuestra comida—. Es la última tarea de la tercera compuerta del ensueño y consiste en acechar a los acechadores; una maniobra sumamente misteriosa. Acechar a los acechadores quiere decir extraer deliberadamente energía del reino de los seres inorgánicos para poder realizar las proezas de la brujería.

—¿Cuáles son esas proezas de la brujería, don Juan?

—Por ejemplo un viaje; un viaje que usa la conciencia como un elemento del medio ambiente —explicó—. En el mundo de la vida cotidiana, el agua es un elemen-

212

to del medio ambiente que usamos para viajar. Imagina a la conciencia como un elemento similar que puede ser usado para viajar. Exploradores de todo el universo vienen a nosotros a través del medio de la conciencia; y viceversa, a través de la conciencia, los brujos van a los confines del universo.

Entre la cantidad de conceptos que don Juan me había presentado durante el curso de sus enseñanzas, hubo algunos que no necesitaron ser repetidos para atraer por completo mi interés. Este fue uno de ellos.

—La idea de que la conciencia es un elemento físico es revolucionaria —dije azorado.

—No dije que era un elemento físico —me corrigió—. Es un elemento energético. Tienes que hacer esa distinción. Para los brujos que *ven*, la conciencia es un resplandor. Pueden enganchar su cuerpo energético a ese resplandor e irse con él.

—¿Cuál es la diferencia entre un elemento físico y uno energético? —pregunté.

—La diferencia es que los elementos físicos son parte de nuestro sistema de interpretación, pero los elementos energéticos no lo son. En nuestro mundo existen elementos energéticos como la conciencia, pero nosotros, como gente común y corriente, percibimos únicamente los elementos físicos, porque así nos enseñaron a hacerlo. Los brujos perciben los elementos energéticos por la misma razón: porque les enseñaron a hacerlo.

Don Juan explicó que el uso de la conciencia como un elemento energético de nuestro ambiente es la esencia de la brujería. Dijo que la trayectoria de los brujos era, primero, liberar la energía existente en nosotros por medio de la recapitulación y la disciplina del camino del guerrero; segundo, usar esa energía para desarrollar el cuerpo energético por medio del ensueño; y tercero, usar la conciencia como un elemento del medio ambiente para poder entrar en otros mundos, no sólo con el cuerpo energético, sino también con el cuerpo físico.

—Hay dos clases de viajes energéticos a otros mundos —prosiguió—. Uno es cuando la conciencia levanta al cuerpo energético y lo lleva adonde fuere; y el otro es cuando el brujo, con plena lucidez, decide usar la avenida de la conciencia para hacer el viaje. Tú has hecho la primera clase de viaje. Se requiere de una tremenda disciplina para hacer la segunda clase.

Después de un largo silencio, don Juan declaró que en la actividad de los brujos hay asuntos que requieren de un manejo muy delicado y experto. Tratar con la conciencia como un elemento abierto al cuerpo energético es el más importante, vital y peligroso de esos asuntos.

No tuve nada que comentar. Me puse ansioso de repente, pendiente de cada una de sus palabras.

—Por ti solo no tienes suficiente energía para llevar a cabo la última tarea de la tercera compuerta del ensueño —prosiguió—, pero si te aúnas a Carol Tiggs, ustedes dos pueden ciertamente hacer lo que tengo en mente.

Hizo una pausa, aguijoneándome con su silencio para que le preguntara qué era lo que tenía en mente. Lo hice. Su risa únicamente aumentó lo siniestro de mi estado de ánimo.

—Quiero que rompas con los límites del mundo diario y que entres en otro usando la conciencia como un elemento energético —dijo—. Este romper límites y entrar en otro mundo es el equivalente a acechar a los acechadores. Usar la conciencia como un elemento del medio ambiente pasa por alto la influencia de los seres inorgánicos, pero deja el paso libre para usar su energía.

No quiso darme más informes para no influenciarme demasiado. Creía que cuanto menos supiera de antemano, mejor. No estuve de acuerdo, pero me aseguró que si algo inusitado sucedía, mi cuerpo energético era perfectamente capaz de tomar las riendas.

Del restaurante fuimos a la oficina del abogado. Don Juan concluyó rápidamente con sus negocios, y en cosa de nada, nos encontrábamos en un taxi en camino al aeropuerto. Don Juan me informó que Carol Tiggs iba a llegar en un vuelo desde Los Angeles, exclusivamente a ejecutar la última tarea de ensueño conmigo.

—El valle de México es un espléndido lugar para llevar a cabo la clase de brujería que ustedes dos necesitan —comentó.

—Todavía no me dijo cuáles son los pasos exactos a seguir —dije.

No me contestó. No hablamos más, pero mientras esperábamos a que el avión aterrizara, me explicó el procedimiento a seguir. Tenía que ir al cuarto de Carol Tiggs, en el hotel Regis, y después de entrar junto con ella en un estado de total silencio interior, teníamos que deslizarnos velozmente al ensueño, expresando en voz alta nuestro intento de ir al reino de los seres inorgánicos.

Lo interrumpí para recordarle que yo siempre había tenido que esperar a que apareciera un explorador, antes de que pudiera manifestar en voz alta mi intento de ir al mundo de los seres inorgánicos.

Don Juan se rió entre dientes y dijo: —Tú y Carol Tiggs nunca han ensoñado juntos. Vas a descubrir lo que es un deleite. Las brujas no necesitan de ningún sostén. Ellas simplemente van a ese mundo cuando quieren; para ellas hay siempre un explorador listo.

Yo creía tener cierto grado de experiencia en el trato con los seres inorgánicos, y no podía creer que las brujas fueran capaces de hacer lo que él aseveraba. Cuando le mencioné mis dudas, don Juan respondió que yo no tenía experiencia acerca de lo que las brujas eran capaces de hacer.

—¿Por qué crees que traje a Carol Tiggs conmigo cuando tuve que sacarte del mundo de los seres inorgánicos? —preguntó—. ¿Crees que lo hice porque es hermosa?

—¿Por qué lo hizo, don Juan?

—Porque yo no lo podía hacer solo; y para ella eso no fue nada. Tiene una afiliación natural con ese mundo.

—¿Es ella un caso excepcional, don Juan?

—Las mujeres en general tienen una inclinación natural por ese reino; por supuesto que las brujas son las campeonas, pero Carol Tiggs es la mejor de las que yo he conocido. Como mujer nagual su energía es espléndida.

Creí haber sorprendido a don Juan en una seria contradicción. Me había dicho que los seres inorgánicos no estaban interesados en las mujeres, y ahora afirmaba lo opuesto.

—No. No estoy afirmando lo opuesto —remarcó cuando le eché en cara su contradicción—. Te he dicho que los seres inorgánicos no persiguen a las mujeres, van únicamente tras los hombres; pero también te dije que los seres inorgánicos son femeninos, y que el universo entero parece ser femenino. Así que saca tus propias conclusiones.

Puesto que no tenía manera alguna de sacar mis propias conclusiones, don Juan me explicó que en teoría las brujas van y vienen a ese mundo a su antojo, debido a su conciencia acrecentada y a su feminidad.

—¿Le consta a usted esto? —pregunté.

—Las mujeres de mi bando nunca han hecho eso —confesó—, no porque no puedan, sino porque yo las disuadí. Por otro lado, las mujeres de tu bando lo hacen tan fácilmente como si se cambiaran de vestido.

Sentí un vacío en el estómago. Realmente no sabía nada acerca de las mujeres de mi bando. Don Juan me consoló, dijo que mis circunstancias eran diferentes a las de él, al igual que mi rol como nagual. Me aseguró que no podría disuadir a ninguna de las mujeres de mi bando ni aunque me pusiera a llorar.

En el taxi de camino al hotel, Carol Tiggs nos deleitó con sus imitaciones de personas que conocíamos. Traté de ponerme serio y le pregunté sobre nuestra tarea. Murmuró algunas disculpas por no ser capaz de contestarme con la seriedad que me merecía. Don Juan se rió ruidosamente cuando ella imitó mi solemne tono de voz.

Después que Carol firmó el registro en el hotel, los

tres caminamos sin rumbo alrededor del centro buscando tiendas de libros usados. Comimos una cena ligera en el restaurante Sanborns de la Casa de los Azulejos. A eso de las diez, entramos en el hotel Regis. Nos fuimos directamente al elevador. Mi miedo había agudizado mi capacidad para percibir detalles. El edificio del hotel era viejo y masivo. Los muebles del vestíbulo obviamente vieron mejores días. Sin embargo aún había en todo nuestro alrededor algo encantador, algo de la antigua gloria del Regis. Podía entender fácilmente por qué le gustaba tanto este hotel a Carol Tiggs.

Antes de subirnos al ascensor, mi ansiedad escaló tales alturas, que le tuve que pedir a don Juan instrucciones de último minuto.

—Dígame otra vez cómo vamos a proceder —le rogué.

Don Juan nos llevó a las gigantescas y antiguas poltronas en el vestíbulo y nos explicó pacientemente que una vez que estuviéramos en el mundo de los seres inorgánicos, teníamos que expresar en voz alta nuestro intento de transferir nuestra conciencia normal a nuestros cuerpos energéticos. Sugirió que Carol y yo lo dijéramos al unísono, aunque eso no era realmente importante. Lo importante era que cada uno de nosotros intentara transferir la conciencia total de nuestro mundo cotidiano a nuestros cuerpos energéticos.

—¿Cómo hacemos esta transferencia de conciencia? —pregunté.

—Transferir la conciencia es puramente una cuestión de expresar en voz alta nuestro intento y de tener la cantidad suficiente de energía —dijo—. Carol sabe todo esto porque lo ha hecho antes. Entró al reino de los seres inorgánicos con todo su cuerpo cuando te sacó de ahí, ¿te acuerdas? Su energía hará que tu tarea sea posible. Ella pondrá lo que falta.

—¿Qué quiere usted decir con poner lo que falta? Estoy en las tinieblas, don Juan.

Don Juan explicó que poner lo que falta significaba

217

poner la energía necesaria para transportar la parte física de uno y ponerla en el cuerpo energético. Dijo que usar la conciencia como un medio para hacer el viaje a otro mundo, no es el resultado de aplicar técnicas, sino el corolario de poseer la suficiente energía para intentar el viaje. La masa energética de Carol sumada a la mía, o mi masa energética sumada a la de Carol, nos iba a convertir en una sola entidad energéticamente capaz de transportar nuestra parte física, y de ponerla en el cuerpo energético para poder hacer ese viaje.

—¿Qué es exactamente lo que tenemos que hacer para entrar a ese otro mundo? —Carol Tiggs preguntó.

Su pregunta me causó una enorme inquietud porque creía que ella sabía cómo proceder.

—La totalidad de tu masa física se tiene que volcar en tu cuerpo energético —contestó don Juan mirándola a los ojos—. Lo tremendamente dificultoso de esta maniobra es disciplinar al cuerpo energético, algo que ustedes dos ya han hecho. La falta de disciplina sería la única razón por la cual ustedes podrían fracasar en esta hazaña de máximo acecho. Algunas veces, de pura casualidad, una persona común y corriente la ejecuta y entra en otro mundo. Pero esto inmediatamente se aclara y se explica como un estado de locura o alucinación.

Hubiera dado cualquier cosa para que don Juan continuara hablando. Nos puso en el ascensor a pesar de mis protestas y mi necesidad de hacerle más preguntas. Subimos al segundo piso, al cuarto de Carol. En lo profundo de mí sabía que mi desasosiego no se debía tanto a que necesitara saber, sino a mi miedo. De alguna manera esta maniobra de brujos me aterraba más de lo que hubiera querido admitir.

Las palabras de despedida de don Juan fueron: —Olvídense de sí mismos y no le temerán a nada.

La mueca que hizo y el movimiento de su cabeza eran invitaciones a examinar su aseveración.

Carol Tiggs se rió y empezó a hacer payasadas imitando la voz de don Juan al darnos sus enigmáticas instrucciones. Su ceceo añadió bastante color a lo que don Juan había dicho. Algunas veces su ceceo me parecía adorable, la mayoría de las veces lo detestaba; afortunadamente esa noche era casi imperceptible.

Fuimos a su cuarto y nos sentamos al borde de la cama. Mi último pensamiento consciente fue que la cama era una reliquia de principios de siglo. Antes de que tuviera tiempo de decir una sola palabra, me encontré acostado en una cama extraña. Carol Tiggs estaba conmigo. Se sentó al mismo tiempo que yo. Estábamos desnudos, cada uno cubierto con una delgada cobija.

—¿Qué está pasando? —preguntó con voz tenue.

—¿Estás despierta? —le pregunté neciamente.

—Claro que estoy despierta —dijo en un tono impaciente.

—¿Te acuerdas dónde estuvimos hace un minuto? —pregunté.

Hubo un largo silencio. Obviamente estaba tratando de poner sus pensamientos en orden.

—Creo que soy real, pero tú no —dijo finalmente—. Yo sé dónde estaba antes de llegar aquí. Y tú me quieres hacer una jugarreta.

Pensé que ella estaba haciendo lo mismo conmigo; sabía lo que pasaba, me estaba poniendo a prueba o se estaba burlando de mí. Don Juan me había dicho que los demonios de nosotros dos eran la astucia y la sospecha. Carol me estaba dando un gran ejemplo de eso.

—Me niego a ser parte de tus juegos de mierda donde tú siempre controlas la situación —dijo, mirándome con veneno en los ojos—. Me estoy refiriendo a ti, quienquiera que fueras.

Agarró una de las cobijas y se envolvió en ella.

—Me voy a acostar aquí y voy a regresar al lugar de donde vine —dijo con un aire de finalidad—. Váyanse tú y el nagual a rascarse las pelotas.

—Tienes que dejarte de necedades —le dije enérgicamente—. Estamos en otro mundo.

No me escuchó y me volvió la espalda como una

niña consentida. No quise gastar mi atención de ensueño en inútiles discusiones. Empecé a examinar lo que estaba a mi alrededor. La luz de la luna brillaba a través de la ventana directamente enfrente de nosotros. Estábamos en un cuarto pequeño, en una cama alta, primitivamente construida. Cuatro postes gruesos plantados en el suelo servían de soporte a la armadura de la cama hecha de varillas de madera. La cama tenía un gruesísimo colchón, pero el grosor era más una cuestión de la densidad del material que de su volumen. No había sábanas ni almohadas. Costales de arpillera, al parecer llenos de grano, estaban amontonados contra la pared. Dos que estaban al pie de la cama acomodados uno encima del otro, servían como escalones para subirse a ella.

Al buscar dónde prender la luz, encontré que la cama estaba en una esquina contra la pared. Nuestras cabezas daban a la pared; yo estaba en la parte de afuera de la cama y Carol, en la parte de adentro. Cuando me senté al borde de la cama me hallé quizá a más de metro y medio del suelo.

De repente Carol Tiggs se sentó y dijo con un pronunciado ceceo: —¡Esto es asqueroso! Ciertamente el nagual nunca me dijo que iba a acabar así.

—Yo tampoco lo sabía —dije.

Quería empezar una conversación, pero mi ansiedad había crecido fuera de toda proporción.

—Cállate la boca —me dijo bruscamente, su voz resquebrajada del enojo—. Tú no existes, eres un fantasma. ¡Desaparécete! ¡Desaparécete!

Su ceceo era tan encantador que disipó mi ansiedad. La sacudí de los hombros. Gritó, no tanto de dolor como de enojo.

—No soy un fantasma —dije—. Hicimos el viaje porque unimos nuestras energías.

Carol Tiggs era famosa entre nosotros por su rapidez para adaptarse a cualquier situación. En cuestión de segundos estaba convencida de lo real de nuestra situación y empezó a buscar su ropa en la semioscuridad. Me maravillaba el hecho de que no tuviera miedo. Se ocupó en razonar en voz alta dónde podría haber puesto su ropa si se hubiera desvestido en ese cuarto.

—¿Ves alguna silla? —preguntó.

Vi vagamente un montón de tres costales uno encima del otro que podrían haber servido como una mesa o una banca. Carol saltó de la cama y se dirigió hacia ellos. Encontró su ropa y la mía cuidadosamente dobladas de la forma en que ella siempre trataba las prendas de vestir. Me dio mi ropa. Era mi ropa, pero no la que tenía puesta unos cuantos minutos antes, en el cuarto de Carol en el hotel Regis.

—Esta no es mi ropa —ceceó—. Sin embargo sí lo es. ¡Qué extraño!

Nos vestimos en silencio. Le quería decir que estaba a punto de explotar de ansiedad. También le quería comentar acerca de la velocidad de nuestro viaje, pero en el lapso que nos tomó vestirnos el pensamiento de nuestro viaje se volvió muy vago. Difícilmente podía yo recordar dónde habíamos estado antes de despertar en ese cuarto. Era como si hubiera soñado el cuarto del hotel. Hice un supremo esfuerzo para recordar, para romper la envoltura de niebla que me había empezado a cubrir. Lo logré, pero ese acto agotó toda mi energía. Acabé jadeando y empapado de sudor.

—Algo casi, casi me agarra —dijo Carol—. Y casi te agarra a ti también, ¿no? ¿Qué crees que fue?

—La posición del punto de encaje —dije con absoluta certeza.

No estuvo de acuerdo conmigo.

—Fueron los seres inorgánicos cobrando su paga —dijo temblando—. El nagual me dijo que iba a ser horrible, pero nunca me imaginé cuán horrible.

Estaba totalmente de acuerdo con ella, nuestra situación era horripilante; sin embargo no podía concebir cuál era el horror. Carol y yo no éramos novicios, habíamos visto innumerables cosas, algunas de ellas verdaderamente terroríficas, pero nada se comparaba con el horror silencioso de ese cuarto de ensueño.

—¿Estamos ensoñando, ¿no es así? —Carol preguntó.

Sin dudar, le aseguré que ciertamente estábamos ensoñando, aunque hubiera dado cualquier cosa por tener a don Juan ahí para que me asegurara lo mismo.

—¿Por qué tengo tanto miedo? —me preguntó, como si fuera yo capaz de explicar racionalmente lo que ella sentía.

Antes de que pudiera formular un pensamiento al respecto, ella misma contestó su pregunta. Dijo que lo que la asustaba era darse cuenta, en un nivel corporal, de que cuando el punto de encaje se ha inmovilizado en una nueva posición, percibir se convierte en algo total. Me recordó que don Juan nos había dicho que el poder que tiene nuestro mundo cotidiano sobre nosotros se debe al hecho de que nuestro punto de encaje está inmóvil en su posición habitual. Esa inmovilidad es lo que hace que nuestra percepción del mundo sea tan completa, tan abrumante que no nos deja oportunidad alguna de escapar de ella. Carol también me recordó otra cosa que el nagual dijo: que si queremos romper esta fuerza totalitaria, lo que tenemos que hacer es disipar la niebla; es decir, desplazar el punto de encaje intentando su desplazamiento.

Yo nunca había realmente comprendido lo que don Juan quería decir, hasta el momento en el que tuve que desplazar mi punto de encaje a otra posición para poder disipar la niebla de ese cuarto, de ese mundo, que me había empezado a envolver.

Sin decir otra palabra, Carol y yo nos dirigimos a la ventana y miramos afuera. Estábamos en el campo. La luz de la luna revelaba unas casas oscuras, no muy altas. Todas las indicaciones eran que estábamos en un granero de una casa grande de campo.

—¿Te acuerdas de haberte ido a la cama aquí? —preguntó Carol.

—Casi me acuerdo —dije con sinceridad. Le dije

que tenía que luchar muchísimo para mantener la imagen del cuarto del hotel Regis en mi mente como un punto de referencia.

—Yo tengo que hacer lo mismo —dijo susurrando llena de miedo—. Sé que si dejo que esa imagen se vaya estamos perdidos.

Después me preguntó si quería salir del cuarto. No quise. Mi ansiedad era tan aguda que no pude pronunciar una sola palabra. Todo lo que pude hacer fue una seña.

—Tienes toda la razón en no querer salir —dijo—. Tengo la sensación de que si salimos de este cuarto, nunca jamás podremos regresar a él.

Estaba a punto de abrir la puerta solamente para echar un breve vistazo afuera, pero ella me detuvo.

—No hagas eso —dijo—. Al abrir la puerta puedes dejar que lo de afuera entre.

El pensamiento que me cruzó la mente en ese instante fue que nos habían puesto en una frágil jaula. Cualquier cosa, como abrir la puerta, podría haber roto el precario equilibrio de esa jaula. En el momento en que tuve ese pensamiento, los dos llegamos a la misma conclusión. Nos quitamos la ropa como si nuestras vidas dependieran de ello, y luego saltamos a la cama sin usar los costales que servían de escalones, sólo para brincar de nuevo abajo en el instante siguiente.

Se me hizo evidente que Carol y yo nos habíamos dado cuenta de algo al mismo tiempo. Confirmó mi suposición cuando dijo: —Todo lo que usemos que pertenezca a este mundo nos debilita. Si me quedo parada aquí desnuda, lejos de la cama y de la ventana, no tengo ningún problema en recordar de dónde vine. Pero si me acuesto en esa cama, o uso esa ropa, o me asomo por esa ventana, estoy perdida.

Nos quedamos abrazándonos parados en el centro del cuarto por un largo rato. Una extraña sospecha comenzó a surgir en mi mente.

—¿Cómo vamos a regresar a nuestro mundo? —le pregunté esperando que supiera.

223

—El regreso a nuestro mundo es automático si no dejamos que la niebla se fije —dijo con el aire autoritario que siempre era su estilo.

Y tenía razón. Carol y yo nos despertamos, al mismo tiempo, en la cama de su cuarto del hotel Regis. Era tan obvio que estábamos de regreso en el mundo de la vida cotidiana que no hicimos preguntas ni comentarios acerca de ello. La luz del sol era deslumbrante.

—¿Cómo regresamos? —Carol preguntó—. O más bien, ¿cuándo regresamos?

No tenía la menor idea de qué hacer o decir. No podía ni siquiera pensar. Estaba demasiado entumecido para especular, porque eso era todo lo que podía haber hecho.

—¿Crees que acabamos de regresar? —Carol insistió—. O quizá hemos estado dormidos aquí toda la noche. ¡Mira!, estamos desnudos. ¿Cuándo nos quitamos la ropa?

—Nos la quitamos en ese otro mundo —dije, y me sorprendí con el sonido de mi voz.

Mi respuesta pareció dejarla perpleja. Me miró sin comprender y luego miró a su cuerpo desnudo.

Continuamos sentados en la cama sin movernos por un tiempo interminable. Los dos parecíamos estar despojados de voluntad. Pero luego, abruptamente, tuvimos exactamente el mismo pensamiento. Nos vestimos a una velocidad increíble, salimos fuera del cuarto corriendo, bajamos dos pisos de escaleras a la calle y fuimos a carrera abierta al hotel de don Juan.

Frente a don Juan, nos encontramos completamente sin aliento, algo inexplicable, ya que no nos agotamos físicamente a tal grado. Tomamos turnos para explicarle a don Juan lo que habíamos hecho.

Él confirmó nuestras conjeturas.

—Lo que ustedes dos hicieron fue una de las cosas más peligrosas que uno pueda imaginar —dijo.

Se dirigió a Carol y le explicó que nuestro ensueño había sido un éxito total y un fiasco. Logramos transferir nuestra conciencia del mundo cotidiano a nuestros cuerpos energéticos, haciendo así el viaje con toda nuestra masa física, pero habíamos fallado en evitar la influencia de los seres inorgánicos. Dijo que, por lo común, los ensoñadores experimentan la maniobra completa como una serie de transiciones lentas, y que tienen que expresar su intento para poder así usar la conciencia como un elemento. En nuestro caso, todos esos pasos fueron eliminados. Debido a la intervención de los seres inorgánicos, fuimos realmente arrojados a un mundo mortal a una velocidad tenebrosa.

—No fue la energía de ustedes dos combinada la que hizo su viaje posible —continuó—. Algo más hizo eso. Y hasta seleccionó ropa adecuada para ustedes.

—¿Quiere usted decir, nagual, que la ropa y la cama y el cuarto sucedieron sólo porque nos manejaban los seres inorgánicos? —Carol preguntó.

—No cabe la menor duda —contestó—. Ordinariamente, los ensoñadores son simples viajeros. Por la forma en que este viaje se desarrolló, ustedes dos tuvieron asientos de primera fila y vivieron la maldición de los brujos antiguos. Lo que les pasó a ellos fue precisamente lo que les pasó a ustedes. Los seres inorgánicos los llevaron a un mundo del cual no pudieron regresar. Debería haberlo presentido, pero ni siquiera me pasó por la mente que los seres inorgánicos fueran a hacerse cargo y a tenderles la misma trampa a ustedes dos.

—¿Quiere usted decir que nos querían mantener ahí? —Carol preguntó.

—Si se hubieran salido de ese cuarto estarían ustedes ahora vagando sin esperanza en ese mundo —dijo don Juan.

Explicó que ya que habíamos entrado ahí con toda nuestra masa física, la fijación de nuestros puntos de encaje en la posición preseleccionada por los seres inorgánicos fue tan abrumadora que creó una especie de niebla que borraba cualquier memoria previa del mundo de donde veníamos. Añadió que la consecuencia natural de

225

tal inmovilidad, como en el caso de los brujos de la antigüedad, es que el punto de encaje de los ensoñadores no puede regresar nunca más a su posición original.

—Piensen en esto —nos recomendó—. Quizá esto es exactamente lo que nos está sucediendo a todos nosotros en el mundo de la vida diaria. Estamos aquí, y la fijación de nuestro punto de encaje es tan abrumadora que nos ha hecho olvidar de dónde venimos y cuál era nuestro propósito al venir aquí.

Don Juan no quiso decir nada más acerca de nuestro viaje. Sentí que lo hacía para salvarnos de la angustia y del miedo. Nos llevó a cenar. Cuando llegamos al restaurante, a un par de cuadras del hotel, eran las seis de la tarde, lo que quería decir que Carol y yo habíamos dormido, si fue eso lo que hicimos, alrededor de dieciocho horas.

Sólo don Juan tenía hambre. Carol comentó con un toque de enojo que estaba comiendo como un puerco. Varias cabezas se volvieron en nuestra dirección al escuchar la risa de don Juan.

Era una noche tibia. El cielo estaba claro. Había una brisa suave y acariciante cuando nos sentamos en una banca de La Alameda.

—Hay una pregunta que me tiene loca —Carol Tiggs le dijo a don Juan—. No usamos la conciencia como un medio para viajar ¿verdad?

—Es verdad —dijo don Juan, y dio un profundo suspiro—. La tarea era escabullirse de los seres inorgánicos, no ser manejados por ellos.

—¿Qué es lo que nos va a pasar ahora? —Carol preguntó.

—Van a posponer acechar a los acechadores hasta que ustedes dos estén más fuertes —dijo—. O quizá nunca lo logren. Realmente no importa; si una cosa no funciona, otra lo hará. La brujería es un reto interminable.

Nos volvió a explicar, como si estuviera tratando de fijar sus palabras en nuestras mentes, que para poder usar la conciencia como un elemento del medio ambiente los ensoñadores deben primero hacer un viaje al reino de los seres inorgánicos. Después, deben usar la energía oscura obtenida en ese viaje como un trampolín, y mientras la posean deben intentar ser lanzados a otro mundo a través del medio de la conciencia.

—El fracaso de este viaje fue que ustedes no tuvieron tiempo suficiente para usar la conciencia como un elemento para viajar —prosiguió—. Antes de que llegaran siquiera al reino de los seres inorgánicos, estaban ya en otro mundo.

—¿Qué nos recomienda que hagamos? —Carol preguntó.

—Les recomiendo que se vean lo menos posible —dijo—. Estoy seguro de que los seres inorgánicos no van a dejar pasar la oportunidad de agarrarlos, especialmente si ustedes unen sus fuerzas.

A partir de entonces, Carol y yo nos mantuvimos deliberadamente alejados. La posibilidad de que pudiéramos provocar inadvertidamente otro viaje similar era un riesgo demasiado grande para nosotros. Don Juan alentó nuestra decisión repitiéndonos, una y otra vez, que teníamos suficiente energía combinada para tentar a los seres inorgánicos a que nos capturaran.

Don Juan volvió a encaminar mi práctica de ensueño a *ver* energía en ensueños generadores de energía. Con el transcurso del tiempo, *vi* todo lo que se me presentó. De esta manera, entré en un estado de conciencia de lo más peculiar: me hallé incapacitado para interpretar inteligentemente lo que *veía*. Siempre creí que había alcanzado estados de percepción para los cuales no existe léxico.

Don Juan me explicó que mis incomprensibles e indescriptibles visiones se debían a que mi cuerpo energético usaba la conciencia como un elemento, no para viajar, ya que nunca tuve la suficiente energía para ello, sino para entrar en los campos energéticos de la materia inanimada o en los campos energéticos de seres vivientes.

11

EL INQUILINO

Mis prácticas de ensueño, como estaba acostumbrado a tenerlas, terminaron de un momento a otro. Don Juan me puso bajo la tutela de dos mujeres de su bando: Florinda Grau y Zuleica Abelar, sus dos compañeras más cercanas. Su instrucción no fue en lo absoluto sobre las compuertas del ensueño, sino más bien sobre diferentes maneras de usar el cuerpo energético; y no duró el tiempo suficiente como para influenciarme. Me dieron la impresión de que estaban más interesadas en ponerme a prueba que en enseñarme algo útil.

—No hay nada más que te pueda enseñar sobre el ensueño —don Juan dijo cuando le pregunté sobre este asunto—. Mi estadía en· este mundo ha terminado. Pero Florinda se va a quedar. Ella es la que va a dirigir, no sólo a ti, sino a todos mis demás aprendices.

—¿Va ella a continuar mis prácticas de ensueño?

—No lo sé; ni tampoco ella lo sabe. Todo depende del espíritu. El verdadero jugador. Nosotros no somos jugadores. Somos meros instrumentos en sus manos. Siguiendo los comandos del espíritu, te tengo que decir lo que es la cuarta compuerta del ensueño, aunque no te pueda guiar más.

—Para qué despertar mi apetito. Prefiero no saber.

—El espíritu no ha dejado que eso dependa de mí ni que dependa de ti. Y quiera o no quiera, yo te tengo que bosquejar la cuarta compuerta del ensueño.

Don Juan explicó que en la cuarta compuerta del ensueño el cuerpo energético viaja a lugares concretos y específicos, y que hay tres maneras de usarla. Una es viajar a lugares concretos en este mundo, otra es viajar a lugares concretos fuera de este mundo, y otra es viajar a lugares que sólo existen en el intento de otros. Aseveró que la última compuerta era la más difícil y peligrosa de las tres, y que era, por cierto, la predilección de los brujos antiguos.

—¿Qué quiere que haga con todo esto? —pregunté.

—Por el momento, nada. Archívalo hasta que lo necesites.

—¿Quiere usted decir que puedo cruzar la cuarta compuerta yo solo, sin ayuda?

—Que puedas o no puedas hacerlo depende del espíritu.

Abandonó el tema abruptamente, pero no me dejó la impresión de que debería tratar de alcanzar y cruzar la cuarta compuerta yo solo.

Don Juan hizo entonces una última cita conmigo, dijo que era para darme una despedida de brujo: el toque final de mis prácticas de ensueño. Me pidió que fuera a verlo al pueblo del sur de México donde él y sus compañeros vivían.

Llegué ahí en la tarde. Don Juan y yo nos sentamos en el patio de su casa, en unas incómodas sillas de mimbre con gruesos almohadones. Don Juan se rió y me guiñó el ojo. Las sillas eran un regalo de una de las mujeres de su bando y debíamos sentarnos allí como si nada nos molestara, especialmente él. Le habían comprado las sillas en Estados Unidos, en Phoenix, Arizona, y se las trajeron a México con muchas penurias.

Don Juan me pidió que le leyera un poema de Dylan Thomas; añadió que ese poema tenía para mí, en esos momentos, un significado muy pertinente.

He anhelado alejarme
del siseo de la mentira gastada
y del grito continuo del viejo terror
que se torna más terrible a medida que el día
avanza y se desliza dentro del mar profundo.

He anhelado irme pero tengo miedo
de que un pedazo de existencia aún intacto,
pudiera explotar al salir de la vieja mentira
quemándose en el suelo,
y, reventando en el aire, me dejase medio ciego.
He anhelado irme pero tengo miedo...

Don Juan se levantó de su silla y dijo que iba a dar un paseo por la plaza, en el centro del pueblo. Me pidió que fuera con él. Inmediatamente asumí que el poema había evocado un sentimiento negativo en él y que quería disiparlo.

Llegamos a la plaza sin haber dicho una sola palabra. Dimos un par de vueltas aún sin hablar. Había bastante gente arremolinándose alrededor de las tiendas en las calles que estaban en el lado este y norte de la plaza. Todas las calles alrededor de la plaza estaban pavimentadas de una manera muy dispareja. Las casas eran masivas, edificios de adobe de un piso, con techos de teja, paredes blancas y puertas pintadas de café o de azul. En una calle al lado, a una cuadra de la plaza, las altas paredes de la enorme iglesia colonial, que parecía una mezquita morisca, se asomaban por encima del techo del único hotel en el pueblo. En el lado sur, había dos restaurantes que inexplicablemente estaban juntos, haciendo buen negocio, sirviendo prácticamente el mismo menú a los mismos precios.

Rompí el silencio y le pregunté a don Juan si también a él le parecía raro que los dos restaurantes fueran casi iguales.

—Todo es posible en este pueblo —contestó.

La manera en que lo dijo me hizo sentir inquieto.

—¿Por qué estás tan nervioso? —me preguntó con una seria expresión—. ¿Sabes algo y no quieres decírmelo?

—¡Qué pregunta, don Juan! Cuando estoy cerca de usted estoy siempre nervioso. Algunas veces más que otras.

Al parecer estaba haciendo un serio esfuerzo para no reírse. Su cuerpo entero se estremecía.

—Los naguales no son realmente los seres más amigables de la Tierra —dijo en un tono de disculpa—. Comprobé eso de la manera más difícil, por medio de mi maestro, el terrible nagual Julián. Su mera presencia me provocaba tal susto que creía morirme. Cada vez que me enfocaba con su mirada, estaba seguro de que mi vida no valía un pito.

—Créamelo, don Juan, usted me causa la misma impresión.

Se rió abiertamente.

—No, no. Estás exagerando. Yo soy un ángel en comparación.

—Quizá sea usted un ángel en comparación, excepto que yo no tengo al nagual Julián para hacer comparaciones.

Se rió de buena gana por un momento, y luego se volvió a poner serio.

—No sé por qué, pero me siento asustado —le expliqué.

—¿Hay alguna razón para que estés asustado? —preguntó, deteniéndose a escudriñarme.

Su tono de voz y sus cejas levantadas me dieron la total impresión de que sospechaba que yo sabía algo y no se lo iba a revelar. Claramente esperaba una revelación de mi parte.

—Su insistencia lo hace a usted el sospechoso —dije—. ¿Está seguro de que no es usted el que se trae algo entre manos?

—Sí, me traigo algo entre manos —admitió sonriendo—. Pero ese no es el asunto. El asunto es que hay alguien esperándote en este pueblo. Y tú no sabes del todo bien lo que es, o sabes exactamente lo que es, pero no te atreves a decírmelo, o no lo sabes en absoluto.

—¿Quién me está esperando aquí?

Don Juan reanudó enérgicamente su caminata en lugar de contestarme, y seguimos andando alrededor de la plaza en completo silencio. Dimos varias vueltas, buscando una banca donde sentarnos, hasta que unas muchachas se levantaron de una y se fueron.

—Hace años que te estoy hablando sobre las extrañas prácticas de los brujos del México antiguo —dijo don Juan, sentándose y haciéndome un ademán para que me sentara junto a él.

Con un fervor casi religioso, empezó a decir otra vez lo que ya me había dicho tantas veces: que esos brujos, guiados por intereses extremadamente egoístas, pusieron todos sus esfuerzos en perfeccionar prácticas que los alejaron mucho de la cordura y el equilibrio mental. Finalmente fueron exterminados, cuando sus complejas estructuras de creencias y acciones se volvieron tan difíciles de manejar que perdieron el equilibrio y se desplomaron.

—Por supuesto, esos brujos de la antigüedad vivieron y se multiplicaron en esta área —dijo observando mi reacción—. Aquí en este pueblo. Este pueblo moderno fue construido sobre los cimientos de unos de sus pueblos. Los brujos de la antigüedad hicieron todos sus tratos aquí en este sitio.

—¿Le consta a usted esto, don Juan?

—Me consta, y muy pronto a ti también te constará.

Mi creciente ansiedad me forzó a hacer algo que detestaba: enfocarme en mí mismo. Sintiendo mi frustración, don Juan me aguijoneó.

—Muy pronto vamos a saber si realmente eres como los brujos antiguos, o como los de ahora —dijo.

—Me está volviendo loco con toda esta extraña y siniestra conversación —protesté.

El haber estado con don Juan por trece años me había condicionado, primero que nada, a concebir el pánico como algo que estaba siempre a un paso de distancia, listo para venírseme encima.

Don Juan parecía indeciso. Noté sus miradas furtivas en dirección de la iglesia. Parecía estar distraído. Cuando le hablé no me escuchó; le tuve que repetir mi pregunta.

—¿Está usted esperando a alguien?

—Sí —dijo—. Ciertamente que sí. Ahorita nomás estaba sintiendo todo lo que está alrededor nuestro. Me agarraste en el acto de escudriñar con mi cuerpo energético.

—¿Qué es lo que sintió, don Juan?

—Mi cuerpo energético siente que todo está en perfecto orden. La obra se llevará a cabo esta noche. Tú eres el principal protagonista. Yo soy un personaje con un papel secundario pero significativo y salgo en escena sólo en el primer acto.

—¿De qué está usted hablando, don Juan?

No me contestó. Sonrió como un personaje benévolo.

—Estoy preparando el terreno —dijo—. Dándote una frotación, por así decirlo, con la idea de que los brujos de ahora han aprendido una dura lección. Se han dado cuenta de que pueden tener la energía para ser libres solamente si se mantienen desapegados. Hay un tipo peculiar de desapego que no nace ni del miedo ni de la pereza, sino de la convicción.

Don Juan hizo una pausa y se levantó, estiró los brazos hacia enfrente y hacia los lados y luego hacia atrás.

—Haz lo mismo —me aconsejó—. Te tonifica el cuerpo, y tienes que estar muy fuerte para enfrentar lo que te espera esta noche. Un desapego total o una absoluta entrega a tus vicios es lo que te espera esta noche. Es una decisión que cada nagual en mi linaje tiene que hacer.

234

Se sentó otra vez y respiró profundamente. Lo que dijo y la manera como lo dijo pareció haber consumido toda su energía.

—Creo que puedo entender el desapego y lo opuesto a ello —prosiguió—, ya que tuve el privilegio de conocer a dos naguales: mi benefactor, el nagual Julián y su benefactor, el nagual Elías. Fui capaz de autentificar la diferencia entre los dos. El nagual Elías era desapegado hasta el punto de pasar por alto un regalo de poder. El nagual Julián era también desapegado, pero no lo suficiente como para hacer eso.

—Guiándome por su tono y sus palabras —dije—, diría que usted me va a poner a prueba esta noche. ¿No es así?

—Yo no tengo la energía para ponerte a ninguna clase de prueba, pero el espíritu sí —dijo con una sonrisa y añadió—, yo no soy más que su agente.

—¿Qué me va a hacer el espíritu, don Juan?

—Todo lo que te puedo decir es que esta noche alguien te va a dar una lección de ensueño, en la forma en que las lecciones de ensueño se solían dar, pero no soy yo quien te va a dar esa lección. Otra persona más va a ser tu maestro y te va a guiar esta noche.

—¿Quién va a ser mi maestro y guía?

—Un visitante que puede ser una horrenda sorpresa para ti, o no ser una sorpresa en absoluto.

—¿Y cuál es la lección de ensueño que voy a recibir?

—Es una lección sobre la cuarta compuerta del ensueño. Y está dividida en dos partes. Te voy a explicar ahora la primera parte. Nadie te puede explicar la segunda parte, ya que es algo que te incumbe sólo a ti. Todos los naguales de mi línea tuvieron esta lección de dos partes; pero ninguna de las lecciones fue igual, ya que fueron hechas a la medida de cada uno de esos naguales.

—Sus explicaciones no me ayudan en nada, don Juan. Lo que hacen es ponerme más y más nervioso.

Nos quedamos callados por un largo rato. Estaba yo

tan inquieto que no sabía cómo expresarme sin tener que quejarme.

—Como ya bien sabes, para los brujos de hoy en día percibir energía directamente es una cuestión de logro personal —dijo don Juan—. Una cuestión de manejar y desplazar el punto de encaje por medio de la disciplina. Para los brujos antiguos, el desplazamiento del punto de encaje era una consecuencia de su subyugación a otros: sus maestros, quienes lograban desplazarlo con tenebrosas operaciones que daban a sus discípulos como regalos de poder.

"Alguien con más energía que nosotros nos puede influenciar sin medida —prosiguió—. Por ejemplo, el nagual Julián me podría haber convertido en un esclavo idiota, o en un demonio, o un santo. Pero él era un nagual impecable y me dejó libre para ser lo que yo fuera. Los brujos antiguos no eran así de impecables. Con sus incesantes esfuerzos para controlar a otros, crearon una situación de terror que pasó de maestro a discípulo.

Se levantó y escudriñó todo lo que estaba a los alrededores.

—Como puedes ver, este pueblo no es gran cosa —continuó—. Pero tiene una fascinación única para los guerreros de mi línea. Aquí yace la fuente de lo que somos y la fuente de lo que no queremos ser.

"Ya que me encuentro al final de mi estadía, te tengo que poner al tanto de ciertas ideas; contarte ciertas historias; ponerte en contacto con ciertos seres, aquí mismo en este pueblo, exactamente como mi benefactor lo hizo conmigo.

Don Juan dijo que estaba reiterando algo con lo cual yo ya estaba familiarizado, que todo lo que él era y todo lo que sabía eran un legado de su maestro el nagual Julián, quien heredó todo de su maestro el nagual Elías. El nagual Elías del nagual Rosendo; él del nagual Luján; el nagual Luján del nagual Santisteban; y el nagual Santisteban del nagual Sebastián.

En un tono muy formal, me volvió a decir algo que

ya me había explicado muchas veces antes, que hubo ocho naguales antes del nagual Sebastián, pero que fueron bastante distintos, porque tuvieron una actitud diferente hacia la brujería y un concepto contradictorio de ésta, aunque aún estaban directamente relacionados con su linaje.

—Ahora debes recordar y repetirme todo lo que te haya dicho sobre el nagual Sebastián —me pidió.

Su petición me pareció extraña, pero le repetí todo lo que él o sus compañeros me habían dicho acerca del nagual Sebastián y el mítico brujo antiguo, el desafiante de la muerte, conocido por ellos como el inquilino.

—Sabes que el desafiante de la muerte nos da regalos de poder a cada nueva generación de naguales —dijo don Juan—. Y la naturaleza específica de esos regalos de poder es lo que cambió el curso de nuestro linaje.

Explicó que, siendo el inquilino un brujo de la escuela antigua, aprendió de sus maestros todo lo enmarañado del desplazamiento del punto de encaje. Ya que tenía quizá miles de años de una insólita vida y conciencia —amplio tiempo para perfeccionar cualquier cosa— sabía cómo lograr y mantener cientos, si no es que miles de nuevas posiciones del punto de encaje. Sus regalos eran dos cosas: mapas para lograr desplazamientos del punto de encaje a sitios específicos, y manuales sobre cómo inmovilizarlo en cualquiera de esas posiciones para de esta forma adquirir cohesión.

Don Juan llegó esa noche a la cúspide de su arte de narrador. Nunca lo había visto tan dramático. Si no lo hubiera conocido bien, podría haber jurado que su voz reflejaba profundamente la preocupación de alguien poseído por el miedo o la ansiedad. Sus gestos me dieron la impresión de que yo estaba presenciando la actuación de un gran actor, al interpretar a la perfección el nerviosismo y la preocupación.

Don Juan me escudriñó, y en el tono y la manera de alguien que está revelando algo muy doloroso dijo que, por ejemplo, el nagual Luján recibió del inquilino un regalo de cincuenta posiciones. Sacudió su cabeza rítmicamente, como si me estuviera pidiendo silenciosamente que considerara lo que me acababa de decir. Me quedé callado.

—¡Cincuenta posiciones! —exclamó asombrado—. Para un regalo, una, o a lo máximo dos posiciones del punto de encaje deberían de ser más que suficientes.

Encogió los hombros en un gesto de asombro.

—Me dijeron que el nagual Luján le caía inmensamente bien al inquilino —continuó—. Desarrollaron una amistad tan cercana que eran prácticamente inseparables. Me dijeron que el nagual Luján y el inquilino solían ir todas las mañanas ahí a esa iglesia a oír misa.

—¿Aquí mismo en este pueblo? —pregunté totalmente desconcertado.

—Aquí mismo —contestó—. Posiblemente se sentaron en este mismo lugar, en otra banca, hace más de cien años.

—¿Caminaron realmente en esta plaza el nagual Julián y el inquilino? —volví a preguntar, incapaz de superar mi sorpresa.

—¡Seguro que lo hicieron! —exclamó—. Te traje aquí esta noche porque el poema que me leíste me dio la señal de que ya era hora de tratar con el inquilino.

El pánico se apoderó de mí con una velocidad inverosímil. Tuve que respirar por la boca, porque me ahogaba.

—Hemos estado discutiendo los extraños logros de los brujos de la antigüedad —don Juan continuó—. Aunque es siempre muy difícil cuando uno tiene que hablar exclusivamente en idealidades, sin ningún conocimiento directo. Te puedo repetir desde ahora hasta el día del juicio final algo que para mí es clarísimo, pero que para ti es imposible de entender o creer, puesto que no tienes ningún conocimiento directo sobre ello.

Se levantó y me miró fijamente de pies a cabeza.

—Vamos a la iglesia —dijo—. Al inquilino le gusta la iglesia y sus alrededores. Estoy seguro de que este es el momento de ir ahí.

Muy pocas veces, en el curso de mi asociación con don Juan, había sentido tal aprensión. Estaba yo rígido y entumecido. Mi cuerpo entero temblaba cuando me paré. Mi estómago estaba hecho nudos y, sin embargo, cuando se encaminó a la iglesia, lo seguí sin decir una sola palabra. Mis rodillas sí protestaron; se sacudían y se doblaban involuntariamente cada vez que daba un paso. Para cuando hubimos caminado la corta cuadra de la plaza a los escalones de piedra caliza del atrio de la iglesia, yo estaba a punto de desmayarme. Don Juan me puso el brazo alrededor de los hombros para sostenerme.

—Ahí está el inquilino —dijo con tal indiferencia que parecía como si acabara de reconocer a un viejo amigo.

Miré hacia la dirección que señalaba y vi un grupo de cinco mujeres y tres hombres al final del atrio. Mi mirada rápida y asustada no reveló nada extraño en esa gente. No podía siquiera decir si estaban entrando o saliendo de la iglesia, aunque sí me di cuenta de que parecían estar congregados allí accidentalmente.

Para cuando don Juan y yo llegamos a la pequeña puerta, cortada en los masivos portales de madera de la iglesia, tres mujeres ya habían entrado. Los tres hombres y las otras dos mujeres se alejaban en diferentes direcciones. Experimenté un momento de confusión, me volví hacia don Juan para que me aclarara la situación. Me señaló la fuente de agua bendita con un movimiento de la barbilla.

—Debemos obedecer las reglas y persignarnos —susurró.

—¿Dónde está el inquilino? —pregunté también susurrando.

Don Juan sumergió la punta de sus dedos en la pila de agua e hizo la señal de la cruz. Con un gesto imperativo me urgió a que hiciera lo mismo.

—¿Era el inquilino uno de los tres hombres que se fueron? —susurré en su oído.

—No —susurró sonriendo—. El inquilino es una de las tres mujeres que se quedaron. La que está en la última fila de atrás.

En ese momento, una mujer en la fila trasera giró la cabeza hacia mí, sonrió y me saludó con una inclinación de la cabeza.

Llegué a la puerta de un salto y salí corriendo.

Don Juan saltó tras de mí. Con una increíble agilidad corrió más rápido que yo y me agarró del brazo.

—¿A dónde vas? —preguntó, su cara y su cuerpo contorsionados por la risa.

Me sostuvo firmemente mientras yo respiraba grandes bocanadas de aire. Estaba realmente ahogándome. Las carcajadas le venían como olas de mar. Me solté de él enérgicamente y caminé hacia la plaza. Me siguió.

—Nunca me imaginé que el inquilino te fuera a afectar tanto —dijo, y nuevas olas de risa sacudieron su cuerpo.

—¿Por qué no me dijo que el inquilino era una mujer?

—El brujo que está allí es el desafiante de la muerte —dijo solemnemente—. Para un brujo como él, tan versado en los desplazamientos del punto de encaje, ser hombre o mujer es cuestión de decisión y conveniencia. Esta es la primera parte de la lección de ensueño que te dije ibas a recibir. Y el desafiante de la muerte es el misterioso visitante que te va a guiar esta noche.

Cruzó sus brazos sobre las costillas, ya que la risa lo hacía toser. Yo estaba mudo. Luego, una repentina furia se apoderó de mí. No estaba enojado con don Juan o conmigo mismo o con nadie en particular; era una furia fría que no estaba dirigida a nadie, y que me hacía sentir como si mi pecho y todos los músculos de mi cuello fueran a explotar.

—Regresemos a la iglesia —grité sin reconocer mi propia voz.

—No te pongas histérico —dijo suavemente—. No tienes que brincar al fuego así nomás. Piensa. Delibera.

240

Mide las cosas. Enfría tu mente. Nunca en tu vida has pasado por tal prueba. Ahora lo que necesitas es tranquilidad.

"No te puedo sugerir qué hacer —continuó—. Sólo puedo, como cualquier otro nagual, ponerte frente a tu reto después de decirte en términos bastante indirectos todo lo que es pertinente a ello. Esta es una de las maniobras del nagual: decir todo sin decirlo o pedir sin pedirlo.

Quería terminar con lo que fuera rápidamente. Pero don Juan dijo que un momento de pausa restauraría lo que me quedara de confianza en mí mismo. Mis rodillas estaban a punto de doblarse. Solícitamente, don Juan me hizo sentar en la banqueta. Se sentó junto a mí.

—La primera parte de la lección de este ensueño es que la feminidad y masculinidad no son estados finales, sino el resultado de una posición específica del punto de encaje —dijo—. Y el acto de acomodar así el punto de encaje es, naturalmente, una cuestión de disciplina y entrenamiento. Esta maniobra era el deleite de los brujos antiguos, y son ellos los únicos que pueden lograrlo.

Quizá porque era la única reacción racional que me quedaba, empecé a argüir con don Juan.

—No puedo aceptar ni creer lo que está usted diciendo —dije, y sentí que un calor me subía a la cara.

—Pero tú mismo viste a la mujer —don Juan contestó—. ¿Crees que todo eso era un truco?

—No sé qué pensar.

—Ese ser en la iglesia es una mujer real —dijo enérgicamente—. ¿Por qué habría eso de molestarte tanto? El hecho de que haya nacido hombre es únicamente un testimonio del poder de los brujos antiguos. Esto no debería sorprenderte. Ya has compenetrado completamente los principios de la brujería.

Todo yo estaba a punto de explotar de tensión. En un tono acusativo, don Juan dijo que yo discutía sin ton ni son. Con una paciencia forzada, pero con verdadera pomposidad, le expliqué los fundamentos biológicos de

241

la feminidad y la masculinidad.

—Entiendo todo eso —dijo—. Y tienes razón en lo que dices. Tu error está en tratar de hacer universales tus aseveraciones.

—Estamos hablando de principios básicos —grité—. Son pertinentes al hombre aquí o en cualquier otro lugar del universo.

—Eso es verdad —dijo en voz queda—. Todo lo que dices es verdad, siempre y cuando nuestro punto de encaje se quede en su posición habitual. Pero en el momento en que se desplaza más allá de ciertos límites y nuestro mundo cotidiano ya no tiene función, ninguno de tus principios fundamentales tiene el valor total del que hablas.

"Tu error es olvidar que el desafiante de la muerte ha trascendido esos límites miles y miles de veces. No se requiere ser un genio para darse cuenta de que el inquilino no está atado a las mismas fuerzas que te atan a ti ahora.

Le dije que mi lucha, si se pudiera llamar lucha, no era con él, sino con la horripilante parte práctica de la brujería, la cual, hasta ese momento, había sido algo tan estrafalario y tan lejano que nunca fue un verdadero problema para mí. Reiteré que como ensoñador, estaba dentro de mi experiencia atestiguar que en el ensueño todo es posible. Le recordé que él mismo había cultivado y promovido esta convicción, junto con la fundamental necesidad de cordura y salud mental. Lo que él proponía como el estado de ser del inquilino no era algo cuerdo. Era un tema únicamente para el ensueño y no para el mundo cotidiano. Le dejé saber que para mí lo que él proponía era algo abominable e insostenible.

—¿Por qué esta violenta reacción? —me preguntó con una sonrisa.

Su pregunta me agarró desprevenido. Me sentí de verdad apenado y culpable.

—Creo que me siento amenazado en lo más profundo —admití, y lo decía sinceramente. Pensar que la mu-

242

jer de la iglesia era un hombre me era de alguna manera
nauseabundo.

Un pensamiento sensato cruzó por mi mente: quizás el inquilino fuera un travestista. Le pregunté ansiosamente a don Juan sobre esta posibilidad. Se rió tan
fuerte que parecía estar a punto de desmayarse.

—Esa es una posibilidad demasiado mundana —dijo—. A lo mejor tus viejos amigos harían una cosa así.
Tus nuevos amigos tienen más recursos y se masturban
mucho menos. Te repito. Ese ser en la iglesia es una mujer —sonrió maliciosamente—. ¿Siempre te has sentido
atraído por las mujeres, no es así? Parece que esta situación estuviera hecha a tu medida.

Su regocijo era tan intenso e infantil que fue conta-
gioso. Los dos nos pusimos a reír. Él con total abandono,
y yo con total ansiedad.

Llegué entonces a una decisión. Me levanté y le dije
en voz alta que no tenía deseo de tratar con el inquilino
en ninguna forma o aspecto. Mi decisión era pasar por
alto todo este asunto y regresar, primero a su casa, y luego a la mía.

Don Juan dijo que él no tenía inconveniente con mi
decisión. Empezamos a caminar de regreso a su casa.
Mis pensamientos volaban sin orden. Me pregunté si estaba haciendo lo correcto, o si estaba corriendo de miedo. Inmediatamente razoné que mi decisión era correcta
e inevitable. Me aseguré a mí mismo que no estaba interesado en adquisiciones y que los regalos del inquilino
eran como adquirir propiedad. Pero luego me llené de
dudas y curiosidad. Había tantas preguntas que le podría
hacer al desafiante de la muerte.

Mi corazón empezó a latir tan intensamente que lo
sentí en mi estómago. De repente, los latidos se trans-
formaron en la voz del emisario de ensueño. Rompió su
promesa de no interferir y dijo que una increíble fuerza
estaba acelerando mi corazón para conducirme de regreso a la iglesia. Caminar hacia la casa de don Juan era caminar hacia la muerte.

Me detuve y apresuradamente confronté a don Juan con las aseveraciones del emisario.

—¿Es cierto? —le pregunté.

—Mucho me temo que sí —admitió con una tímida sonrisa.

—¿Por qué no me lo dijo usted mismo, don Juan? ¿Me iba usted a dejar morir porque cree que soy un cobarde? —le pregunté furioso.

—No te ibas a morir tan fácilmente. Tu cuerpo energético tiene muchísimos recursos. Y nunca se me ocurrió pensar que eras un cobarde. Respeto tus decisiones sin importarme un comino qué es lo que las motiva.

"Tú también estás al final del camino al igual que yo. Así que sé un verdadero nagual. No te avergüences de lo que eres. Si fueras un cobarde, creo que ya te hubieras muerto de miedo hace muchos años. Pero si te da tanto miedo conocer al desafiante de la muerte, entonces muere en lugar de enfrentarlo. De eso no puedes avergonzarte.

—Regresemos a la iglesia —dije tan tranquilo como pude.

—¡Ya estamos llegando al meollo de todo este asunto! —don Juan exclamó—. Pero primero, regresemos a la plaza, sentémonos en una banca, y consideremos cuidadosamente tus opciones. Podemos tomar todo el tiempo necesario; además, es demasiado temprano para transacciones con el inquilino.

Caminamos de regreso al parque, encontramos inmediatamente una banca vacía y nos sentamos.

—Tienes que entender que sólo tú puedes tomar la decisión de conocer o no conocer al inquilino o de aceptar o rechazar sus regalos de poder —dijo don Juan—. Pero le tienes que decir tu decisión a la mujer de la iglesia, cara a cara y solo; de otra manera tu decisión no será válida.

Don Juan dijo que los regalos del inquilino eran extraordinarios, pero que su precio era tremendo, y que él no aprobaba ni los regalos ni el precio.

244

—Antes de que tomes realmente una decisión —don Juan continuó—, debes estar al tanto de todos los detalles de tus convenios con ese brujo.

—Prefiero no saber nada más acerca de eso, don Juan —le supliqué.

—Es tu deber saber todo —dijo—. ¿De qué otra forma podrías entonces tomar una decisión correcta?

—¿No cree usted que mientras menos sepa sobre el inquilino mejor para mí?

—No. Esta no es una cuestión de esconderse hasta que el peligro haya pasado. Este es el momento de la verdad. Todo lo que has hecho y experimentado en el mundo de los brujos te ha conducido hasta este punto. No te lo quise decir porque confiaba que tu cuerpo energético te diría que no hay manera de salirse de esta cita, ni siquiera muriendo. ¿Entiendes?

Lo entendí tan bien que le pregunté si le sería posible hacerme cambiar de niveles de conciencia para aliviar mi inquietud y mi miedo. Casi me hizo saltar con la explosión de su no.

—Tienes que enfrentar al desafiante de la muerte con frialdad y premeditación —prosiguió—. Y no lo puedes hacer por medio de sustitutos.

Don Juan tranquilamente empezó a repetirme todo lo que me había dicho sobre el desafiante de la muerte. Mientras él hablaba, me di cuenta de que parte de mi confusión era el resultado del uso del lenguaje. A pesar de que don Juan lo llamaba *el desafiante de la muerte* y *el inquilino*, al describir la relación entre ese brujo y los naguales de su línea, don Juan hablaba de la mujer de la iglesia, mezclando la denotación de género masculino y femenino.

Dijo que se suponía que el inquilino pagaba por la energía que *él* tomaba de los naguales, pero que lo que *él* pagaba había atado a esos naguales por generaciones. Como pago por la energía que tomó de todos ellos, *la* mujer de la iglesia les enseñó cómo desplazar exactamente su punto de encaje a posiciones específicas que *ella* misma había escogido. En otras palabras, *ella* ató a cada uno de esos hombres con un regalo de poder que consistía de una posición específica y preseleccionada del punto de encaje, junto con todas sus implicaciones.

—¿Qué quiere usted decir con todas sus implicaciones, don Juan?

—Quiero decir los resultados negativos de esos regalos. La mujer de la iglesia sabe solamente cómo complacer. No hay frugalidad ni sosiego en esa mujer. Por ejemplo, le enseñó al nagual Julián cómo arreglar su punto de encaje para ser exactamente como ella, una mujer. Enseñarle esto a mi benefactor, siendo el incurable voluptuoso que era, fue como darle alcohol a un borracho.

—Pero ¿no somos cada uno de nosotros responsables de lo que hacemos?

Sí, por supuesto. Sin embargo, para algunos de nosotros es más difícil ser responsable que para otros. Aumentar deliberadamente esta dificultad, como esa mujer lo hace, es poner una innecesaria presión sobre nosotros.

—¿Cómo sabe usted que la mujer de la iglesia lo hace deliberadamente?

—Se lo ha hecho a todos los naguales de mi línea. Si nos examinamos justa y honradamente, tenemos que admitir que el desafiante de la muerte nos ha convertido, con sus regalos, en una línea de brujos bastante flojos y dependientes.

No podía seguir pasando por alto la inconsistencia en su uso del lenguaje, y me quejé.

—Tiene que hablar de ese brujo ya sea como hombre o como mujer, pero no como los dos —dije duramente—. Estoy demasiado tenso y su uso arbitrario del lenguaje me pone aún más inquieto.

—Yo mismo estoy muy inquieto —confesó—. Pero la verdad es que el desafiante de la muerte es las dos cosas: hombre y mujer. Nunca he sido capaz de enfrentar con gracia este cambio. Estaba seguro de que ibas a sentir lo mismo habiéndolo visto como hombre primero.

Don Juan me hizo acordar que en una ocasión, años antes, me llevó a conocer al desafiante de la muerte y conocí a un hombre; un indio delgado y extraño que no era viejo, pero tampoco joven. Lo que más recordaba era su acento inusitado y su uso de una metáfora para describir cosas que afirmaba haber visto. Decía: *mis ojos se pasearon...* Por ejemplo, dijo: "Mis ojos se pasearon en los cascos de los conquistadores españoles."

El evento era tan efímero en mi mente que siempre creí que nuestro encuentro había durado sólo unos cuantos minutos. Don Juan me dijo más tarde que pasé todo un día con el desafiante de la muerte; algo de lo que yo no estaba consciente en lo absoluto.

—La razón por la cual estaba tratando hace un rato de que me dijeras si sabías o no lo que iba a pasar —don Juan continuó—, era porque creí que hace años habías hecho tú mismo una cita con el desafiante de la muerte.

—Me estaba usted dando demasiado valor, don Juan. Para decirle la verdad, realmente no sé ni quién soy. ¿Pero, qué le hizo creer que yo sabía?

—Le caíste muy bien al desafiante de la muerte. Y eso para mí quiere decir que a lo mejor ya te hizo un regalo de poder, aunque tú no te acuerdes de nada; o que tal vez hiciste una cita con él como mujer. Hasta sospeché que te había dado direcciones precisas.

Don Juan comentó que el desafiante de la muerte, siendo definitivamente una criatura de hábitos rituales, siempre se presentó a los naguales de su línea primero como hombre, como había sucedido con el nagual Sebastián, y subsecuentemente como mujer.

—¿Por qué llama usted a los regalos del desafiante de la muerte regalos de poder? ¿Y por qué el misterio? —pregunté—. Usted mismo puede desplazar su punto de encaje al sitio que quiera ¿no es cierto?

—Se llaman regalos de poder porque son el producto del conocimiento especializado de los brujos de la antigüedad —dijo—. El misterio de esos regalos es que nadie en esta tierra, con la excepción del desafiante de la muerte, puede darnos una muestra de ese conocimiento. Y por supuesto que puedo desplazar mi punto de encaje a cualquier sitio que yo quiera, ya sea dentro o afuera de la forma energética del hombre. Pero lo que no puedo hacer, y sólo el desafiante de la muerte puede, es saber qué hacer con mi cuerpo energético en cada una de esas posiciones para llegar a una percepción total.

Luego explicó que los brujos de ahora no conocen los detalles de las miles y miles de posibles posiciones del punto de encaje.

—¿Qué quiere usted decir con detalles? —pregunté.

—Formas particulares de tratar al cuerpo energético para mantener el punto de encaje fijo en posiciones específicas —contestó.

Tomó su propio caso como ejemplo. Dijo que el regalo de poder que el desafiante de la muerte le dio, había sido la posición del punto de encaje de un cuervo, y los procedimientos para manejar su cuerpo energético a fin de obtener la percepción total de un cuervo. Don Juan explicó que la total percepción y la total cohesión eran lo que los brujos antiguos buscaban a cualquier precio; y que en el caso de su propio regalo de poder, llegó a la total percepción del cuervo por medio de procesos que tuvo que aprender, paso a paso, como se aprende el manejo de una máquina muy compleja.

Don Juan continuó explicando que la mayoría de los desplazamientos del punto de encaje, que los brujos de hoy experimentan, son desplazamientos ligeros dentro de una delgada banda de filamentos luminosos en el interior del huevo luminoso, llamada la banda del hombre, o el aspecto puramente humano de la energía del universo. Más allá de esa banda, pero aún dentro del huevo luminoso, se encuentra el reino de los grandes desplazamientos. Cuando el punto de encaje se desplaza a cualquier sitio en esta área, lo que uno percibe es más o menos comprensible, pero se requiere de procedimientos extremadamente detallados para que la percepción no sea meramente más o menos comprensible, sino total.

—En tu último viaje a lo desconocido, los seres inorgánicos te engañaron a ti y a Carol, ayudándolos a que obtuvieran total cohesión en un gran desplazamiento —dijo don Juan—. Les desplazaron sus puntos de encaje al sitio más lejano posible y luego los ayudaron a percibir ahí como si estuvieran en el mundo de todos los días. Una cosa casi imposible. Para lograr esa clase de percepción, un brujo necesita conocimiento pragmático, o amigos influyentes.

"Al final, tus amigos te hubieran traicionado y te hubieran dejado a ti y a Carol a arreglárselas por sí solos a fin de aprender medios pragmáticos para sobrevivir en ese mundo. Ustedes dos hubieran terminado llenos hasta el tope de procedimientos, tal como los brujos de la antigüedad.

"Cada gran desplazamiento implica posibilidades específicas que los brujos modernos podrían aprender —continuó—, si supieran cómo fijar el punto de encaje en cualquiera de esas posiciones por un buen rato. Sólo los brujos de la antigüedad tenían el conocimiento específico para hacer esto.

Don Juan prosiguió diciendo que el conocimiento de procedimientos específicos implicado en esos grandes desplazamientos no le fue accesible a los ocho naguales que precedieron al nagual Sebastián, y que el inquilino le enseñó al nagual Sebastián cómo lograr percibir totalmente en diez posiciones nuevas del punto de encaje. El nagual Santisteban recibió siete, el nagual Luján cincuenta, el nagual Rosendo seis, el nagual Elías cuatro, el nagual Julián dieciséis, y a él le enseñaron dos. Su linaje conocía un total de noventa y cinco posiciones específicas del punto de encaje. Dijo que si yo le preguntara a él si consideraba esto como una ventaja para su linaje, tendría que decirme que no, ya que el peso de esos regalos los acercaba a algo asqueroso para él: al temperamento de los brujos de la antigüedad.

—Ahora es tu turno de encontrarte con el inquilino —continuó—. Quizá los regalos que te dé a ti rompan nuestro equilibrio total y nuestro linaje se hunda en la oscuridad que acabó con los brujos antiguos.

—Esto es tan horrendamente serio que me deja sin palabras —dije.

—Simpatizo sinceramente contigo —contestó con una seria expresión—. Sé que no es ningún consuelo decir que esta es la prueba más dura para un nagual de hoy en día. Enfrentarse a algo tan viejo y misterioso como el inquilino no inspira admiración, sino repugnancia. Por lo menos así fue para mí, y todavía lo es.

—¿Por qué tengo que continuar con esto, don Juan?

—Porque sin saberlo, aceptaste el reto del desafiante. Sonsaqué tu aprobación a lo largo de tu aprendizaje, de la misma manera que mi maestro sonsacó la mía clandestinamente.

"Pasé a través del mismo horror, tal vez un poco más brutalmente que tú —comenzó a reírse entre dientes—. Al nagual Julián le daba por jugar horrendas bromas. Me dijo que había una hermosa viuda muy apasionada, que estaba locamente enamorada de mí. El nagual me llevaba seguido a la iglesia y yo había visto cómo me miraba una mujer. Era una mujer guapa. Y yo era un hombre joven y fogoso. Cuando el nagual dijo que yo le gustaba a ella, me lo creí. Mi despertar fue muy rudo.

Tuve que luchar por no reírme del gesto de inocencia perdida que hizo don Juan. Luego, la idea de que estuviera metido en tal apuro me pareció tan chistosa como espantosa.

—¿Está usted seguro, don Juan, de que esa mujer es el inquilino? —pregunté, esperando que quizá fuera un error o una broma pesada.

—Estoy muy, muy seguro —dijo—. Además, aunque fuera tan tonto como para olvidarme del inquilino, mi capacidad para *ver* no me puede fallar.

—¿Quiere usted decir, don Juan, que el inquilino tiene un tipo diferente de energía?

—No, no un tipo diferente de energía, pero ciertamente tiene características diferentes a las de una persona normal.

—¿Está usted absolutamente seguro, don Juan, de que esa mujer es el inquilino? —insistí, movido por un extraño asco y miedo.

—¡Esa mujer es el inquilino! —exclamó don Juan en un tono de voz que no admitía dudas.

Nos quedamos callados. Esperé el siguiente paso, en medio de un pánico que iba más allá de toda descripción.

—Ya te he dicho que ser un hombre natural o una mujer natural es cuestión de la posición del punto de encaje —dijo don Juan—. Cuando digo natural, me refiero a alguien que nació ya sea hombre o mujer. Para un vidente, en el caso de las mujeres, la parte más brillante del punto de encaje está mirando hacia enfrente, y en el caso de los hombres, hacia adentro. El punto de encaje del inquilino estaba originalmente mirando hacia adentro, pero lo cambió retorciéndolo, y esto hace que su forma energética de huevo luminoso se vea como una concha de mar enrollada en sí misma.

12

LA MUJER DE LA IGLESIA

Don Juan y yo nos quedamos sentados en silencio. No tenía más preguntas que hacerle y parecía que él ya me había dicho todo lo que era pertinente. No podrían haber sido más de las siete, pero la plaza estaba desierta. Era una noche cálida. En ese pueblo, en las noches, la gente usualmente se pasea por la plaza hasta las diez u once.

Empecé a reconsiderar lo que sucedía. Mi aprendizaje con don Juan se acercaba a su fin. Él y su bando iban a realizar el sueño de los brujos: dejar este mundo y entrar en dimensiones inconcebibles. Basándome en mi limitado éxito en el ensueño, creía que esa meta no era ilusoria, sino en extremo sobria, aunque contraria a la razón. Buscaban percibir lo desconocido y lo habían logrado.

Don Juan estaba en lo correcto cuando decía que al inducir un desplazamiento sistemático del punto de encaje, ensoñar libera la percepción, agrandando el campo de lo que puede ser percibido. Para los brujos de su bando, el ensueño no solamente les había abierto las puertas a otros mundos perceptibles, sino que también los preparó para entrar completamente conscientes de sí en esos reinos. Para ellos, el ensueño se había convertido en algo inefable, sin precedentes: algo cuya naturaleza y alcance sólo podían ser aludidos, como refirió don Juan cuando dijo que el ensoñar es la puerta a la luz y a la oscuridad del universo.

Sólo una cosa quedaba pendiente para ellos: mi encuentro con el desafiante de la muerte. Lamentaba que don Juan no me hubiera avisado con anterioridad para poder prepararme mejor. Pero él era un nagual que siempre hacía todo lo que era de importancia en el momento, y sin previo aviso.

Por un rato, me sentí muy bien; tranquilamente sentado con don Juan en esa plaza, esperando a que los eventos se desarrollaran; pero luego mi estabilidad emocional sufrió un altibajo, y en fracciones de segundo me encontré dentro de una oscura desesperación. Me asaltaron triviales consideraciones acerca de mi seguridad, mis metas, mis esperanzas y mis preocupaciones en el mundo. Al examinar todo esto, tuve que admitir que la única preocupación real que yo tenía era acerca de mis tres compañeras en el mundo de don Juan. Aunque sí lo pensaba, ni siquiera eso me preocupaba verdaderamente. Don Juan les había enseñado a ser la clase de brujas que siempre sabían qué hacer; y lo más importante aún, las había preparado para saber qué hacer con lo que sabían.

Habiendo sido despojado, desde hacía mucho tiempo, de toda razón mundana posible para sentirme angustiado, lo único que me quedaba era el miedo de morir a manos del desafiante de la muerte: la preocupación por mí mismo. Y me entregué a ella desvergonzadamente, una última jugada antes de desaparecer. Me puse tan asustado, que me dio náusea. Traté de disculparme, pero don Juan se rió.

—El que te vomites de miedo no te hace de ninguna manera único —dijo—. Cuando yo conocí al desafiante de la muerte, me oriné en los pantalones. Créeme.

Esperé en silencio durante un momento intolerablemente largo.

—¿Estás listo? —preguntó.

Dije que sí. Levantándose de la banca añadió: —Entonces ya nos vamos. Y ahora descubriremos cómo vas a actuar cuando estés en la línea de fuego.

Me condujo de regreso a la iglesia. Hasta el día de

254

hoy, de lo único de que me puedo acordar de aquella cami- nata es que tuvo que arrastrarme todo el camino. Pero no recuerdo haber llegado a la iglesia o haber entrado en ella. Lo próximo que supe es que estaba arrodillado en un largo y desgastado banco de iglesia, junto a la mujer que había visto antes. Me estaba sonriendo. Miré alrede- dor tratando de localizar a don Juan, pero no estaba a la vista. Hubiera salido de ahí volando si no me hubiera de- tenido la mujer, agarrándome del brazo.

—¿Por qué habrías de tener tanto miedo de una po- brecita como yo? —me preguntó en inglés.

Me quedé pegado en el lugar donde estaba arrodilla- do. Lo que me cautivó por completo e instantáneamente fue su voz. No puedo describir qué es lo que había en el sonido rasposo de su voz que llegaba a lo más recóndito de mí. Era como si siempre hubiera conocido esa voz.

Me quedé allí inmóvil, atrapado por ese sonido. Me preguntó algo más en inglés, pero no pude entender lo que decía. Me sonrió con dulzura.

—Está bien —susurró en español.

Estaba arrodillada a mi derecha.

—Entiendo perfectamente lo que es el verdadero miedo, vivo con él —añadió.

Estaba a punto de hablarle, cuando escuché la voz del emisario en mi oído: —Es la voz de Hermelinda, tu nodriza —dijo.

Lo único que sabía yo de Hermelinda era la historia que me contaron, que había muerto en un accidente, atropellada por un camión. Que la voz de la mujer me trajera esas memorias era algo impactante. Experimenté una momentánea y agonizante ansiedad.

—Soy tu nodriza —exclamó la mujer suavemen- te—. ¡Qué extraordinario! ¿Quieres mi chichi? —su cuerpo se convulsionó de risa.

Hice un supremo esfuerzo para mantenerme calmo; sabía que estaba perdiendo la ecuanimidad rápidamente, y que en cualquier momento iba a perder el control de mi razón.

—No te preocupes por mi broma —dijo en voz baja—. La verdad es que me caes muy bien. Estás llenísimo de energía. Y nos vamos a llevar muy bien.

Dos hombres viejos se arrodillaron enfrente de nosotros. Uno de ellos volteó la cabeza y nos miró con curiosidad. Ella no les puso ninguna atención, y continuó susurrándome al oído.

—Déjame tomar tu mano —pidió.

Pero su petición era como una orden. Le di mi mano, incapaz de negarme.

—Gracias. Gracias por tu confianza en mí —susurró.

El sonido de su voz me estaba volviendo loco; un sonido rasposo, tan exótico, tan absolutamente femenino. Bajo ninguna condición la hubiera considerado como la voz elaborada de un hombre tratando de sonar como una mujer. No era una voz ronca ni dura. Era como el sonido de pies descalzos caminando suavemente sobre grava.

Hice un tremendo esfuerzo para romper una capa invisible de energía que parecía haberme envuelto. Creí haberlo logrado. Me levanté, listo para irme, y lo hubiera hecho si la mujer no se hubiera también levantado y susurrado en mi oído.

—No huyas. Hay tantas cosas que te tengo que decir.

Detenido por la curiosidad, me senté automáticamente. Increíblemente, mi ansiedad y mi miedo se desvanecieron repentinamente. Hasta tuve la suficiente presencia de ánimo para preguntarle: —¿Es usted verdaderamente una mujer?

Se rió entre dientes, como una niña, y luego me dijo una intrincada frase.

—Si te atreves a pensar que me transformaría en un hombre temible para causarte daño, estás gravemente equivocado —dijo, acentuando aún más esa extraña, hipnótica voz—. Tú eres mi benefactor. Yo soy tu sirvienta, como he sido la sirvienta de todos los naguales que te precedieron.

Haciendo acopio de toda la energía que pude, le dije lo que pensaba.

—Puede usted tomar mi energía —dije—. Es un regalo para usted, pero no quiero que me dé ningún regalo de poder. Y le digo esto sinceramente.

—No puedo tomar tu energía gratis —susurró—. Yo pago por lo que recibo, ese es el trato. Es una tontería regalar tu energía.

—Créame, he sido un tonto durante toda mi vida —dije—. Puedo darme el lujo de hacerle un regalo. No me causa ningún problema. Usted necesita la energía, tómela. Pero yo no puedo cargar cosas innecesarias. No tengo nada, y me encanta no tenerlo.

A lo mejor —dijo con un aire pensativo.

Le pregunté agresivamente si quería decir que a lo mejor tomaría mi energía o que no me creyó que no tenía nada y que me encantaba no tenerlo.

Se rió con deleite y dijo que a lo mejor tomaría mi energía ya que yo era tan generoso de ofrecérsela. Pero que tenía que hacer un pago; me tenía que dar algo de valor similar.

Al escucharla hablar, me di cuenta de que hablaba el español con un extravagante acento extranjero. Añadía un fonema extra en la sílaba media de cada palabra. Nunca en mi vida había escuchado a nadie hablar así.

—Su acento es verdaderamente extraordinario —dije—. ¿De dónde es?

—De casi la eternidad —dijo suspirando.

Habíamos empezado a entablar una conexión. Comprendí por qué suspiró. Ella era lo más cercano a lo permanente, mientras que yo era transitorio. Esa era mi ventaja. El desafiante de la muerte estaba acorralado, y yo era libre.

La examiné de cerca. Parecía tener entre treinta y cinco y cuarenta años. Era de piel oscura; una mujer completamente india casi corpulenta, pero no gorda, ni siquiera pesada. Podía ver que la piel de sus brazos y sus

manos era suave; sus músculos firmes y jóvenes. Juzgué
que medía entre un metro sesenta y cinco y setenta. Tenía puesto un vestido largo, un rebozo negro y huaraches. Estando arrodillada también le podía ver sus tobi-
llos y parte de sus bien formadas pantorrillas. Su cintura
era delgada. Tenía unos senos grandes los cuales no podía, o quizá no quería esconder bajo su rebozo. Su cabe-
llo era negro azabache y estaba atado en una larga trenza. No era hermosa, pero tampoco era fea. Sus facciones
no eran de ninguna manera sobresalientes. No podía haber atraído la atención de nadie, excepto por sus ojos,
que los mantenía bajos, escondidos debajo de sus enormes, largas y espesas pestañas. Eran unos ojos magnífi-
cos, claros y serenos. Aparte de los ojos de don Juan, yo
nunca había visto otros ojos más brillantes, más vivos.

Sus ojos me inspiraron total confianza. Ojos como
esos no podrían ser malévolos. Sentí una oleada de optimismo, y la sensación de que la había conocido toda mi
vida; pero también estaba consciente de algo más: mi
inestabilidad emocional. Esta era, en el mundo de don
Juan, como mi enfermedad crónica. Tenía momentos de
agilidad mental, esperanza y sencillez, pero luego entraba en la desconfianza y las dudas abominables. Este
evento con la mujer de la iglesia no iba a ser diferente.
Mi mente sospechosa se salió repentinamente con el
pensamiento de que ya estaba cayendo preso del encanto
de esa mujer.

—Aprendió español cuando era ya grande ¿no es
así? —dije sólo para salirme de mis pensamientos y evitar que los leyera.

—Sólo ayer —replicó, con una risa cristalina; sus
pequeños y blancos dientes brillaban como una hilera de
perlas.

La gente se dio vuelta para mirarnos. Bajé mi frente
como si estuviera orando profundamente.

—¿Hay algún lugar donde podamos hablar? —pregunté.

—Estamos hablando aquí —dijo—. Aquí he hablado

con todos los naguales de tu línea. Si susurras, nadie se dará cuenta de que estamos hablando.

Me moría de ganas de preguntarle cuántos años tenía, pero un pensamiento sobrio vino a mi rescate. Me acordé de que por años un amigo mío estuvo tendiéndome toda clase de trampas para que le confesara mi edad. Detestaba sus banales preocupaciones, y ahora yo estaba a punto de comportarme de la misma manera. Dejé mi empeño instantáneamente.

Le quise contar eso a ella sólo para seguir conversando. Parecía saber lo que estaba pasando por mi mente; me apretó el brazo en un gesto amistoso, como diciendo que acabábamos de compartir un pensamiento.

—En lugar de darme un regalo, ¿me puede decir algo que me ayude en mi camino? —le pregunté.

Movió la cabeza negativamente.

—No —susurró—. Somos extremadamente diferentes. Más diferentes de lo que creí posible. Se levantó y se deslizó fuera de la banca. Hizo hábilmente una genuflexión frente al altar mayor. Se persignó, y me hizo una seña para que la siguiera a un altar que estaba a un costado, a nuestra izquierda.

Nos hincamos en la banca, frente a un crucifijo de tamaño natural. Antes de que tuviera tiempo de decir nada, ella habló.

—He estado viva por larguísimo tiempo —dijo—. La razón por la cual he durado tanto es porque controlo los cambios y movimientos de mi punto de encaje, y porque no me quedo aquí en tu mundo por mucho tiempo. Tengo que ahorrar la energía que obtengo de los naguales de tu línea.

—¿Cómo es existir en otros mundos? —le pregunté.

—Es como estar en un ensueño, excepto que tengo más movilidad y me puedo quedar en cualquier lugar cuanto quiera. Tal como si te quedaras todo el tiempo que quisieras en cualquiera de tus ensueños.

—¿Cuando está usted en este mundo, está atada solamente a esta área?

—No. Voy a todos lados, adonde se me da la gana.

—¿Va siempre como mujer?

—He sido más tiempo mujer que hombre. Me gusta definitivamente mucho más ser mujer. Creo que ya casi se me olvidó cómo ser hombre. ¡Soy una mujer! ¿Sabes?

Me tomó de la mano y me hizo que le tocara la entrepierna. Mi corazón latía en mi garganta. Era realmente una mujer.

—No puedo simplemente tomar tu energía —dijo cambiando el tema—. Tenemos que llegar a otro acuerdo.

En esos momentos me llegó otra oleada de raciocinios mundanos. Le quería preguntar dónde vivía cuando estaba en este mundo. No necesité decirle en voz alta mi pregunta para obtener una respuesta.

—Eres mucho, muchísimo más joven que yo —dijo—, y ya tienes dificultades para decirle a la gente dónde vives. Y aunque los lleves a tu propia casa o la casa que alquilas, no es ahí donde vives.

—Hay tantas cosas que le quisiera preguntar, pero todo lo que hago es tener pensamientos estúpidos.

—No necesitas preguntarme nada. Tú ya sabes lo que sé. Todo lo que necesitaste fue un empujón para reclamar lo que ya sabías. Yo te di y aún te estoy dando ese empujón.

No sólo tenía pensamientos estúpidos sino que estaba en un estado de tal sugestión que tan pronto acabó de decir que yo sabía lo que ella sabía ya sentía que sabía todo, y que no necesitaba hacerle más preguntas. Riéndome, le conté cuán crédulo era yo.

—No eres crédulo —me aseguró con autoridad—. Sabes todo porque ahora estás totalmente en la segunda atención. ¡Mira a tu alrededor!

Por un momento, no pude enfocar mi vista. Era exactamente como si se me hubiera metido agua a los ojos. Cuando acomodé mi vista, supe que algo portentoso había ocurrido. La iglesia era diferente; más oscura, siniestra, y de alguna manera más dura. Me levanté y di un par de pasos hacia la nave. Lo que atrapó mi atención fueron las bancas; no estaban hechas de tablas de madera, sino de largos, delgados y retorcidos postes. Estas eran bancas caseras, puestas adentro de un magnífico edificio de piedra. También la luz de la iglesia era diferente; era amarillenta, y su brillo creaba las sombras más oscuras que jamás había yo visto. Venía de las velas de todos los altares de la iglesia, y era una luz que se mezclaba de lo más bien con las masivas paredes de piedra y los adornos coloniales de la iglesia.

La mujer me miraba, la brillantez de sus ojos era verdaderamente notable. En ese momento supe que estaba ensoñando y que ella dirigía el ensueño. Pero no le tenía miedo ni a ella ni al ensueño.

Me alejé del altar lateral y volví a mirar a la nave de la iglesia. Había gente arrodillada rezando; mucha gente, extrañamente pequeña, de piel oscura casi negra. Podía ver las cabezas de la muchedumbre, un mar de cabezas inclinadas. Los que estaban más cerca de mí me miraban con obvio desapruebo. Estaba boquiabierto ante ellos, y ante todo lo demás. La gente se movía, pero no había sonido.

—No puedo oír nada —le dije a la mujer, y mi voz retumbó, haciendo eco, como si estuviera dentro de una concha hueca.

Casi todas las cabezas se dieron vuelta a mirarme. La mujer me jaló de regreso a la oscuridad del altar lateral.

—Los escucharás si no los oyes con tus oídos —dijo—. Escucha con tu atención de ensueño.

Pareció como si todo lo que necesitara fuera su insinuación. De repente me inundó el monótono sonido de una multitud rezando. Fui inmediatamente arrastrado por el sonido. Me parecía que era el sonido más exquisito que jamás hubiera escuchado. Quería hablar entusiasmadamente de esto con la mujer, pero no estaba a mi lado. La busqué. Ya casi estaba en la puerta. Se dio vuelta para señalarme que la siguiera. La alcancé en el atrio. No había luces en las calles. La única iluminación era la luz de la luna. La fachada de la iglesia era también diferente; no estaba terminada. Había pedazos de cantería por todos lados. No había casas ni edificios alrededor de la iglesia. A la luz de la luna, la escena era espectral.

—¿A dónde vamos? —le pregunté.

—A ningún lado —contestó—. Venimos aquí afuera simplemente para tener más espacio, para estar solos. Aquí podemos hablar hasta por los codos.

Me instó a que me sentara en una pieza de piedra caliza medio cincelada.

—La segunda atención tiene infinitos tesoros que pueden ser descubiertos —comenzó—. La posición inicial en la que el ensoñador pone su cuerpo es de importancia clave. Y es ahí donde está el secreto de los brujos antiguos, que aún en mis tiempos ya eran antiguos. Cavila sobre esto, tú que estás siempre empeñado en saber la edad de esos brujos.

Se sentó tan cerca de mí, que sentí el calor de su cuerpo. Me puso un brazo alrededor de mi hombro, y me presionó contra su pecho. Su cuerpo tenía una fragancia de lo más peculiar; me recordaba al olor de árboles o de artemisa. No era que ella trajera puesto un perfume; parecía como si todo su ser exudara ese olor característico de los bosques de pino. El calor de su cuerpo tampoco era como el mío o como el de cualquiera que yo conociera. Su calor era fresco y mentolado, parejo y balanceado. El pensamiento que se me vino a la mente fue que su calor presionaría implacablemente, pero sin prisa.

Empezó a susurrar en mi oído izquierdo. Dijo que los regalos que había dado a los naguales de mi línea tenían que ver con lo que los brujos antiguos llamaban las posiciones gemelas. Lo que significaba que la posición inicial en la que el ensoñador mantiene su cuerpo para empezar a ensoñar es imitada en la posición en que mantiene su cuerpo energético durante los ensueños, a fin de fijar el punto de encaje en cualquier sitio que escoja. Las dos posiciones forman una unidad, dijo, y a los brujos antiguos les llevó miles de años descubrir la relación perfecta entre posiciones gemelas. Comentó, con una risita, que los brujos de ahora nunca tendrán ni el tiempo ni la disposición para hacer todo ese trabajo, y que los hombres y las mujeres de mi línea tenían verdaderamente suerte de tenerla a ella para que les diera regalos. Su risa tenía un notable sonido cristalino.

No comprendí su explicación sobre las posiciones gemelas. Le dije descaradamente que no quería practicar esas cosas sino solamente saber de ellas como posibilidades intelectuales.

—¿Qué es exactamente lo que quieres saber? —me preguntó suavemente.

—Explíqueme qué quiere decir con las posiciones gemelas, o la posición inicial en la que el ensoñador pone su cuerpo para empezar a ensoñar —le dije.

—¿Cómo te acuestas para empezar a ensoñar? —preguntó.

—De cualquier manera, no tengo ningún patrón. Don Juan nunca hizo hincapié en este punto.

—Bueno, yo sí hago hincapié en él —dijo, y se levantó.

Cambió de posición. Se sentó a mi derecha y susurró en mi otro oído que de acuerdo con lo que ella sabía, la posición en la que uno pone el cuerpo es de mayor importancia. Propuso una manera muy fácil de comprobar eso, llevando a cabo un ejercicio extremadamente delicado pero sencillo.

—Empieza tu ensueño acostándote en tu lado derecho, con las rodillas ligeramente dobladas —dijo—. La disciplina es mantener esa posición y quedarse dormido en ella. Luego, en el ensueño, el ejercicio es ensoñar que te acuestas exactamente en la misma posición y te quedas dormido otra vez.

—¿Qué sucede con eso? —pregunté.

—Eso hace que el punto de encaje se fije, y quiero decir que realmente se fije, en cualquier posición en la que se encuentre en el instante en que uno se quede dormido por segunda vez.

—¿Cuáles son los resultados de este ejercicio?

—La percepción total. Estoy segura que tus maestros ya te han dicho que mis regalos son regalos de percepción total, ¿no es así?

—Sí. Pero creo que nunca me fue claro lo que es la percepción total —mentí.

Me ignoró y continuó diciéndome que las cuatro variantes del ejercicio eran: quedarse dormido acostado del lado derecho, del izquierdo, boca arriba y boca abajo. Y luego, en el ensueño, el ejercicio era ensoñar que uno se quedaba dormido por segunda vez en la misma posición en la que había comenzado a ensoñar. Me prometió resultados extraordinarios e imposibles de predecir.

Cambió bruscamente de tema y preguntó: —¿Cuál regalo quieres para ti?

—No quiero ningún regalo. Ya se lo dije antes.

—Insisto. Te tengo que ofrecer un regalo y tú lo tienes que aceptar. Es nuestro convenio.

—Nuestro convenio es que nosotros le damos energía. Así que tómela de mí. Esto corre por mi cuenta. Es mi regalo para usted.

La mujer pareció quedarse atónita. Y persistí en decirle que estaba bien que ella tomara mi energía. Hasta le confesé que ella me gustaba inmensamente. Naturalmente lo dije con toda sinceridad. Había algo en ella sumamente triste y al mismo tiempo sumamente atractivo.

—Vamos de regreso a la iglesia —murmuró.

—Si realmente quiere darme un regalo —dije—, lléveme a dar un paseo por este pueblo, a la luz de la luna.

Movió la cabeza afirmativamente.

—Siempre y cuando no digas una sola palabra —dijo.

—¿Por qué no? —pregunté, aunque ya sabía la respuesta.

—Porque estamos ensoñando —dijo—. Te voy a llevar a un sitio aún más profundo en mi ensueño.

Explicó que mientras nos quedáramos en la iglesia,

yo tendría suficiente energía para pensar y conversar, pero más allá de los límites de esa iglesia era una situación diferente.

—¿Por qué es eso? —pregunté atrevidamente.

En un tono muy serio que no sólo aumentó su misterio sino que me aterró, la mujer dijo: —Porque no hay allá afuera. Esto es un ensueño. Estás en la cuarta compuerta del ensueño, ensoñando mi ensueño.

Me dijo que su arte era ser capaz de proyectar su intento, y que todo lo que veía a mi alrededor era su intento. En un susurro dijo que la iglesia y el pueblo eran el resultado de su intento; no existían y sin embargo sí existían. Mirándome a los ojos, añadió que este era uno de los misterios de intentar las posiciones gemelas del ensueño en la segunda atención, y que se podía hacer, pero no explicar ni comprender.

Me dijo entonces que venía de una línea de brujos que sabían cómo proyectar su intento en la segunda atención y moverse con él. Su versión era que los brujos de su línea practicaban el arte de proyectar sus pensamientos durante el ensueño, para así poder lograr una verdadera reproducción de cualquier objeto, o estructura, o punto sobresaliente, o escena que escogieran.

Dijo que los brujos de su línea empezaban por mirar fijamente un simple objeto, memorizando cada uno de sus detalles. Luego cerraban los ojos y visualizaban el objeto, y después corregían su visualización con el objeto real hasta que pudieran verlo en su totalidad con los ojos cerrados.

El próximo paso en este esquema de desarrollo era ensoñar con el objeto y crear en el ensueño, desde el punto de vista de su propia percepción, la completa materialización del objeto. Este acto, dijo la mujer, era llamado el primer paso hacia la percepción total. De allí pasaban a visualizar más y más complejos artículos. Su objetivo final era que todos ellos juntos visualizaran un mundo total y después lo ensoñaran para así crear un reino totalmente real donde pudieran existir.

—Cuando cualesquiera de los brujos de mi línea eran capaces de hacer eso —la mujer prosiguió—, podían fácilmente jalar a cualquiera adentro de su intento, adentro de su ensueño. Esto es lo que estoy haciendo ahora contigo, y lo que hice con todos los naguales de tu línea.

La mujer se rió como si le diera pena hacer tales aseveraciones.

—Es mejor que lo creas —dijo como si supiera que no le había creído—. Poblaciones enteras desaparecieron ensoñando de esta manera. Esa es la razón por la que te dije que la iglesia y el pueblo aquí son uno de los misterios de intentar en la segunda atención.

—Usted dijo que poblaciones enteras desaparecieron de esta manera, ¿cómo fue esto posible? —pregunté.

—Primero visualizaron y luego recrearon en su ensueño la misma escena —contestó—. Tú nunca has visualizado nada, así que para ti es muy peligroso entrar en mi ensueño.

Me advirtió que cruzar la cuarta compuerta y viajar a lugares que existen solamente en el intento de alguien era peligrosísimo, ya que cada objeto en ese ensueño tenía que ser lo máximo de lo personal.

—¿Todavía quieres ir? —preguntó.

Dije que sí, y me dio más información sobre las posiciones gemelas. La esencia de su explicación era que por ejemplo, si yo estuviera ensoñando con mi pueblo natal y mi ensueño hubiera comenzado al acostarme en mi lado derecho, podría fácilmente quedarme en el pueblo de mi ensueño, si me acostara en mi lado derecho en el ensueño y ensoñara que me había quedado dormido. El segundo ensueño no sería sólo un ensueño de mi pueblo natal, sino el ensueño más concreto que uno se pueda imaginar.

Estaba yo seguro de que en mi entrenamiento de ensueño había tenido innumerables ensueños que fueron tan reales como el mundo diario, pero ella me aseguró que todos sucedieron de pura casualidad, ya que el único modo de tener absoluto control de los ensueños, es usando la técnica de las posiciones gemelas.

—Y no me preguntes cómo sucede, porque no lo sé —añadió—. Simplemente sucede, como todo lo demás.

Hizo que me levantara y volvió a advertir que no hablara ni me alejara de ella. Me tomó de la mano gentilmente, como si fuera un niño, y se dirigió a un grupo de oscuras siluetas de casas. Estábamos en una calle empedrada. Piedras de río habían sido enterradas de lado. Una presión desigual había creado superficies desiguales. Parecía que los albañiles siguieron los contornos del suelo, sin tomarse la molestia de nivelarlo.

Las casas eran grandes edificios polvorientos de un piso, pintados de blanco y con techos de tejas. Había gente andando silenciosamente a la luz de la luna. Sombras oscuras adentro de las casas me daban la sensación de vecinos curiosos pero asustados, chismorreando detrás de sus puertas. También podía ver las montañas alrededor del pueblo.

Al contrario de lo que me había sucedido en todos mis ensueños, mis procesos mentales estaban intactos. Mis pensamientos no eran cancelados por la fuerza de los eventos en el ensueño. Y mis cálculos mentales me decían que estaba en la versión de ensueño del mismo pueblo donde don Juan vivía, pero en una época distinta. Mi curiosidad llegaba al máximo. Realmente estaba con el desafiante de la muerte en su ensueño. Quería observar todo, estar totalmente alerta. Quería probar todo *viendo* energía. Me sentí avergonzado de tener que gritar mi intento, pero la mujer me apretó firmemente la mano señalándome que estaba de acuerdo conmigo.

Sintiéndome aún absurdamente apenado, automáticamente grité mi intento de *ver*. A lo largo de mis prácticas de ensueño, siempre usé la frase: "quiero ver energía". Algunas veces, lo tenía que repetir una y otra vez hasta obtener resultados. Esta vez, al empezar a repetirlo de la manera usual, la mujer empezó a reír a carcajadas.

Su risa era como la de don Juan: el resultado de un total abandono.

—¿Cuál es el chiste? —pregunté de alguna manera contagiado por su hilaridad.

—A Juan Matus no le caen bien los brujos antiguos en general, y yo en particular —dijo la mujer entre ataques de risa—. Todo lo que tenemos que hacer para *ver* en nuestros ensueños es señalar el objeto que queremos *ver* con nuestro meñique. Hacerte que grites en mi ensueño es su manera de mandarme su mensaje. Tienes que admitir que es verdaderamente ingenioso.

Hizo una pequeña pausa, y luego dijo en tono de revelación: —Claro está que gritar como un idiota también funciona.

El sentido del humor de los brujos me dejaba siempre perplejo. Se reía tanto, que pareció incapaz de proseguir con nuestra caminata. Me sentí estúpido. Cuando se calmó y estuvo otra vez perfectamente serena, me dijo con cortesía que yo podía señalar cualquier cosa que quisiera en su ensueño, incluyéndola a ella misma.

Señalé una casa con el dedo meñique de mi mano izquierda. No había energía en esa casa. La casa era como cualquier objeto de un sueño regular. Señalé todo a mi alrededor, con el mismo resultado.

—Señálame a mí —me urgió—. Tienes que corroborar que este es el método que los ensoñadores usan para *ver*.

Estaba totalmente en lo cierto. Ese era el método. En el instante en que la señalé con mi dedo meñique, se volvió una masa de energía muy peculiar. Su forma energética era exactamente como don Juan me la había descrito: una enorme concha de mar enroscada hacia adentro a lo largo de una hendidura longitudinal.

—Soy el único ser generador de energía en este ensueño —dijo—. Así que sería apropiado que solamente observes.

En ese momento, me cayó de golpe por primera vez la inmensidad de la broma de don Juan. Había planeado enseñarme a gritar en mis ensueños para que pudiera gritar en lo personal e íntimo del ensueño del desafiante de la muerte. Este detalle me pareció tan chistoso que me inundaron oleadas sofocantes de risa.

—Continuemos con nuestra caminata —dijo la mujer suavemente cuando ya no me quedaba más risa.

Había sólo dos calles que se cruzaban, cada una tenía tres cuadras de casas. Caminamos a lo largo de las dos calles, no una vez, sino cuatro. Miré todo y escuché con mi atención de ensueño cualquier tipo de ruido. Había muy pocos ruidos, sólo perros ladrando en la distancia, o gente hablando en susurros cuando pasábamos.

El ladrido de los perros me trajo una desconcertante y profunda añoranza. Tuve que detenerme. Busqué alivio recargando mi hombro contra la pared. El contacto con la pared me asombró, no porque la pared fuera en lo mínimo inusitada, sino porque me había recargado en una pared sólida, como cualquier otra pared en el mundo de todos los días.

La sentí con mi mano libre, haciendo correr mis dedos por su áspera superficie. ¡Era verdaderamente una pared!

El impacto de su realidad acabó de inmediato con mi añoranza y renovó mi interés por observar todo. Estaba buscando, específicamente, características que pudieran ser correlacionadas con el pueblo de mis días. Sin embargo, a pesar de cuán atentamente observara, no tuve éxito. Había una plaza en ese pueblo, pero estaba enfrente a la iglesia, de cara al atrio.

A la luz de la luna, las montañas alrededor del pueblo eran claramente visibles y casi reconocibles. Traté de orientarme, observando la luna y las estrellas, como si estuviera en la realidad consensual de la vida diaria. Era una luna menguante, tal vez un día después de llena. Estaba alta en el horizonte. Serían entre las ocho y las nueve de la noche. Podía ver la constelación de Orión a la derecha de la luna; sus dos estrellas principales, Betelgeuse y Rigel estaban en una línea derecha horizontal con la Luna. Calculé que eran los comienzos de diciembre. Mi tiempo era mayo. En mayo, Orión no está a la vista a esa hora. Me quedé mirando fijamente la Luna tanto tiempo como pude. Nada cambió. En lo que a mí concernía, esa era la Luna en diciembre. La desigualdad de tiempo me excitó mucho.

Al volver a examinar el horizonte del sur, podía distinguir el mismo pico como de campana que era visible desde el patio de la casa de don Juan. Lo siguiente que traté de hacer fue descubrir dónde se podría localizar su casa. Por un instante creí encontrar el sitio. Esto me causó tal euforia que solté la mano de la mujer. Una tremenda ansiedad se posesionó de mí inmediatamente. Y con ello, la clarísima idea de que tenía que regresar a la iglesia, porque si no, iba a caer muerto ahí mismo. Me di la vuelta y salí corriendo a toda velocidad. La mujer me tomó rápidamente de la mano y corrió conmigo.

Al aproximarnos a la iglesia, noté que en ese ensueño, el pueblo estaba detrás de la iglesia. Si hubiera tomado esto en consideración quizá me podría haber orientado. Pero en esos momentos ya no tenía más atención de ensueño, y enfoqué lo que me quedaba de ésta en los detalles arquitectónicos y ornamentales de la parte trasera de la iglesia. Nunca había visto esa parte en el mundo de todos los días, y pensé que si pudiera grabar en mi memoria sus características, tal vez podría más tarde compararlas con los detalles de la verdadera iglesia.

Ese fue el plan que fabriqué en el momento. Sin embargo, algo dentro de mí despreciaba mis esfuerzos de validación. Durante todo mi aprendizaje tuve siempre la necia insistencia por la objetividad, la cual me había forzado a revisar todo lo referente al mundo de don Juan. Pero en realidad, lo que estaba en juego no era la validación en sí, sino la necesidad de usar este impulso de objetividad como un soporte para protegerme en los momentos de intensa desconexión cognitiva. De modo que cuando llegaba el tiempo de comprobar lo que había confirmado, nunca lo llevaba a cabo.

Dentro de la iglesia, la mujer y yo nos arrodillamos frente al pequeño altar en el lado izquierdo de la nave, donde habíamos estado, y en el siguiente instante me desperté en la bien iluminada iglesia de mis días.

La mujer se persignó y se levantó. Automáticamente hice lo mismo. Me tomó del brazo y empezó a caminar hacia la puerta.

—Espere, espere —dije, sorprendiéndome de que pudiera hablar. No podía pensar claro, pero traté de hacerle una intrincada pregunta. Lo que quería saber era cómo podía ella tener la energía para visualizar todos los detalles de un pueblo entero.

Sonriendo me contestó la pregunta que no había hecho; me dijo que era muy buena visualizando, porque después de una vida entera de hacerlo, había tenido muchas, muchas vidas para perfeccionarlo. Añadió que el pueblo que yo había visitado y la iglesia donde habíamos hablado eran ejemplos de sus más recientes visualizaciones. La iglesia era la misma donde Sebastián fue sacristán. Ella misma se había dado la tarea de memorizar cada detalle de cada rincón de esa iglesia y de ese pueblo, en este caso, por una necesidad de supervivencia.

Terminó con una idea de lo más perturbadora.

—Ya que tú conoces bastante este pueblo, aunque nunca hayas tratado de visualizarlo —dijo—, ahora me estás ayudando a visualizarlo. Te apuesto a que no me lo creerías si te dijera que este pueblo que estás mirando realmente no existe afuera de tu intento y el mío.

Me escudriñó y se rió de mi sentido de horror, ya que acababa de comprender lo que me estaba diciendo.

—¿Estamos todavía ensoñando? —pregunté asombrado.

—Sí, estamos ensoñando —dijo—. Pero este ensueño es más real que el otro, porque tú me estás ayudando. No me es posible explicarlo más allá de decir que simplemente está sucediendo. Como todo lo demás —señaló su alrededor—. No hay manera de decir cómo sucede, pero sucede. Acuérdate siempre de lo que te dije: este es el misterio de intentar en la segunda atención.

Me jaló gentilmente más cerca de ella.

—Paseemos por la plaza de este ensueño —dijo—. Pero quizá debería arreglarme un poco para que te sientas más a gusto.

Cambió expertamente su apariencia, mientras yo la miraba sin comprender. Lo hizo con maniobras simples y mundanas. Se quitó su falda larga, revelando una falda común y corriente a media pantorrilla que traía puesta debajo. Luego acomodó su trenza en un moño; cambió sus huaraches por unos zapatos de tres centímetros de tacón que traía en una pequeña bolsa de tela. Volteó su rebozo negro reversible, quedando con una estola de color amarillento. Se veía como una típica mujer mexicana de clase media de la ciudad, de visita en ese pueblo.

Entrelazó los dedos de su mano con los míos con el aplomo de una mujer y se dirigió a la plaza.

—¿Qué le pasó a tu lengua? —dijo en inglés—. ¿Se la comió el gato?

Estaba yo totalmente absorto con la inconcebible posibilidad de que todavía estuviera en un ensueño. Lo que es más, estaba empezando a creer que si fuera verdad, corría el riesgo de nunca despertarme.

En un tono indiferente que no pude reconocer como el mío, dije: —No me había dado cuenta hasta ahora de que me habló en inglés antes. ¿Dónde lo aprendió?

—En el mundo de allá afuera. Hablo muchos idiomas —hizo una pausa y me escudriñó—. He tenido tiempo para aprenderlos. Ya que vamos a pasar mucho tiempo juntos, algún día te enseñaré mi propio idioma.

Se rió, sin duda, al ver mi desesperación. Me detuve.

—¿Vamos a pasar mucho tiempo juntos? —pregunté traicionando mi terror.

—Por supuesto —contestó en tono jubiloso—. Tú, y te lo tengo que decir muy generosamente, me vas a dar tu energía gratis. Tú mismo me dijiste eso. ¿No es cierto?

Yo estaba estupefacto.

—¿Cuál es el problema? —preguntó cambiando de nuevo al español—. No me digas que te arrepentiste de tu decisión. Somos brujos. Es demasiado tarde para que cambies de parecer. No tienes miedo, ¿verdad?

Una vez más, estaba yo a punto de perder el conocimiento de puro terror, pero si hubiera tenido que explicar qué era lo que me aterraba, no hubiera sabido qué decir. Ciertamente no tenía miedo de estar con el desafiante de la muerte en otro de sus ensueños, o de perder la razón, o hasta la vida. Me pregunté si tenía miedo de algo maligno. Pero la idea de algo maligno no podría pasar mi examen. Como resultado de todos esos años en el mundo de los brujos, había aprendido, sin lugar a dudas, que lo único que existe en el universo es energía; lo maligno es simplemente una configuración de la mente humana abrumada por la fijación del punto de encaje en su posición habitual. Lógicamente, no había nada que pudiera temer. Yo sabía eso, pero también sabía que mi verdadera debilidad era no tener la fluidez para fijar instantáneamente mi punto de encaje en cualquier posición nueva a la que se desplazara. El contacto con el desafiante de la muerte estaba desplazando mi punto de encaje a una tremenda velocidad, y yo no tenía la destreza para sostener la presión. El resultado final era una vaga seudosensación de miedo de que quizá no iba a ser capaz de despertarme.

—No hay ningún problema —dije—. Continuemos con nuestra caminata de ensueño.

Entrelazó su brazo con el mío y llegamos al parque en silencio. No fue de ningún modo un silencio forzado. Pero mi mente daba vueltas sin parar. Hacía solamente unas horas había caminado con don Juan del parque a la iglesia, en medio del más horrible miedo. Ahora, estaba caminando de regreso de la iglesia al parque con la causa de mi miedo, y estaba aterrado como nunca, pero de una manera diferente, más madura y más mortal.

Empecé a mirar a mi alrededor para ponerle un alto

a mis preocupaciones. Si esto era un ensueño, como creía que lo era, habría una manera de probarlo. Señalé con mi dedo meñique las casas, la iglesia, el pavimento, la calle. Señalé a gente. Señalé todo. Hasta agarré a un par de personas atrevidamente, a quienes parecí asustar más de la cuenta. Sentí sus masas. Eran tan reales como cualquier cosa que considero real, excepto que no generaban energía. Todo parecía real y normal, sin embargo era un ensueño.

Giré hacia la mujer, quien estaba apretada contra mí, y la cuestioné al respecto.

—Estamos ensoñando —dijo con su voz rasposa y se rió.

—¿Pero cómo pueden la gente y las cosas alrededor nuestro ser tan reales, tan tridimensionales?

—¡El misterio de intentar en la segunda atención! —exclamó reverentemente—. Esas personas ahí son tan reales que hasta tienen pensamientos.

Ese fue el último golpe. No quise saber más. Me quería abandonar a ese ensueño. Un considerable jalón del brazo me trajo de regreso al momento. Habíamos llegado a la plaza. La mujer se detuvo y me jaló para que me sentara en una banca. Supe que tenía problemas cuando al sentarme no sentí la banca debajo de mí. Empecé a girar. Sentí que estaba elevándome. Le di un fugaz vistazo al parque como si lo estuviera viendo desde arriba.

—Aquí me acabé —grité.

Creí que me estaba muriendo. Las vueltas ascendentes a la luz se convirtieron en vueltas descendentes a la oscuridad.

13

VOLANDO EN ALAS DEL INTENTO

—Haz un esfuerzo, nagual —me urgió la voz de una mujer—. No te hundas. Vuelve a la superficie, vuelve a la superficie. ¡Usa tus técnicas de ensueño!

Mi mente empezó a trabajar. Lo primero que se me ocurrió fue que era la voz de alguien cuyo idioma nativo era el inglés; también pensé que para usar técnicas de ensueño, tenía que encontrar un punto de partida para energetizarme.

—Abre los ojos —dijo la voz—. Ábrelos ahora. Usa la primera cosa que veas como punto de partida.

Hice un esfuerzo supremo y abrí los ojos. Vi árboles y un cielo azul. ¡Era de día! Una cara borrosa me estaba escudriñando, pero no pude enfocar mis ojos. Creí que era la mujer de la iglesia mirándome.

—Usa mi cara —dijo la voz.

Era una voz muy familiar, aunque no la podía identificar.

—Haz de mi cara tu punto de partida; después mira todo lo demás —repitió la voz.

Mis oídos se despejaron y también mis ojos. Miré fijamente a la cara borrosa, y luego a los árboles del parque; a una banca de hierro forjado; a la gente caminando, y de vuelta a la cara.

A pesar de que ésta cambiaba cada vez que la miraba fijamente, empecé a experimentar un sentido de mínimo control. Cuando tuve mayor dominio de mis facultades, se hizo obvio que la mujer estaba sentada en la banca sosteniendo mi cabeza en su regazo. Y no era la mujer de la iglesia; era Carol Tiggs.

—¿Qué estás haciendo aquí? —dije jadeando.

Mi miedo y mi sorpresa eran tan intensos que hubiera saltado para salir corriendo, pero mi cuerpo no estaba en lo absoluto bajo el control de mis procesos mentales. Siguieron momentos angustiosos, en los que traté desesperada pero inútilmente de levantarme. El mundo a mi alrededor era demasiado claro, para permitirme creer que estaba todavía ensoñando, aunque mi completa falta de dominio muscular me hacía sospechar que esto era posiblemente un ensueño. Además, la presencia de Carol Tiggs era demasiado abrupta, no había antecedentes que la justificaran.

Cautelosamente, traté de levantarme sólo con mi voluntad, como lo había hecho cientos de veces en mis ensueños, pero no pasó nada. Si alguna vez necesité ser objetivo, ése era el momento. Tan cuidadosamente como pude, empecé a mirar todo lo que estaba dentro del campo de mi visión, primero con un solo ojo. Tomé la consistencia entre las imágenes de mis ojos, como una indicación de que me encontraba en la realidad consensual de la vida diaria.

Lo siguiente que hice fue examinar a Carol Tiggs. En ese momento me percaté de que podía mover los brazos. Era sólo la parte inferior de mi cuerpo la que estaba realmente paralizada. Toqué la cara y las manos de Carol Tiggs; la abracé. Era sólida, no tuve duda de que era la Carol Tiggs verdadera. Mi alivio fue enorme, ya que por un instante me envolvió la oscura sospecha de que era la mujer de la iglesia disfrazada de Carol.

Con sumo cuidado, Carol me ayudó a que me sentara en la banca. Había estado tendido sobre mi espalda, con la mitad del cuerpo en la banca y la mitad en el suelo. Me di cuenta entonces de algo totalmente fuera de lo común. Traía puestos unos pantalones azules de mezclilla, descoloridos, y botas cafés de cuero. También traía una chaqueta de mezclilla y una camisa de algodón.

—Espera un poco —le dije a Carol—. ¡Mírame! ¿Es ésta mi ropa? ¿Soy yo mismo?

Carol se rió y me sacudió de los hombros, de la manera en que siempre lo hacía para denotar camaradería, hombría, como si fuera uno de mis amigos.

—Estoy viendo tu hermosa persona —dijo en un chistoso tono de falseto forzado—. Mi dueño y señor, ¿quién más podría ser?

—¿Cómo demonios puedo traer puestos pantalones de mezclilla y botas —insistí—, si no tengo esta clase de ropa?

—Lo que traes puesto es mi ropa. ¡Te encontré desnudo!

—¿Dónde? ¿Cuándo?

—Alrededor de la iglesia, hace como una hora. Vine a la plaza a buscarte. El nagual me mandó para ver si te podía encontrar. Te traje ropa en caso de que la necesitaras.

Le dije que me hacía sentir terriblemente vulnerable y avergonzado haber estado caminando ahí sin ropa.

—Lo raro era que no había nadie alrededor —me aseguró.

Pero sentí que me lo estaba diciendo solamente para disminuir mi zozobra. Su sonrisa juguetona me lo dijo.

—Debo de haber estado con el desafiante de la muerte toda la noche; capaz que hasta esta mañana —dije—. ¿Qué día es hoy?

—No te preocupes por las fechas —dijo riéndose—. Cuando estés más centrado, tú mismo podrás contar los días.

—No te burles de mí, Carol Tiggs. ¿Qué día es hoy? Mi voz era tan áspera que no parecía pertenecerme.

—Es el día después de la gran fiesta —dijo, golpeándome suavemente en el hombro—. Todos te hemos estado buscando desde ayer en la noche.

—¿Pero qué estoy haciendo aquí?

—Te llevé al hotel enfrente de la plaza. No te podía cargar todo el camino hasta la casa del nagual; hace unos minutos saliste corriendo del cuarto y terminaste aquí.

—¿Pero por qué no le pediste ayuda al nagual?

—Porque este es un asunto que nos concierne solamente a ti y a mí. Lo tenemos que resolver juntos.

Eso me calló. Lo que decía tenía perfecto sentido. Le hice otra pregunta insistente.

—¿Qué dije cuando me encontraste?

—Dijiste que habías estado tan profundamente en la segunda atención, por un tiempo tan largo, que todavía no estabas completamente racional. Todo lo que querías hacer era dormir.

—¿Cuándo perdí el control de mis músculos?

—Hace sólo un momento. Ya te va a regresar. Tú mismo sabes que es normal perder el control del habla o de tus extremidades cuando entras en la segunda atención y recibes una considerable sacudida de energía.

—¿Y cuándo perdiste tu ceceo, Carol?

La agarré totalmente desprevenida. Se me quedó mirando intensamente, y se rió de buena gana.

—He estado tratando de deshacerme de eso por un largo tiempo —confesó—. Creo que es terriblemente molesto oír a una mujer adulta ceceando. Además, tú lo odias.

Admitir que siempre había odiado su ceceo no me fue difícil. Don Juan y yo habíamos tratado de curarla, pero llegamos a la conclusión de que no estaba interesada en curarse. Su ceceo la hacía extremadamente atractiva a todos, y don Juan estaba convencido de que a ella le encantaba eso, y que no lo iba a dejar. Escucharla hablar sin cecear era trémendamente agradable y excitante para mí. Me demostraba que ella era capaz de cambios radicales por sí misma, algo de lo que don Juan y yo nunca estuvimos seguros.

—¿Qué más te dijo el nagual cuando te mandó a buscarme? —pregunté.

—Dijo que estabas en medio de un encuentro con el

278

desafiante de la muerte.

En un tono confidencial, le revelé a Carol que el desafiante de la muerte era una mujer. Ella, imperturbablemente, dijo que ya lo sabía.

—¿Cómo puedes saberlo? —grité—. Además de don Juan, nadie ha sabido esto nunca. ¿Te lo dijo don Juan?

—Por supuesto que me lo dijo —contestó, sin perturbarse por mis gritos—. Lo que has pasado por alto es que yo también conocí a la mujer de la iglesia. La conocí antes que tú. Hablamos amigablemente en la iglesia por un buen rato.

Creí que Carol me decía la verdad. Lo que estaba describiendo era algo que don Juan haría. Con toda probabilidad, había mandado primero a Carol como un explorador, para sacar conclusiones.

—¿Cuándo viste al desafiante de la muerte? —pregunté.

—Hace un par de semanas —me contestó en un tono casi indiferente—. Para mí no fue gran cosa, no tenía energía que darle, o por lo menos, no la energía que esa mujer quiere.

—¿Entonces por qué la viste? ¿Es también parte del acuerdo entre los brujos y el desafiante de la muerte tratar con la mujer nagual?

—La vi porque el nagual dijo que tú y yo somos intercambiables, y no por otra razón. Nuestros cuerpos energéticos se han fusionado muchas veces. ¿No te acuerdas? La mujer y yo hablamos de la facilidad con la que nos fusionamos. Me quedé con ella como tres o cuatro horas, hasta que el nagual entró y me sacó.

—¿Te quedaste en la iglesia todo el tiempo? —pregunté.

No podía creer que se hubieran quedado arrodilladas ahí por tres o cuatro horas hablando simplemente de la fusión de nuestros cuerpos energéticos.

—Me llevó a otra faceta de su intento —concedió Carol después de pensar por un momento—. Me hizo ver cómo se escapó de sus captores.

279

Carol Tiggs me contó entonces una historia de lo más intrigante. Dijo que de acuerdo con lo que la mujer de la iglesia le hizo ver, todos los brujos de la antigüedad cayeron, irrevocablemente, presos de los seres inorgánicos. Después de capturarlos, los seres inorgánicos les daban poder para ser los intermediarios entre nuestro mundo y su reino; un reino que la gente conocía como el otro mundo.

El desafiante de la muerte fue inevitablemente atrapado en las redes de los seres inorgánicos. Carol estimaba que quizá había pasado miles de años como prisionero, hasta el momento en que fue capaz de transformarse en mujer. Llegó a la clara conclusión de que ésa era su única salida de ese mundo el día que descubrió que los seres inorgánicos contemplan el principio femenino como indestructible. Descubrió que ellos creen intensamente que el principio femenino tiene tal flexibilidad, y que su campo es tan vasto, que los seres femeninos no caen fácilmente en trampas y arreglos, y que difícilmente pueden caer o permanecer en prisión. Después de averiguar esto, la transformación del desafiante de la muerte fue tan completa y tan detallada que instantáneamente lo arrojaron fuera del reino de los seres inorgánicos.

—¿Te dijo que los seres inorgánicos aún la persiguen? —pregunté.

—Por supuesto que la persiguen —me aseguró Carol—. La mujer me dijo que tiene que cuidarse de sus perseguidores cada momento de su existencia.

—¿Qué le pueden hacer?

—Darse cuenta de que era un hombre, y capturarla de vuelta, supongo. Creo que les tiene miedo, más de lo que tú crees que sea posible temerle a nada.

Imperturbablemente, Carol me dijo que la mujer de la iglesia estaba totalmente consciente de mi encuentro con los seres inorgánicos; y que también sabía del explorador azul.

—Sabe todo acerca de ti y de mí —Carol continuó—. Y no porque yo le haya dicho nada, sino porque ella es

280

parte de nuestras vidas y de nuestro linaje. Mencionó que siempre nos había seguido a todos nosotros; y a ti y a mí en particular.

Carol me enumeró los eventos de nuestras vidas que la mujer conocía, en los que Carol y yo habíamos actuado juntos. Al estar Carol hablando, empecé a experimentar una nostalgia única por la misma persona que estaba enfrente de mí: Carol Tiggs. Deseaba desesperadamente abrazarla. Traté de alcanzarla, pero perdí el equilibrio y caí al suelo.

Carol me ayudó a levantarme hacia la banca. Examinó ansiosamente mis piernas y las pupilas de mis ojos; mi cuello y la parte baja de mi espalda. Dijo que aún estaba sufriendo un impacto energético. Sostuvo mi cabeza en su regazo, y me acarició como si fuera un niño que fingía estar enfermo, y al cual había que seguirle la cuerda.

Después de un rato me sentí mejor, hasta empecé a recobrar el control de mi cuerpo.

—¿Qué te parece la ropa que traigo puesta? —me preguntó Carol de repente—. ¿Estoy demasiado engalanada para la ocasión? ¿Crees que me veo bien?

Carol Tiggs estaba siempre exquisitamente vestida. Si había algo seguro acerca de ella era su impecable gusto con respecto a la ropa. Durante todo el tiempo que la había conocido, era una broma entre don Juan y el resto de nosotros que su única virtud era su pericia para comprar ropa y usarla con elegancia y estilo.

Su pregunta me pareció muy extraña, y le hice un comentario.

—¿Por qué estarías tú insegura de tu apariencia? Nunca antes te ha molestado. ¿Estás tratando de impresionar a alguien?

—Por supuesto, estoy tratando de impresionarte a ti —dijo.

—Pero este no es el momento —protesté—. Lo que importa es lo que está sucediendo con el desafiante de la muerte, no tu apariencia.

—Te sorprendería saber lo importante que es mi apariencia —se rió—. Mi apariencia es un asunto de vida o muerte para nosotros dos.

—¿De qué me estás hablando? Me haces acordar al nagual preparando mi encuentro con el desafiante de la muerte. Casi me vuelve loco con sus misterios.

—¿Estaban justificados sus misterios? —preguntó Carol con una expresión mortalmente seria.

—Ciertamente que lo estaban —admití.

—También mi apariencia. Sígueme la corriente. ¿Cómo me encuentras? ¿Atractiva? ¿Común y corriente? ¿Repulsiva? ¿Abrumadora? ¿Mandona?

Pensé por un momento e hice mi evaluación. Encontré a Carol muy atractiva. Esto me pareció bastante extraño. Nunca había pensado conscientemente sobre su atractivo.

—Te encuentro divinamente hermosa —le dije—. De hecho, estás verdaderamente despampanante.

—Entonces esta debe ser la apariencia correcta —suspiró.

Trataba yo de comprender lo que ella quería decir cuando volvió a hablar. Me preguntó: —¿Cómo te fue con el desafiante de la muerte?

Le conté brevemente sobre mi experiencia; sobre todo el primer ensueño. Le dije que creía que el desafiante de la muerte me había hecho ver ese pueblo, pero en otro tiempo en el pasado.

—Pero eso no es posible —dijo abruptamente—. En el universo no hay ni pasado ni futuro; sólo existe el momento.

—Sé que era el pasado —dije—. Era la misma iglesia, pero un pueblo diferente.

—Piensa por un momento —insistió—. Lo único que hay en el universo es energía, y la energía tiene solamente aquí y ahora, un infinito y siempre presente aquí y ahora.

—¿Entonces qué crees que me pasó, Carol?

—Cruzaste la cuarta compuerta del ensueño con la

ayuda del desafiante de la muerte —dijo—. La mujer de la iglesia te llevó a su ensueño, a su intento. Te llevó a su visualización de este pueblo. Obviamente, lo visualizó en el pasado, y esa visualización está aún intacta en ella; como su visualización actual de este pueblo debe de estarlo también.

Después de un largo rato me hizo otra pregunta.

—¿Qué más hizo la mujer contigo?

Le conté sobre el segundo ensueño. El ensueño del pueblo como existe hoy en día.

—Ahí tienes —dijo—. No sólo te llevó la mujer a su viejo intento, sino que además te ayudó a cruzar la cuarta compuerta haciendo que tu cuerpo energético viajara a otro lugar que existe hoy, por supuesto, únicamente en su intento.

Carol hizo una pausa, y me preguntó si la mujer de la iglesia me había explicado lo que significaba intentar en la segunda atención. Carol estaba hablando de conceptos que don Juan nunca mencionaba.

—¿De dónde sacaste todas esas insólitas ideas? —pregunté verdaderamente maravillado de lo lúcida que estaba.

Carol me aseguró en un tono muy feliz y agradable que la mujer de la iglesia le había explicado muy a fondo lo intrincado de esos conceptos.

—En estos momentos estamos intentando en la segunda atención —continuó—. La mujer de la iglesia hizo que nos quedáramos dormidos; tú aquí, y yo en Tucson. Y luego nos volvimos a dormir en nuestros ensueños. Pero tú no te acuerdas de esa parte, mientras que yo sí. El secreto de las posiciones gemelas. Acuérdate de lo que la mujer te dijo; el segundo ensueño es el misterio de intentar en la segunda atención: la única forma de cruzar la cuarta compuerta del ensueño.

Después de una larga pausa, durante la cual no pude articular una sola palabra, dijo: —Creo que la mujer de la iglesia verdaderamente te hizo un regalo, aunque no querías recibirlo. Su regalo fue añadir su energía a la nuestra, para movernos hacia adelante y hacia atrás en el aquí y el ahora del universo.

Me agité extremadamente. Las palabras de Carol eran precisas y apropiadas. Había definido algo que yo consideraba indefinible, aunque no sabía qué era lo que había definido. Si me hubiera podido mover, me hubiera levantado de un salto para abrazarla. Sonrió beatíficamente, mientras que yo le hablaba apasionado y nervioso sobre el significado que sus palabras tenían para mí. Comenté retóricamente que don Juan nunca me había dicho nada similar.

—A lo mejor no lo sabe —dijo Carol, no de una manera ofensiva o egoísta, sino conciliadora.

Me quedé callado por un rato, extrañamente vacío de pensamientos. Luego mis pensamientos y palabras explotaron como un volcán. La gente caminaba alrededor de la plaza, mirándonos fijamente de vez en cuando, o deteniéndose frente a nosotros para observarnos. Debíamos de ser todo un espectáculo: Carol Tiggs acariciándome y besándome la cara, mientras yo hablaba frenéticamente de su lucidez y mi encuentro con el desafiante de la muerte.

Cuando fui capaz de caminar, me guió de la plaza al único hotel del pueblo. Me aseguró que aún no poseía la energía para ir a la casa de don Juan, pero que todos allí sabían dónde estábamos.

—¿Cómo pueden saber dónde estamos? —pregunté.

—El nagual es un brujo muy astuto —contestó riéndose—. Él me dijo que si te encontraba energéticamente deshecho, debería alojarte en el hotel, en lugar de arriesgarme a cruzar el pueblo llevándote a cuestas.

Sus palabras, y especialmente su sonrisa, me hicieron sentir tal alivio que seguí caminando en un estado de arrobamiento. Doblamos la esquina y llegamos a la entrada del hotel, media cuadra hacia abajo, casi enfrente de la iglesia. Atravesamos el desolado vestíbulo, y subimos unas escaleras de cemento al segundo piso, directamente a un frugal cuarto que realmente nunca había visto. Carol dijo que yo ya había estado ahí, sin embargo, yo no recordaba ni el cuarto ni el hotel, pero estaba tan cansado que no quise ni pensar en ello. Simplemente me hundí en la cama, bocabajo. Todo lo que quería hacer era dormir, a pesar de estar extremadamente agitado. Aunque todo parecía ordenado, había muchos cabos sueltos. Me llegó una oleada repentina de excitación nerviosa y me senté.

—Nunca te dije que no acepté el regalo del desafiante de la muerte —dije enfrentando a Carol—. ¿Cómo lo supiste?

—Oh, pero si me lo dijiste tú mismo —protestó sentándose en la cama junto a mí—. Estabas muy orgulloso de ello. Eso fue lo primero que te salió de la boca cuando te encontré.

Hasta entonces, esa fue la única respuesta que no me dejó completamente satisfecho. Lo que estaba relatando no sonaba como algo que yo hubiera dicho.

—Creo que me interpretaste mal —dije—. Simplemente no quería obtener nada que me desviara de mi meta.

—¿Quieres decir que no te sentiste orgulloso de rechazarla?

—No, no sentí nada. No soy capaz de sentir nada, excepto miedo.

Estiré las piernas y puse la cabeza en la almohada. Sentía que si cerraba los ojos y no continuaba hablando, me quedaría dormido en un instante. Le conté a Carol cómo discutí con don Juan al principio de mi asociación con él, sobre lo que me confesó era su motivo para guardar el camino del guerrero. Había dicho que el miedo lo mantenía avanzando en línea recta, y que lo que más miedo le daba era perder al nagual, al abstracto, al espíritu.

—Comparado con perder al nagual, la muerte no es nada —había dicho con una nota de verdadera pasión en su voz—. Mi miedo de perder al nagual es la única cosa real que tengo, porque sin él estaría peor que muerto.

Le conté a Carol cómo inmediatamente le contradije, jactándome de que yo era impenetrable al miedo. Le aseguré que si tenía que guardar un camino estricto, la fuerza que me movería tendría que ser el amor.

Don Juan había contestado que a la hora de la verdad, el miedo es la única condición válida para un guerrero. Yo me había sentido secretamente victorioso porque hallé su mentalidad muy estrecha.

—La rueda ha dado una vuelta completa —le dije a Carol—, y veme ahora; te puedo jurar que la única cosa que me mantiene avanzando es el miedo de perder al nagual.

Carol se me quedó viendo con una mirada extraña que nunca le había visto.

—Me atrevo a no estar de acuerdo —dijo suavemente—. El miedo no es nada comparado con el afecto. El miedo te hace correr alocadamente, el amor te hace mover inteligentemente.

—¿Qué es lo que estás diciendo, Carol Tiggs? ¿Son los brujos ahora gente de amores?

No me contestó. Se acostó junto a mí, y apoyó su cabeza en mi hombro. Nos quedamos allí en ese parco cuarto por un largo rato en silencio total.

—Siento lo que sientes —dijo Carol abruptamente—. Ahora, trata de sentir lo que yo siento. Lo puedes hacer. Pero hagámoslo en la oscuridad.

Carol estiró su brazo y apagó la luz encima de la cama. Me enderecé de un salto. Una sacudida de miedo me traspasó como electricidad. Tan pronto como Carol apagó la luz, se hizo de noche dentro del cuarto. En medio de una gran agitación le pregunté a Carol acerca de ello.

—Todavía no estás totalmente sólido —dijo con una gran tranquilidad—. Tuviste un encuentro de proporciones monumentales. Haberte sumergido tan profundamente en la segunda atención te dejó un poco maltrecho, por así decirlo. Por supuesto que es de día, pero tus ojos aún no se pueden ajustar a la tenue luz de este cuarto.

286

Me volví a acostar, más o menos convencido. Carol siguió hablando, pero no la estaba escuchando. Sentí las sábanas. ¡Eran sábanas reales! Recorrí la cama con mis manos. ¡Era una cama! Me estiré hacia el suelo, y toqué con mis manos las frías baldosas del piso. Me salí de la cama y revisé todos los objetos del cuarto y del baño. Todo era perfectamente normal, perfectamente real. Le dije a Carol que cuando apagó la luz, tuve la clara sensación de que estaba ensoñando.

—Date un respiro —dijo—. Acaba con estas tontas investigaciones, vente a la cama y descansa.

Abrí las cortinas de la ventana que daba a la calle. Afuera era de día, pero en el momento en que las cerré se hizo de noche adentro. Carol me rogó que regresara a la cama. Dijo que temía que me saliera corriendo y acabara en la calle, como sucedió antes. Tenía razón. Regresé a la cama sin darme cuenta de que no se me había ocurrido, ni siquiera por un instante, señalar las cosas con el dedo meñique. Era como si ese conocimiento no hubiera existido en mi mente.

La oscuridad en el cuarto del hotel era de lo más extraordinaria. Me provocó un delicioso sentido de paz y armonía. También me provocó una profunda tristeza; una añoranza de calor humano, de compañía. Me sentí más que abrumado. Nunca me había pasado algo así. Me acosté en la cama, tratando de recordar si esa añoranza era algo común en mí. No lo era. Las añoranzas que conocía no eran por compañía humana; eran abstractas. Eran más bien una clase de tristeza por no poder alcanzar algo indefinido.

—Me estoy haciendo añicos —le dije a Carol—. Estoy a punto de llorar por la gente.

Pensé que iba a interpretar lo que dije como algo chistoso, porque lo dije casi en son de broma. Guardó silencio y pareció estar de acuerdo conmigo. Suspiró. Estando en un estado mental inestable, me sentí inmediatamente arrastrado hacia la emocionalidad. Me volví hacia ella en la oscuridad, y murmuré algo que en un momento más lúcido me hubiera parecido bastante irracional.

—Te adoro total y absolutamente —dije.

Aseveraciones de esa índole entre los brujos de la línea de don Juan eran intolerables. Carol Tiggs era la mujer nagual. Entre nosotros dos no había necesidad de demostraciones de afecto. De hecho, ni siquiera sabíamos lo que sentíamos el uno por el otro. Don Juan nos había enseñado que entre los brujos no hay disposición ni tiempo para tales sentimientos.

Carol me sonrió y me abrazó. El afecto que yo sentía por ella me consumía de tal manera que involuntariamente comencé a llorar.

—Tu cuerpo energético se está moviendo hacia adelante en los filamentos luminosos de energía del universo —susurró en mi oído—; nos lleva el regalo del desafiante de la muerte.

Tenía suficiente energía para comprender lo que estaba diciendo. Hasta le pregunté si ella misma entendía lo que todo eso significaba. Me apaciguó con un susurro en mi oído.

—Sí, entiendo; el regalo que el desafiante de la muerte te dio fueron las alas del intento. Y con ellas, tú y yo nos estamos ensoñando en otro tiempo. En un tiempo que está aún por venir.

La hice a un lado y me senté. La manera como Carol estaba expresando esos complejos pensamientos de brujos me perturbaba. Su tendencia no era tomar los pensamientos conceptuales seriamente. Siempre bromeábamos entre nosotros sobre que ella no tenía una mente filosófica.

—¿Qué es lo que te pasa? —le pregunté—. Tu desarrollo es nuevo para mí: Carol la bruja filósofa. Estás hablando como don Juan.

—Todavía no —se rió—. Pero en cualquier momento. Ya viene rodando, y cuando finalmente llegue, me va a ser la cosa más fácil del mundo ser una bruja filósofa. Ya verás. Y nadie será capaz de explicarlo porque simplemente sucederá.

Una campana de alarma sonó en mi mente.

—Tú no eres Carol —grité—. Eres el desafiante de la muerte disfrazado de Carol. ¡Lo sabía!

Carol Tiggs se rió, sin perturbarse por mi acusación.

—No seas absurdo —dijo—. Te vas a perder la lección. Sabía que tarde o temprano, me ibas a salir con esto porque no puedes controlarte. Créeme, soy Carol. Pero estamos haciendo algo que nunca hemos hecho: estamos intentando en la segunda atención, como los brujos de la antigüedad solían hacerlo.

No quedé convencido, pero no tenía más energía para continuar con mi discusión, ya que algo como los grandes vórtices de mis ensueños estaba empezando a jalarme. Escuché la voz de Carol vagamente en mi oído.

—Nos estamos ensoñando a nosotros mismos. Ensueña tu intento de mí. ¡Inténtame hacia adelante! ¡Inténtame hacia adelante!

Con gran esfuerzo expresé mi pensamiento más íntimo.

—Quédate aquí conmigo para siempre —dije con la lentitud de un tocacintas que no funciona bien.

Me respondió algo incomprensible. Quería reírme de mi propia voz, pero en esos momentos el vórtice me tragó.

Cuando desperté, estaba solo en el cuarto del hotel. No tenía la menor idea de cuánto tiempo había dormido. Me sentí extremadamente desilusionado de no encontrar a Carol a mi lado. Me vestí apresuradamente y bajé al vestíbulo del hotel para buscarla. Además, quería sacudirme algo de la extraña soñolencia que se había pegado a mí.

En la recepción me dijeron que la mujer americana que había rentado el cuarto acababa de salir hacia la plaza. Corrí a la plaza, esperando alcanzarla, pero no estaba a la vista. Era mediodía, el sol brillaba en un cielo sin nubes. Hacía bastante calor.

Caminé hacia la iglesia. Mi sorpresa fue genuina,

aunque lenta, al darme cuenta de que verdaderamente había visto el detalle arquitectónico de su estructura en aquel ensueño. Sin interés, jugué con la idea de que a lo mejor don Juan y yo habíamos examinado la parte trasera de la iglesia, y no me acordaba de ello. Pensé eso, pero no me importó. Mi esquema de validación no tenía ningún significado para mí. De todas maneras, estaba demasiado soñoliento para que me interesara.

De ahí caminé lentamente hacia la casa de don Juan, todavía buscando a Carol. Estaba seguro de que la iba a encontrar allí, esperándome. Don Juan me recibió como si yo hubiera resucitado de entre los muertos. Él y sus compañeros se hundieron en una gran agitación, y me examinaron de pies a cabeza con franca curiosidad.

—¿Dónde estuviste? —preguntó imperiosamente don Juan.

No podía comprender la razón de todo ese alboroto. Le dije que había pasado la noche con Carol en el hotel cerca de la plaza, ya que no tenía energía para caminar de regreso de la iglesia a su casa, pero que ellos ya sabían esto.

—Nosotros no sabíamos nada de eso —contestó secamente.

—¿No le dijo Carol que estaba conmigo? —le pregunté en medio de una débil sospecha, la cual, si no hubiera estado tan exhausto, me hubiera alarmado sobremanera.

Nadie contestó. Se miraban los unos a los otros penetrantemente. Encaré a don Juan y le dije que tenía la impresión de que él había mandado a Carol a buscarme. Don Juan se paseó de arriba abajo por el cuarto, sin decir nada.

—Carol Tiggs no ha estado con nosotros —dijo—. Y tú estuviste ido por nueve días.

Mi fatiga impidió que me desmoronara con tales aseveraciones. Su tono de voz y la preocupación que los otros mostraban eran prueba suficiente de que estaba hablando en serio. Pero yo me encontraba tan entumecido que no pude decir nada.

Don Juan me pidió que les contara, con todo detalle posible, lo que había sucedido entre el desafiante de la muerte y yo. Me sorprendió que fuera capaz de recordar tanto y de poder transmitir todo eso a pesar de mi fatiga. Un momento de frivolidad rompió la tensión cuando les dije cuánto se había reído la mujer de mis gritos en su ensueño.

—Señalar con el dedo meñique funciona mejor —le dije a don Juan, pero sin ningún sentimiento de recriminación.

Don Juan preguntó si la mujer había tenido alguna otra reacción a mis gritos, además de reírse. No tenía memoria de ninguna otra reacción, excepto su regocijo y el hecho de que había comentado lo mal que ella le caía a él.

—No me cae mal —protestó don Juan—. Simplemente no me gusta lo coercitivo de los brujos antiguos.

Dirigiéndome a todos dije que personalmente esa mujer me gustaba inmensa e imparcialmente. Y que había amado a Carol Tiggs como nunca pensé que pudiera amar a nadie. No parecieron apreciar lo que les decía. Se miraban unos a otros como si me hubiera vuelto repentinamente loco. Quería decir más; explicarles todo, pero don Juan, quizá para prevenir que empezara a balbucear idioteces, prácticamente me arrastró fuera de la casa, de regreso al hotel.

El mismo gerente con quien había hablado antes escuchó atentamente nuestra descripción de Carol Tiggs, pero negó rotundamente habernos visto a ella o a mí antes. Hasta llamó a las mucamas del hotel, quienes corroboraron lo que decía.

—¿Cuál puede ser el significado de todo esto? —preguntó don Juan en voz alta.

Parecía ser una pregunta dirigida a él mismo. Gentilmente me condujo fuera del hotel.

—Salgamos de este maldito lugar —dijo.

Cuando estuvimos afuera, me ordenó no volver la

cabeza para mirar al hotel o a la iglesia en la calle de enfrente, y mantener la cabeza baja. Miré mis zapatos e instantáneamente me di cuenta de que ya no traía puesta la ropa de Carol Tiggs, sino la mía. Sin embargo, no podía recordar, por más que tratara, cuándo me había cambiado de ropa. Deduje que debió de ser cuando me desperté en el cuarto del hotel. Me debí de haber puesto mi ropa en ese momento, aunque mi memoria estaba en blanco.

Para entonces habíamos llegado a la plaza. Antes de que la cruzáramos para dirigirnos a la casa de don Juan, le expliqué lo de mi ropa. Movía su cabeza rítmicamente, escuchando cada palabra. Luego se sentó en una banca, y con una voz que transmitía una verdadera preocupación, me advirtió que, en esos momentos, yo no tenía manera alguna de saber lo que había sucedido en la segunda atención entre la mujer de la iglesia y mi cuerpo energético. Mi interacción con Carol Tiggs en el hotel fue sólo la punta del témpano de hielo flotante.

—Es horrendo pensar que hayas estado en la segunda atención por nueve días —don Juan prosiguió—. Nueve días son sólo un segundo para el desafiante de la muerte, pero una eternidad para nosotros.

Antes de que pudiera protestar o decir nada, me paró con un comentario.

—Considera esto —dijo—. Si todavía no puedes recordar todas las cosas que te enseñé, y las cosas que hice contigo en la segunda atención, imagínate cuánto más difícil deberá ser recordar lo que te enseñó e hizo contigo el desafiante de la muerte. Yo sólo te hice cambiar de niveles de conciencia, el desafiante de la muerte te hizo cambiar universos.

Me sentí derrotado. Don Juan y sus dos compañeros me instaron a que realizara un esfuerzo titánico para recordar dónde me había cambiado de ropa. No pude. No había nada en mi mente; no había ni sentimientos ni memorias. De alguna manera, no estaba totalmente allí con don Juan y sus compañeros.

La agitación nerviosa de don Juan llegó al paroxismo. Nunca lo había visto tan trastornado. Siempre había existido un toque de alegría, de no tomarse a sí mismo en serio en lo que me decía o me hacía. Pero no esta vez.

De nuevo, traté de pensar; de traer alguna luz que pudiera iluminar todo esto; y una vez más, fracasé. Pero no me sentí derrotado, una inverosímil oleada de optimismo se apoderó de mí. Sentí que todo estaba sucediendo como debía suceder.

La preocupación que don Juan expresó era que él no sabía nada del tipo de ensueño que yo había hecho con la mujer de la iglesia. Para él, crear un hotel de ensueño, un pueblo de ensueño, y una Carol Tiggs de ensueño, eran ejemplos de la destreza para ensoñar de los brujos antiguos, cuyo campo total traspasaba la imaginación humana.

Don Juan abrió sus brazos ampliamente y finalmente sonrió con su usual deleite.

—Podemos solamente deducir que la mujer de la iglesia te enseñó cómo hacerlo —dijo en un tono deliberadamente lento—. Vas a tener una tarea gigantesca para hacer comprensible una maniobra incomprensible. Ha sido un movimiento maestro en el tablero de ajedrez, realizado por el desafiante de la muerte, como la mujer de la iglesia. Ha usado el cuerpo energético de Carol y el tuyo para levantarse, para romper con sus amarras. Te tomó la palabra con tu oferta de energía gratuita.

Lo que decía don Juan no tenía ningún significado para mí aparentemente, tenía un gran significado para sus dos compañeros brujos. Se agitaron inmensamente. Dirigiéndose a ellos, don Juan explicó que el desafiante de la muerte y la mujer de la iglesia eran diferentes expresiones de la misma energía; la mujer de la iglesia era la más poderosa y compleja de las dos. Al tomar control, usó el cuerpo energético de Carol Tiggs, de una manera oscura y portentosa, congruente con las maquinaciones de los brujos antiguos, y creó la Carol Tiggs del hotel; una Carol Tiggs de puro intento. Don Juan añadió que

Carol y la mujer podrían haber llegado a una clase de convenio energético durante su encuentro. En ese instante, pareció haberle llegado un nuevo pensamiento. Miró fijamente a sus dos compañeros. Los ojos de todos ellos se movían rápidamente yendo de uno a otro. Estaba seguro de que no buscaban meramente llegar a un acuerdo, sino que parecía que se habían dado cuenta de algo al unísono.

—Todas nuestras especulaciones son inútiles —dijo don Juan en un tono seco y tranquilo—. Creo que Carol Tiggs ya no existe. Tampoco existe ya ninguna mujer de la iglesia; las dos se han fusionado y han volado en alas del intento, creo que hacia adelante.

"La razón por la cual la Carol Tiggs del hotel estaba tan preocupada por su apariencia fue porque era la mujer de la iglesia haciéndote ensoñar a una Carol Tiggs de otra clase; una Carol Tiggs infinitamente más poderosa. ¿No recuerdas lo que te dijo? Ensueña tu intento de mí. ¡Inténtame hacia adelante!

—¿Qué quiere decir esto, don Juan? —pregunté perplejo.

—Quiere decir que el desafiante de la muerte encontró una vez más su escapatoria. Agarró un viaje con ustedes. Tu destino es el destino de ella.

—¿Qué significa esto, don Juan?

—Significa que si llegas a la libertad, ella también llegará.

—¿Y cómo va a hacer eso?

—A través de Carol Tiggs. Pero no te preocupes por Carol —dijo antes de que expresara mi aprensión—. Ella es capaz de esta maniobra y de mucho más.

Había inmensidades amontonándose encima de mí. Ya podía sentir su peso aplastante. Tuve un momento de lucidez y le pregunté a don Juan: —¿Cúales son las consecuencias de todo esto?

No me contestó. Me miró fijamente, examinándome de pies a cabeza. Luego dijo despacio y deliberadamente: —El regalo del desafiante de la muerte consiste en infinitas posibilidades de ensueño. Una de ellas fue tu ensueño de Carol Tiggs en otro tiempo, en otro mundo, un mundo más vasto, con un final abierto. Un mundo donde lo imposible puede ser factible. El sentimiento pendiente fue que algún día vas no sólo a vivir esas posibilidades, sino a comprenderlas.

Se levantó y empezamos a caminar en silencio hacia su casa. Mis pensamientos empezaron a brotar desesperadamente. En realidad, no eran pensamientos sino imágenes; una mezcla de memorias de la mujer de la iglesia, y de Carol Tiggs hablándome en la oscuridad, en el cuarto del hotel de ensueño. Un par de veces estuve a punto de condensar esas imágenes y llegar a la sensación de mi persona usual, pero tuve que pararlo; no tenía energía para tal tarea.

Antes de que llegáramos a su casa, don Juan se detuvo y me miró de frente. Me escudriñó cuidadosamente una vez más, como si estuviera buscando señales en mi cuerpo. Me sentí entonces obligado a aclarar algo en lo que yo creía que él estaba mortalmente equivocado.

—Estuve con la verdadera Carol Tiggs en el hotel —le dije—. Por un momento, yo también pensé que era el desafiante de la muerte, pero después de una evaluación cuidadosa, no puedo sostener esa creencia. ¡Era Carol! De una manera extraña y pavorosa, ella estaba en el hotel, de la misma forma que yo estaba en el hotel.

—Por supuesto que era Carol —dijo don Juan con gran fuerza—. Pero no la Carol que tú y yo conocemos. Esta era la Carol de ensueños, como te dije, una Carol hecha de puro intento. Tú le ayudaste a la mujer de la iglesia a hilar ese ensueño. Su arte fue hacer de él una total realidad. Ese es el arte de los brujos antiguos; la cosa más temible que uno puede imaginar. Te dije que ibas a recibir la máxima lección sobre el ensueño, ¿no es así?

—¿Qué cree usted que le pasó a Carol? —pregunté.

—Carol Tiggs se fue —contestó—. Pero algún día vas a encontrar a la nueva Carol Tiggs; la del cuarto del hotel de ensueño.

—¿Qué quiere decir con que se fue?

—Se fue del mundo —dijo.

Sentí una oleada de nerviosismo en mi plexo solar. Me estaba despertando. Mi conciencia de ser empezaba a serme familiar, pero no tenía completo control de ella todavía. Aunque ya había empezado a romper la niebla del ensueño; la ruptura empezó como una mezcla entre no saber lo que estaba pasando y la frenética sensación de que lo inconmensurable estaba a la vuelta de la esquina.

Debí de haber tenido una expresión de incredulidad, porque don Juan añadió en un tono enérgico: —Esto es ensoñar. A estas alturas deberías saber que sus transacciones son finales. Carol Tiggs se fue.

—¿Pero a dónde cree que se fue, don Juan?

—Adonde se fueron los brujos de la antigüedad. Te dije que el regalo del desafiante de la muerte fueron infinitas posibilidades de ensueño. No quisiste nada concreto, así que la mujer de la iglesia te dio un regalo abstracto: la posibilidad de volar en alas del intento.

CONTENIDO